DETHOLIAD
O
EMYNAU
IOLO MORGANWG

golygwyd gan

CATHRYN A. CHARNELL-WHITE

ABERYSTWYTH
CANOLFAN UWCHEFRYDIAU CYMREIG A CHELTAIDD
PRIFYSGOL CYMRU
2009

Y mae cofnod catalogio'r llyfr hwn ar gael gan y Llyfrgell Brydeinig.

ISBN 978-0-947531-93-5

Cysodwyd gan staff Canolfan Uwchefrydiau Cymreig a Cheltaidd Prifysgol Cymru.
Cynlluniwyd y clawr gan Martin Crampin.
Llun y clawr: NLW 21338A, t. 91. Gyda chaniatâd Llyfrgell Genedlaethol Cymru.

Detholiad o Emynau Iolo Morganwg

Al

The University

Llafur cariad oedd ei emynau i Iolo Morganwg a chopïodd hwynt yn ofalus mewn llyfrynnau hardd.
NLW 21350A, t. 5 (gyda chaniatâd Llyfrgell Genedlaethol Cymru).

Rhagair

Y mae'r gyfrol hon yn rhan o gynnyrch prosiect 'Iolo Morganwg a'r Traddodiad Rhamantaidd yng Nghymru, 1747–1914', prosiect a ariannwyd gan Gyngor Ymchwil y Celfyddydau a'r Dyniaethau (AHRC) a Phrifysgol Cymru a than arweiniad cadarn yr Athro Geraint H. Jenkins cyn-Gyfarwyddwr Canolfan Uwchefrydiau Cymreig a Cheltaidd Prifysgol Cymru. Ni fuasai'r gyfrol hon ar emynau Iolo Morganwg wedi gweld golau dydd oni bai am ei argyhoeddiad ef o'u gwerth cynhenid. Braf yw cael cyfle i gyflwyno'r casgliad hwn iddo ar achlysur ei ymddeoliad, gan ddiolch yn ddiffuant iddo am ei gyfraniad.

Cydnabyddir cefnogaeth ariannol hael Cyngor Ymchwil y Celfyddydau a'r Dyniaethau a Phrifysgol Cymru. Ni ellid bod wedi dod â'r gyfrol i fwcwl heb gydweithrediad gwerthfawr cyd-weithwyr yn y Ganolfan Uwchefrydiau Cymreig a Cheltaidd ac uned Geiriadur Prifysgol Cymru. Diolchir i Lyfrgell Genedlaethol Cymru am ganiatâd i gyhoeddi'r delweddau ar y clawr a'r wynebddalen ac i staff y Llyfrgell am eu cymorth parod. Yr wyf hefyd yn ddyledus i Martin Fitzpatrick, Geraint H. Jenkins, Dafydd Johnston, Ffion Mair Jones, Marion B. Löffler, Ann Parry Owen a Hywel Gethin Rhys am eu cymwynasgarwch ac i Martin Crampin am ddylunio'r clawr. Y mae dau arall yn haeddu diolch arbennig, sef Glenys Howells am ei chymorth golygyddol a Nigel Callaghan (Technoleg Taliesin) am ei arbenigedd technegol wrth baratoi'r e-lyfr.

Mawrth 2009   Cathryn A. Charnell-White

Cynnwys

MAWL I DDUW

Y BYWYD DUWIOL
CYFFREDINOL

PWYSIGRWYDD RHESWM

NATUR

DIWETHAFIAETH

Byrfoddau

CIM	Geraint H. Jenkins, Ffion Mair Jones, a David Ceri Jones (goln.), *The Correspondence of Iolo Morganwg* (3 cyf., Cardiff, 2008).
GPC	*Geiriadur Prifysgol Cymru* (Caerdydd, 1950–)
NLW	Llawysgrif yng nghasgliad Llyfrgell Genedlaethol Cymru, Aberystwyth.

Rhagymadrodd

Sefydlwyd Cymdeithas Dwyfundodiaid Cymru yn swyddogol yn y Gelligron, 8 Hydref 1802.[1] Ymfalchïai Edward Williams (Iolo Morganwg; 1747–1826) ei fod ymhlith y sylfaenwyr,[2] a sianelodd lawer o'i amser a'i egni i gefnogi'r gymdeithas. Ef a luniodd ac a gyfieithodd y rheoliadau a gyhoeddwyd yn Llundain ym 1803, sef *Rheolau a Threfniadau Cymdeithas Dwyfundodiaid yn Neheubarth Cymru*,[3] a gwasanaethodd y gymdeithas drachefn pan gyfieithodd gatecism i'r Gymraeg, sef *Holiadur, neu Addysgiadau Cyffredin, Hawl ac Atteb, yn Athrawiaethau Dyledswyddau Crefydd* (1814). Wrth lunio emynau pwrpasol i gynulleidfaoedd Undodaidd ym more oes y gymdeithas, yr oedd Iolo Morganwg, fel Jenkin Jones, Llwynrhydowen, Josiah Rees, Gellionnen, a Thomas Evans (Tomos Glyn Cothi), ymhlith ei chymwynaswyr cyntaf.[4] Yn wir, Iolo oedd emynydd mwyaf cynhyrchiol y gymdeithas a lluniodd ryw dair mil o emynau yn ystod ei oes. Cawsant ymateb beirniadol cymysg ac, fel y dangosodd Marion Löffler yn ei chyfrol ar etifeddiaeth lenyddol a hanesyddol Iolo Morganwg, y maent bellach yn rhan o'i etifeddiaeth anghofiedig.[5] Nid rhyfedd hynny o ystyried ansawdd anwastad y canu. Sylwodd sawl beirniad ar y gwahaniaeth trawiadol rhwng safonau llenyddol ei farddoniaeth gaeth a rhydd, a safon ei emynau.[6] Er i Cynddelw ganmol 'celfyddgarwch' emynau Iolo a'u dyrchafu gyfuwch â rhai Williams Pantycelyn, bu'n rhaid iddo gyfaddef eu bod hefyd yn ddiffygiol:

> Wedi'r cwbl, ni ddaw emynau Iolo byth yn boblogaidd yn Nghymru. Er nad oes ynddynt syniadau tramgwyddus i neb, am a wn I, etto maent yn amddifad o'r elfen fywydol hono sy'n gwneyd hymn yn flasus ac effeithiol.[7]

---

1   T. Oswald Williams, *Undodiaeth a Rhyddid Meddwl* (Llandysul, 1962), t. 246.
2   NLW 13152A, p. 350; *CIM*, II, t. 440, Iolo Morganwg at William Owen Pughe, 25 Hydref 1802; ibid., III, t. 407, Iolo Morganwg at [John Rowland(s)], 24 Mehefin 1816. Gweler hefyd Geraint H. Jenkins, '"Dyro Dduw Dy Nawdd": Iolo Morganwg a'r Mudiad Undodaidd', yn idem (gol.), *Cof Cenedl XX: Ysgrifau ar Hanes Cymru* (Llandysul, 2005), tt. 68, 90–1.
3   Ceir rheolau'r gymdeithas yn llaw Iolo yn NLW 13145A, tt. 159–74, 278–98.
4   D. Elwyn Davies, *Y Smotiau Duon: Braslun o Hanes y Traddodiad Rhyddfrydol ac Undodiaeth* (Llandysul, 1980), tt. 142–3.
5   Marion Löffler, *The Literary and Historical Legacy of Iolo Morganwg* (Cardiff, 2007), tt. 121–6.
6   G. M. Ashton, 'Saer Maen a Saer Emynau', *Bwletin Cymdeithas Emynau Cymru*, 1, rhif 7 (Gorffennaf 1974), 202, 203.
7   Cynddelw, 'Cynddelw ar Iolo fel Emynwr', *Yr Ymofynydd*, cyfres newydd, rhif 45 (1891), 213–14.

Wrth ystyried dyfarniad gwawdlyd Iolo mai 'hymn carpenter' oedd Williams Pantycelyn,[8] atebodd G. M. Ashton 'mai Iolo Morganwg yw'r "hymn carpenter" os bu un erioed'.[9] Tuedd Iolo i draethu syniadau diwinyddol a lywiodd farn G. M. Ashton ac a gymhellodd W. Rhys Nicholas yntau i ddisgrifio emynau Iolo fel rhai sydd 'yn amddifad o wir eneiniad a naws addoli'.[10] Serch hynny, eddyf Rhys Nicholas fod Iolo yn medru canu'n swynol ddigon a'i fod ar ei orau yn moli Duw ac yn canu am brydferthwch byd natur.[11] Wrth i'r beirniaid bwyso a mesur emynau Iolo, Williams Pantycelyn yw'r llinyn mesur arferol a chymherir emynau Iolo yn anffafriol â'i emynau ef yn aml. Ond dylid cofio mai bwriad Iolo oedd creu emynau a oedd yn gwbl wahanol i eiddo Pantycelyn. Yn wir, yn ogystal â chreu corff o emynau pwrpasol ar gyfer y gymdeithas Undodaidd, bwriadai saernïo traddodiad emynyddol Undodaidd newydd sbon ac iddo ieithwedd resymegol gyfaddas. Pwrpas y detholiad hwn yw disgrifio'r ymdrech hon ar waith yn ogystal â dangos y modd y mae emynau Iolo yn taflu goleuni ar dri pheth, sef ei radicaliaeth wleidyddol a chrefyddol, ideoleg y gymdeithas Undodaidd, a'i bersonoliaeth amlochrog ef ei hun.

Yr Emynau
Y mae emynau Iolo ar glawr a chadw mewn print ac mewn ffynonellau llawysgrif anghyhoeddedig. Cyhoeddwyd *Salmau yr Eglwys yn yr Anialwch* ym 1812 a chafwyd ailargraffiad ym 1827 dan olygyddiaeth J. Jones. Daeth ail gyfrol o dan olygyddiaeth ei fab, Taliesin Williams, ym 1834 a chyhoeddwyd y ddwy gyfrol gyda'i gilydd ym 1857.[12] Fe'u cedwir mewn un gyfrol ar ddeg o lawysgrifau yn dwyn y teitl 'Salmau Iolo Morganwg', gan gynnwys copïau'r wasg ar gyfer y salmau printiedig.[13] Parhaodd Iolo i lunio emynau ar hyd ei oes ac fe'u rhwymwyd yn gasgliadau annibynnol ac iddynt deitlau pwrpasol:

> 'Emynau byrrion . . . Penillion arwyrain, 1814'
> 'Y Brasnadd Mawr' (?1815)
> 'Y Brasnadd Bach' (1815)
> 'Y Brasnadd Newydd' (1817)
> 'Casgledydd Garw' (1820)
> 'Casgliad Merthyr' (1821)
> 'Casgliad Trefflemin' (1824)

---

8   NLW 13130A, t. 191.
9   Ashton, 'Saer Maen a Saer Emynau', 204.
10   W. Rhys Nicholas, 'Iolo Morganwg a'i Emynau', *Bwletin Cymdeithas Emynau Cymru*, I, rhif 2 (Gorffennaf 1969), 14.
11   Ibid., 19, 20.
12   Gweler ibid., 16.
13   NLW 21336A–21348A; NLW 21352A (copi'r wasg).

'Salmau Iolo Morganwg' (1825)
'Casgledydd Byrr Bach' (Mehefin 1825 ac Awst 1826)
'Y Brasnadd Cymmysg, Gorffennaf 1826'.[14]

Ceir casgliad dienw hefyd,[15] ynghyd â bwndel rhydd o emynau.[16] Y mae nifer o emynau ar wasgar yn llawysgrifau casgliad Llanover, ond drafftiau yw'r rhain, gan mwyaf.[17] Ailgyhoeddwyd emynau unigol yng nghyhoeddiadau'r Undodwyr yn ystod y bedwaredd ganrif ar bymtheg ac, yn gyffredinol, y mae tôn y sylwadau sy'n cyd-fynd â'r emynau yn werthfawrogol.[18] Gellir credu, felly, i'r emynau fwynhau rhyw fesur o boblogrwydd yn ystod y cyfnod hwn. Ym 1865 nododd 'Suetonius' mai ymhlith yr Undodiaid, yn anad neb, y cenid emynau Iolo, ond cynhwyswyd 'bagad o honynt' mewn casgliad o emynau Wesleaidd. Ymhellach, tystiodd yr arferid canu llawer o'i emynau 'flynyddoedd yn ôl yn Eglwys Lloegr yn y parthau hyn o'r wlad' ond ychwanega nad oedd yn sicr a oedd yr arfer yn parhau.[19] Yn ei ragair i adargraffiad 1929 o'r *Perlau Moliant* cydnabu Dafydd Evans 'wasanaeth mawr' emynau Iolo i'r mudiad yn ystod y bedwaredd ganrif ar bymtheg. Cynhwyswyd 70 o'i emynau yn y gyfrol honno,[20] o gymharu â 137 yn argraffiad 1896,[21] ond 23 yn unig a gynhwyswyd yn *Y Perlau Moliant Newydd* (1997).

A barnu wrth y cliwiau sydd yn ei lythyrau a'r dyddiadau a nodir yn ei lawysgrifau, lluniodd Iolo ei gorff anferth o emynau rhwng 1802 ac Awst 1826.[22] Y mae hyn yn awgrymu bod ymrwymiad personol Iolo i'w emynau yn fawr, gan iddo gysegru rhan helaeth o'i oes i'w cyfansoddi. Adlewyrchir

---

14 NLW 21349A (Emynau byrrion), NLW 21347A (Y Brasnadd Mawr); NLW 21360A (Y Brasnadd Bach); NLW 10341A (Y Brasnadd Newydd); NLW 21351A (Casgledydd Garw); NLW 21350A (Casgliad Merthyr); NLW 10343A (Casgliad Trefflemin); NLW 21357A (Salmau Iolo Morganwg); NLW 21358A (Casgledydd Byrr Bach); NLW 21354A (Y Brasnadd Cymmysg).

15 NLW 21355A.

16 NLW 21359A.

17 Gweler NLW 13087E, tt. 100, 193–6; NLW 13093E, tt. 197–8; NLW 13094E, tt. 74, 166–7; NLW 13103B, t. 72; NLW 13106B, tt. 38, 132; NLW 13123B, tt. 42, 84, 139; NLW 13138B, t. 267; NLW 13145A, tt. 228, 257–61; NLW 13148A, tt. 147–204; NLW 13159A, tt. 70, 355.

18 *Yr Ymofynydd*, I, rhif 8 (1848), 192; ibid., III, rhif 29 (1850), 13–14; ibid., III, rhif 38 (1850), 242; ibid., IV, rhif 41 (1851), 23; ibid., IV, rhif 43 (1851), 49–50; ibid., IV, rhif 46 (1851), 127; ibid., IV, rhif 47 (1851), 156; ibid., IV, rhif 48 (1851), 173; ibid., IV, rhif 49 (1851), 199; ibid., cyfres newydd, rhif 47 (1891), 248; ibid., cyfres newydd, rhif 128 (1898), 189–90. Hoffwn ddiolch i Dr Marion Löffler am fy nghyfeirio at y ffynonellau hyn.

19 Suetonius, 'Ein Hemynau', *Baner ac Amserau Cymru*, 10 Awst 1865, t. 517. Diolchaf i Dr Hywel Gethin Rhys am dynnu fy sylw at yr ysgrif hon.

20 Dyfynnir yn Davies, *Y Smotiau Duon*, t. 143.

21 Löffler, *The Literary and Historical Legacy of Iolo Morganwg*, t. 123.

22 Dylid nodi, fodd bynnag, fod Iolo yn anghyson yn hyn o beth. Nodir 1794 fel dyddiad cychwynnol yn y salmau printiedig a nodir 1805 mewn drafft o'r rhagarweiniad hwnnw, NLW 21352A, t. 197.

hyn drachefn, nid yn unig yn y swrn o emynau a luniwyd ganddo, ond yn y gofal a gymerodd wrth eu cofnodi. Copïodd yr emynau yn daclus ac, yn aml iawn, ceir englyn neu ddau yn grynodeb hwylus ar eu diwedd. At ei gilydd, fe'u cadwyd mewn llyfrynnau gorffenedig a destlus, ac addurnodd Iolo ei lawysgrifau hefyd â darluniau o flodau a phlanhigion. Ar odre nifer o'r emynau ceir emyn-donau mewn hen nodiant ac, yn ôl tystiolaeth Taliesin ab Iolo, ymddengys eu bod yn wreiddiol.[23] Yn wir, wrth drafod y posibilrwydd o osod englynion a chywyddau i gerddoriaeth, addefodd Iolo: 'I have myself made some attempts of this kind, and have also set them to music for I am a dabbler in that charming, I will say heavenly, science.'[24] Ymhlith ei lawysgrifau cedwir un casgliad o emyn-donau yn unig, sef 'Arwyreiniau',[25] ynghyd â sylwadau ar sut y dylid canu ei salmau.[26] Llafur cariad oedd ei emynau i Iolo, felly. Yr oeddynt hefyd yn llafur teuluol, oherwydd ei ferch hynaf, Margaret (Peggy), a fu'n gyfrifol am eu rhwymo mewn cloriau papur glas.

Mesurau a therminoleg
Hoff fesurau Iolo oedd 87.87, 87.87 dwbl, 98.98 a 66.66.88, ond ceir ambell fesur arall hefyd, megis 66.66.66.86. At hynny, un o nodau amgen ei salmau yw ei ddefnydd mynych o odlau cyrch, sef un o nodweddion gwaith cynnar Williams Pantycelyn, yn ogystal â thribannau Morgannwg. Tybed nad ymdrech i 'Forganwgeiddio' ei salmau oedd hyn? Yn wir, y mae ambell un yn debycach ei naws i driban nag i emyn:

> Goleuni'm ffyrdd wyt ti fy Nuw,
> Goleuni byw drwy'm enaid;
> A chyda mi'n fy nhrallod certh
> Wyt yn dy nerth diymbaid. (Rhif 165 isod.)

Er bod y nodwedd hon yn cyfrannu at lithrigrwydd y salmau, ysywaeth y mae hi hefyd yn gyfrifol am eu naws rigymaidd anffodus.

Er iddo ddefnyddio mesurau cydnabyddedig yr emyn, ni fynnai Iolo arddel y term 'emyn'. Salmau Dafydd yn yr Hen Destament oedd ei batrwm a hyn sy'n esbonio paham y dewisodd alw ei ganeuon dwyfol ef ei hun yn 'salmau':

---

[23]   'The inclosed old Music books belong to Taliesin Williams. They were composed by *Iolo Morganwg*'. NLW 10342A, darn o bapur rhydd dyddiedig 8 Ionawr 1830.
[24]   NLW 21283E, marginalia, Llythyr 463, William Skynner at Iolo Morganwg, 5 Rhagfyr 1795.
[25]   NLW 10342A.
[26]   NLW 13120B, tt. 140, 146.

Cymerais waith y Brenin Dafydd yn ragddarlun imi, amcenais, er cloffed fy neall, ei ddilyn, ac ymgadw mor agos ag y medrwn at ei ffordd ef: fy ngheinmygedau yn gyffredin ydynt, fel ei rai yntau . . .[27]

Term camarweiniol ar un olwg yw 'salm', oherwydd nifer fechan ohonynt sy'n mydryddu'r Salmau ac adnodau o'r Ysgrythur (rhifau 193-7 isod). Ond trwy arfer y term 'salm', a hefyd trwy fod mor bendant ynghylch ei batrwm, sef Salmau Dafydd, y mae Iolo yn tanlinellu purdeb ysgrythurol ei emynyddiaeth resymegol newydd ei hun:

Yn fyr y mae ef yn oleubwyll iawn yn dysgu egwyddorion dyletswyddau, a gofyniadau gwir grefydd, ac yn gynghlo priodol i'r cwbl, yn gwahawdd ac yn galw ar bob dyn, ar yr holl fydoedd, ar holl weithredoedd [?. . .] Creadigaeth Duw, i roddi'r clod a'r moliant oll i'r un mawr a'i gwnaeth, ac iddo ef yn unig.[28]

Yr oedd salmau cân Edmwnd Prys hefyd yn gryn ddylanwad ar Iolo a chyfaddefodd ei fod yn dilyn Prys wrth alw ei emynau yntau yn 'salmau'.[29] Yn ei dro, nododd G. M. Ashton fod 'Edward Williams yma'n llawer nes at Edmwnd Prys nag at emynwyr y Diwygiad Methodistaidd'.[30] At hynny, yr oedd Iolo yn adleisio casgliadau cyhoeddedig gan wŷr eraill yr Ymoleuo, sef *Pigion o Hymnau a Salmau* (1794) Morgan John Rhys a *Casgliad o Salmau a Hymnau* (1796) Josiah Rees. Trwy adleisio radicaliaid ac Anghydffurfwyr Rhesymegol eraill, dichon fod Iolo yn ceisio cadarnhau cymwysterau radicalaidd ei salmau ef ei hun hefyd? Dyma'n sicr a awgrymir ganddo yn ei ragymadrodd i'r gyfrol brintiedig, oherwydd wrth esbonio teitl y gyfrol hawlia Iolo y lle blaenaf i'r Undodwyr fel ceidwaid gwirionedd crefyddol:

Salmau'r Eglwys yn yr Anialwch y gelwais fy nghaniadau: y mae gaudduwiaeth yr awdurdodau daearol, yn Eglwys Rhufain, Eglwysi Luther, rhai Calfin, rhai Olifer Cromwel ag eraill, fwy nag a dal eu rhifo, mwy nag y sy'n deilwng o gael eu henwi, wedi gyrru Eglwys Duw a'i Grist i ryw anialwch neu ddiffeithwch dyrys iawn o Dybiadau Dyn, a geufarn hunanfudd Meibion tywyllwch . . .[31]

Wrth ddatguddio yr haenau modern amhur sy'n ffrwyth ymyrraeth ddynol y mae Iolo, unwaith eto, yn cyhoeddi'r 'gwir yn erbyn y byd'.

27 Edward Williams, *Salmau yr Eglwys yn yr Anialwch* (Merthyr Tydfil, 1812), t. iv. Gweler hefyd NLW 21352A, tt. 199–200.

28 NLW 21352A, t. 200.

29 Williams, *Salmau yr Eglwys yn yr Anialwch*, t. vi. Gweler hefyd Ashton, 'Saer Maen a Saer Emynau', 202; Nicholas, 'Iolo Morganwg a'i Emynau', 24.

30 Ashton, 'Saer Maen a Saer Emynau', 202.

31 Williams, *Salmau yr Eglwys yn yr Anialwch*, t. v. Gweler hefyd NLW 21352A, tt. 199–200.

Patrymau a dylanwadau

Trwy arddel y term 'salm', yn hytrach nag 'emyn', gwnaeth Iolo ddau beth. Cysylltodd ei ymdrechion ef â thraddodiad y Salmydd ac fe'u gosododd ar wahân i draddodiad emynyddol ei ddydd: 'Y mae Dafydd yn ei Salmau yn ymarfer a ffordd lwyr wrthwyneb i ffyrdd prydyddion hymnau y Cymry', meddai.[32] Yr oedd hyn yn rhan o'i ymgais i greu hunaniaeth Undodaidd unigryw i'w salmau a gwelir hyn yn gliriach wrth droi at y patrymau y dewisodd eu harddel a'r rhai a wrthododd. Arddela ysbrydoliaeth awduron penodol, megis John Disney a Theophilus Lindsey mewn salmau unigol (rhifau 192 a 92 isod) a dengys nodiadau llyfryddol Iolo fod ganddo gopïau personol o gasgliad o emynau gan Andrew Kippis[33] a Dr John Rippon.[34] Aeth ati hefyd i drawsysgrifio dyfyniadau o amrywiol ragymadroddion Isaac Watts i'w salmau a'i emynau, gan ychwanegu ei sylwadau ei hun.[35] Ond dylanwad cosmetig yn unig a gafodd Watts arno, oherwydd ei syniadaeth ynghylch emynyddiaeth, yn hytrach na'i emynau fel y cyfryw, oedd pennaf ddiddordeb Iolo, a hynny am ei fod yn chwilio am batrwm i'w efelychu yn ei ragymadrodd i'w salmau ef ei hun.

Ceir mwy o fudd wrth edrych ar ei salmau a'u perthynas â thraddodiad emynyddol cynhenid Cymru. Yn ei lyfrgell bersonol yr oedd gan Iolo gopïau o'r casgliadau Cymraeg canlynol: Morgan John Rhys, *Pigion o Hymnau a Salmau* (1794), Josiah Rees, *Casgliad o Salmau a Hymnau* (1796), Hari Sion, *Amryw hymnau dymunol a phrofiadol* (1798).[36] Ond yr oedd ganddo hefyd gysylltiadau mwy uniongyrchol a phersonol ag emynwyr ei fro: Dafydd William, Llandeilo Fach, John Williams, Sain Tathan, a Thomas William, Bethesda'r Fro.[37] Methodistiaid oedd y tri i ddechrau, ond troes Dafydd William at y Bedyddwyr, ac ymunodd John Williams a Thomas William â'r Annibynwyr.[38] Gellir credu bod John Williams a Iolo yn gryn gyfeillion,[39] ond nid felly Iolo a Thomas William a fu'n gymydog iddo yn Nhrefflemin am gyfnod tua 1806.[40] Y mae'n anodd barnu maint a mesur unrhyw ddylanwad uniongyrchol, oherwydd cyhoeddwyd cyfrol

32   NLW 21352A, t. 199.

33   'Collection of Hymns by Drs Kippis and Rees', NLW 21407C, eitem 5, rhif 71, sef *A Collection of hymns and psalms . . . selected and arranged by A. Kippis, A. Rees, T. Jervis and T. Morgan* (1795).

34   NLW 21407C, eitem 5, rhif 82.

35   NLW 13120B, tt. 135–46.

36   Cedwir y cyfrolau hyn yn Llyfrgell Salisbury, Prifysgol Caerdydd. Hoffwn ddiolch i Dr E. Wyn James am dynnu fy sylw atynt.

37   E. Wyn James, 'Thomas William: Bardd ac Emynydd Bethesda'r Fro', *Llên Cymru*, 27 (2004), 115; Gomer M. Roberts, *Emynwyr Bethesda'r Fro* (Llandysul, 1967).

38   James, 'Thomas William: Bardd ac Emynydd Bethesda'r Fro', 117.

39   Goroesodd rhai pytiau llenyddol gan Williams yn llawysgrifau Iolo. Gweler Roberts, *Emynwyr Bethesda'r Fro*, tt. 35–7.

40   G. J. Williams, *Iolo Morganwg – Y Gyfrol Gyntaf* (Caerdydd, 1956), tt. 78–9, 199, 222; Roberts, *Emynwyr Bethesda'r Fro*, t. 18; James, 'Thomas William: Bardd ac Emynydd Bethesda'r Fro', 122.

gyntaf Thomas William, *Llais y Durtur yn y Wlad*, ym 1812, yn yr un flwyddyn â salmau Iolo, a chyhoeddwyd ei brif gasgliad, *Dyfroedd Bethesda* (1834), ymhell wedi dyddiau Iolo.

Hwyrach i Iolo drafod materion technegol â'r ddau, ond wrth gymharu ei waith ef â gwaith ei gymdogion emyngar yn y Fro, dywed Rhys Nicholas 'nad yw Iolo Morganwg yn ei emynau yn dangos yr un dyfnder profiad na'r [un] chwaeth artistig â Thomas William, nag ychwaith yr un angerdd â John Williams'.[41] Fodd bynnag, y mae'n werth nodi bod Thomas William, fel Iolo, yn gwneud defnydd o odlau mewnol, nodwedd sydd, yn ei thro, yn adleisio arddull emynau cynnar Williams Pantycelyn.[42] Serch hynny, sylwodd E. Wyn James ar wahaniaethau sylfaenol rhwng emynau Iolo a'u hemynau hwy. Yng nghyd-destun gwrth-Fethodistiaeth Iolo, honnodd na ddylid synnu bod 'cywair emynau Iolo yn bur wahanol i rai'r tri arall, ac yn amddifad o'r gwres ac o'r nodyn personol sydd mor amlwg yn eu gwaith hwy'.[43]

Cysylltiad emynyddol uniongyrchol arall oedd Tomos Glyn Cothi. Ni wyddys pryd yn union y daeth Iolo ac yntau yn gyfeillion, ond y mae'n debyg y seliwyd eu cyfeillgarwch gan hoffter y ddau o farddoniaeth yn ogystal â'u hymrwymiad i egwyddorion sylfaenol y grefydd Undodaidd.[44] Bu Iolo yn aros ar aelwyd Tomos Glyn Cothi ym Mhenpistyll ar sawl achlysur a mwynhâi'r ddau roi'r byd yn ei le a thrafod barddoniaeth. Ar 21 Mai 1799 cafodd Tomos Glyn Cothi gyfle i drawsysgrifio rhannau o salmau anorffenedig Iolo yn ei lawysgrif bersonol, 'Y Gell Gymmysg'.[45] Oerodd cyfeillgarwch y ddau yn sgil achos llys Tomos Glyn Cothi a'i ymddygiad yn y carchar,[46] ond dichon hefyd fod Iolo wedi ei gythruddo am i'w gyfaill achub y blaen arno i'r argraffwasg gyda'i emynau ei hun, *Cyhoeddiad o Hymnau wedi cael eu hamcanu at addoliad cyhoeddus ag yn enwedig at wasanaeth Undodiaid Cristionogol* (1811). Halen ym mriw Iolo oedd llwyddiant y gyfrol hon, ac yn y rhagymadrodd i'w salmau printiedig aeth mor bell â chyhuddo Tomos Glyn Cothi (heb ei enwi yn uniongyrchol) o lên-ladrata:

41   Nicholas, 'Iolo Morganwg a'i Emynau', 21.
42   James, 'Thomas William: Bardd ac Emynydd Bethesda'r Fro', 133; Roberts, *Emynwyr Bethesda'r Fro*, t. 48.
43   James, 'Thomas William: Bardd ac Emynydd Bethesda'r Fro', 117.
44   Geraint Dyfnallt Owen, *Thomas Evans (Tomos Glyn Cothi)* (dim man cyhoeddi, [1963]), t. 22. Y mae llawysgrif bersonol Tomos Glyn Cothi, 'Y Gell Gymmysg', yn dangos bod ganddo gysylltiadau personol â rhai o feirdd eraill Morgannwg. Ibid., t. 21.
45   Ibid., t. 23. Gweler hefyd D. Lleufer Thomas, 'Iolo Morganwg a Thomas Glyn Cothi', *Yr Ymofynydd*, cyfres newydd, rhif 102 (1896), 127–30. Diolch i Dr Marion Löffler am dynnu fy sylw at yr ysgrif hon.
46   Adroddir yr hanes ag afiaith yn Geraint H. Jenkins, '"A Very Horrid Affair": Sedition and Unitarianism in the Age of Revolutions', yn R. R. Davies a Geraint H. Jenkins (goln.), *From Medieval to Modern Wales: Historical Essays in Honour of Kenneth O. Morgan and Ralph A. Griffiths* (Cardiff, 2004), tt. 175–96.

Cyhoeddwyd Hymnau yn ddiweddar ym mha rhai y gwelir llinellau cyfain, a dau linell ynghyd, yr un peth a'm rhai innau; nid myfi yw'r benthyciwr; bu'm Salmau i mewn ysgrifen yn nwylaw amryw o ddynion rhai flynyddau yn ôl; bu yng nghylch pedwar cant o honynt yn nwylaw un gweinidog ar ymdaith dros y ran fwyaf o Ddeheubarth Cymru; nid boddlon wyf i adael lle i neb fy marnu'n euog o annhegwch lle nad wyf yn haeddu'r cyfryw dyb am danaf; y mae'n chwith gennyf fy mod yn gorfod fal hyn sôn am y cyfryw ddistadledd. Gwell a fuasai bod y papurle'n rydd i bethau mwy buddiol, i syniadau a fuasant yn ymgysoni'n well â chaniadau crefyddol.[47]

Ni phylodd chwerwedd Iolo ac ym 1820 cyhuddodd Tomos Glyn Cothi – 'a rank infidel', chwedl yntau – o ledaenu si mai Thomas Davies, Coedycymer, oedd gwrthrych rhai o'i salmau mwyaf ceryddgar: Thomas Williams, Bethesda'r Fro, yn ôl Iolo, oedd gwir wrthrych ei feirniadaeth.[48] Ond bid a fo am y cyhuddiadau o lên-ladrad, y mae'n anorfod fod y ddau wedi dylanwadu ar ei gilydd a hwythau'n cydweithio mor agos. Canent ar themâu tebyg – cariad at ddynol-ryw, heddwch, cydwybod, casineb at ragfarn ac anwybodaeth – a rhannent yr un bwriad addysgol,[49] bwriad sy'n bradychu eu hymrwymiad i seiliau rhesymegol ac ymoleuedig Undodiaeth. O safbwynt deallusol, felly, yr oedd eu hemynau o'r un cyff. Yn ei ragymadrodd i'w emynau, nododd Tomos Glyn Cothi mai ei fwriad oedd cyfansoddi emynau a chanddynt 'syniadau yn efengylaidd, y meddwl yn eglur, a'r iaith yn rhwydd a naturiol'.[50] Dyma ddisgrifiad cryno a theg o'r math o emynyddiaeth resymegol y ceisiai Iolo yntau ei chreu, er iddo honni yn breifat fod Tomos Glyn Cothi yn 'dadwrdd am ryw beth Ymhell uwchlaw ei ddeall'.[51] Cafodd argraff dda o'r emynau ar y darlleniad cyntaf, ond mynnodd Iolo nad oedd emynau ei gyfaill yn dal eu tir ar ail ddarlleniad.[52] Yn wir, eu pennaf rinwedd, os nad eu hunig rinwedd yng ngolwg Iolo, yw'r ffaith eu bod yn wahanol i rai Williams Pantycelyn:

Pan gwelsom yr hymnau hyn gyntaf, ag yn newydd o'r gwasg, yr argraff gyntaf a wnaethant arnom oedd gradd o foddlondeb, am nad oeddynt yn cynnwys nemor neu ddim o'r twyllddwyfyddiaeth a gair agos ym mhob hymnau eraill a welwyd hyd yn hyn yn y Gymraeg; dim o'r

47   Williams, *Salmau yr Eglwys yn yr Anialwch*, t. vi. Gweler hefyd NLW 13145A, t. 321; NLW 13159A, tt. 253–4; NLW 21352A, t. xxii. Achosodd *'gintach* Iolo yn erbyn y Parch. Thomas Evans' gryn embaras i John Jones (gol.), *Casgliad o Salmau a Hymnau. Cymmwys i'w canu yn Addoliad yr Unig Wir Dduw* (Merthyr-Tydfil, 1857), t. iv.

48   *CIM*, III, tt. 538–9, Iolo Morganwg at [Thomas Davies], 27 Ionawr 1820.

49   Owen, *Thomas Evans (Tomos Glyn Cothi)*, tt. 48–50.

50   Dyfynnir yn ibid., t. 48.

51   NLW 13145A, t. 323.

52   Ibid., t. 322.

syniadau a'r meddyliau a'r daliadau ofergoel a geir yn hymnau William Williams ac eraill, oddiwrth ba rai y mae'r deall nas dallwyd gan fwg y pwll diwaelod, a syfrdandod breuddwydbwyll crefydd yr Anghrist, dan nawdd y cyfryw flaendyb ag a fu'n effaith y blaenargraff a wnaethant arnom . . .[53]

Wrth grybwyll Williams Pantycelyn, deuir at hanfod syniadau Iolo ar emynyddiaeth yn gyffredinol, ac ar ei emynyddiaeth ef ei hun yn benodol.

Ni ellir osgoi presenoldeb a dylanwad Williams Pantycelyn wrth ymwneud â ffurf lenyddol yr emyn, ond aeth Iolo i drafferth anghyffredin i geisio rhoi hyd braich rhwng emynau Pantycelyn a'i salmau ef ei hun. Y mae gwrth-Fethodistiaeth Iolo yn ddiarhebol, felly afraid dweud ei fod yn gwrthwynebu emynau Pantycelyn ar dir athrawiaethol.[54] Ond fe'u gwrthwynebai ar dir llenyddol hefyd, fel y gwelir mewn fersiynau drafft o'r rhagarweiniad i'w salmau printiedig:

Y mae Hymnau William Williams wedi rhedeg fal tân gwyllt drwy Gymru, y mae llawer iawn yn eu hoffi, llawer iawn yn ymarfer â hwy, ond nid wyf fi ymhlith y rhai hynny. Yr oedd y dyn yn ddiamau yn berchen awen Prydydd tu hwnt i bob un o'i amser, ond yr oedd efe fal llawer un arall yn barnu fod awen yn ddigon heb achos ymorol y gronyn lleiaf yn y byd am yr wybodaeth a'r gelfyddyd farddoniaidd honno, heb gynnorthwy pa un nid yw Awen noethlymyn ond peth barbaraidd a gwyllt iawn . . .[55]

Gwerthfawrogai Iolo ddawn naturiol y Pêr Ganiedydd ond, yn ôl y safbwyntiau llenyddol Awgwstaidd a goleddai, yr oedd angen chwaeth a dysg i gaboli dawn gynhenid o'r fath. Er bod Iolo yn barod i gydnabod newydd-deb a medr Pantycelyn, plentyn Natur ydoedd yn ei olwg ef. Felly, os Bardd Natur oedd yr emynydd Methodistaidd, yna Bardd Rheswm oedd Iolo, yr emynydd Undodaidd:

Yr oedd William Williams yn Brydydd hyd eitha galluoedd awen, er maint ei ddiffygion mewn Gwybodaeth ag ynghelfyddyd Prydyddiaeth, ag or Iaith ynwnhawn [?anunion] yr oedd ef yn canu. Y mae ganddo ffordd neillduol ym mha un ni throediodd neb erioed o'i flaen. Torrodd

[53] Ibid.
[54] Gwelodd Iolo yn dda i rybuddio ei ddarllenwyr o absenoldeb 'yr Iawn' yn ei emynau ef: 'Gwir yw ni chânt ddim yn fy ngwaith a debyga'n y mesur lleiaf i'r cyfryw ynfydrwydd gaugrefyddgar a bloeddio *Bryn Calfaria* gan ei wneuthur, (agos, os nid yn gwbl) yn wrthddrych eu heulun-addoliaeth' *Salmau yr Eglwys yn yr Anialwch*, t. iv. Gweler hefyd NLW 21419E, eitem 41; NLW 13120B, t. 141.
[55] NLW 21283E, marginalia, Llythyr 463, William Skynner at Iolo Morganwg, 5 Rhagfyr 1795.

frisg [=llwybr] newydd ym mha un y mae llawer o fân benrimpwyr yn rhedeg ar ei ôl, ond heb han[ner] cymaint blodeuyn ar hyd yr holl ffyrdd lle eu heuwyd . . . Eto ni ddewisais i rodio ffordd William Williams er maint ei blodeudoldeb. Mi a drois fy nhraed i ffordd amgen, lle oedd ffrwythau yn gystal â blodau i'w gweled a'u mwynhau . . . gwell gennyf fod yr olaf oll ar lwybr paradwysaidd y Brenin Dafydd nac ynnill y blaen pei bai yn fy ngallu ar William Williams yn ei ffyrdd ef . . .⁵⁶

Lliwiodd ei safonau llenyddol a'i swyddogaeth fel Bardd Rheswm ei agwedd at ddiben, ieithwedd a themâu ei salmau ei hun. Ac, fel y gwelir, y Salmydd Dafydd oedd growndwal y cyfan.

Diben
Mewn cynllun a luniodd ar gyfer cymdeithas grefyddol ddelfrydol a fyddai'n dilyn deddfau Natur, nododd Iolo fod emynau neu salmau yn gwbl anhepgor ar gyfer meithrin ymwybod crefyddol ymhlith pobl.⁵⁷ Felly, lluniodd Iolo ei salmau mewn ysbryd efengylaidd, gan gyfuno'r defosiynol a'r addysgol. Gweler, er enghraifft, bennill o'r salm 'Teithi cenhadon Duw':

>   Yng nghymwyll cyfiawnderau Duw
>   I bob dyn byw rhônt addysg;
>   Gan ddeffro'n y gydwybod ir
>   Ynïau'r gwir digymysg. (Rhif 80 isod.)

Ymhelaethodd ar y diben hwn mewn rhagarweiniad drafft i'w salmau, lle y nododd bwysigrwydd cân fel offeryn addysgol i'r anllythrennog.⁵⁸ Y mae'r rhagarweiniad drafft hwn hefyd yn cwmpasu llinach ysgrythurol dihalog ei 'salmau' ef:

> Cân neu Brydyddiaeth oedd dechreuad y gwybodau mawrion . . . ym mhlith y Groegiaid, y Rhufeiniaid, ac eraill genhedloedd gynt . . . Yr oedd Cân yn un o brif-foddion addysg ar wirioneddau pwysfawr yr hen Broffwydi gynt, megis Cân Moses . . . Caniadau neu Salmau y Brenin Dafydd, ac eraill dan yr oruchwyliaeth Iuddewig . . .⁵⁹

Gesyd y salmau a'r emynau hefyd yn nhraddodiad cwndidau Morgannwg a chaneuon y Ficer Prichard. At hynny, cerddi 'teuluaidd' oedd cerddi o'r fath ym marn Iolo, ac, felly, dyma gysylltu ei emynau â barddas, ei weledigaeth unigolyddol o'r traddodiad barddol Cymraeg:

---

⁵⁶   NLW 21419E, eitem 41.
⁵⁷   NLW 21360B, tt. 30–1.
⁵⁸   NLW 21352A, tt. 197–211. Gweler hefyd nodiadau breision NLW 13120B, tt. 145, 146.
⁵⁹   NLW 21352A, t. 198.

Enwog iawn y bu'n Cenedl ninnau y Cymry gynt am rhoddi addysg ar gân a mydryddiaeth. Hynod am hyn y bu ein hen Feirdd a'n Derwyddon ym mhlith ein Hynafiaid, ac y mae'r hen gamp ganmoladwy hon yn cael fyth ei chofio a'i chynnal mewn mesur cyfrifol yn ein plith hyd y dydd heddiw.[60]

Yn y fersiwn drafft hwn y mae Iolo, nid am y tro cyntaf, yn amlygu perthynas gilyddol rhwng ei weledigaeth farddol a'i grefydd, oherwydd yr oedd swyddogaeth ddidactig ac addysgol barddoniaeth ymhlith egwyddorion mwyaf sylfaenol barddas.[61] Dyma, felly, linach gynhenid Gymreig, dderwyddol a syber i'w salmau yn ogystal. Amlygir y wedd addysgol hon hefyd yn yr englynion a atodir i nifer o'r emynau. Amddiffynnodd Iolo hwynt trwy ddweud eu bod yn offeryn addysgol pwysig.[62] Er bod Iolo, trwy addysgu ar gân, yn porthi ar feddylfryd crefyddol y Cyfnod Modern Cynnar yng Nghymru, y mae ei gymhelliant addysgol hefyd yn adlewyrchu ei ymlyniad wrth egwyddorion yr Ymoleuo.[63] Yn eironig, bu rhai o'r englynion hyn yn fwy hirhoedlog na'r emynau eu hunain a dangosodd Marion Löffler fod grŵp o englynion i Dduw wedi ennill eu plwyf yn rhan o etifeddiaeth barhaol Iolo Morganwg yn sgil eu cerfio ar gerrig beddi a chofebau ledled Cymru.[64]

Ieithwedd

Ieithwedd y salmau, yn ddi-os, sy'n peri'r maen tramgwydd mwyaf. Yr oedd Iolo ei hun yn ymwybodol o hyn a cheisiodd achub y blaen ar ei feirniaid trwy amddiffyn geirfa ei salmau yn ei ragymadrodd. Ymfalchïai yn y ffaith iddo ddefnyddio tafodiaith y Wenhwyseg ac, wrth ailadrodd dadleuon a wyntyllodd droeon yn ei ysgrifau ar ei weledigaeth farddol, sef barddas, dyrchafodd hynafiaeth a phurdeb iaith Morgannwg uwchlaw iaith Gwynedd.[65] O ystyried pwysigrwydd y salmau i hunaniaeth bersonol Iolo, gellir synio amdanynt nid yn unig fel cyfrwng i ddyrchafu sir Forgannwg ond fel llwyfan i gael goruchafiaeth ar ei elynion Gwyneddig a gogleddig:

Y mae rhif y Cymry a lafarant y Wynhwyseg yn amlach o lawer na'r rhai a siaradant un o ganghenni eraill y Gymraeg am hynny cyfiawnder

60 Ibid.
61 Cathryn A. Charnell-White, *Bardic Circles: National, Regional and Personal Identity in the Bardic Vision of Iolo Morganwg* (Cardiff, 2007), tt. 77, 124.
62 Williams, *Salmau yr Eglwys yn yr Anialwch*, tt. viii–ix.
63 Jenkins, '"Dyro Dduw Dy Nawdd": Iolo Morganwg a'r Mudiad Undodaidd', t. 71; Knud Haakonssen (gol.), *Enlightenment and Religion: Rational Dissent and Religion* (Cambridge, 1996), *passim*; Helen Braithwaite, *Romanticism, Publishing and Dissent: Joseph Johnson and the Cause of Liberty* (Basingstoke, 2003), *passim*.
64 Löffler, *The Literary and Historical Legacy of Iolo Morganwg*, tt. 120–1, 122.
65 Charnell-White, *Bardic Circles: National, Regional and Personal Identity in the Bardic Vision of Iolo Morganwg*, tt. 82–114.

yw dwyn eu hiaith ymlaen i'r goleuni; a'i rhyddhau o'r tywyllwch ym mha un y mae wedi bod dros hir amser agos yn anweledig i bawb. Y mae'n amlach ei geiriau, yn fwy rheolaidd ei chyfansoddiad, yn fyrrach, cryfach, a gloywach eu hymadroddion na'r Wyndodeg na'r Ddeheubartheg.[66]

Y mae'r salmau hefyd yn frith o hen eiriau diarffordd sy'n adlewyrchu diddordeb hynafiaethol Iolo: 'mal' (fel), 'pyd(iau)' (perygl), 'ceinmyged' (pwnc), 'golychwyd' (gweddi), 'arwyrain' (moliant). Aeth ati hefyd i fathu geiriau newydd, llawer ohonynt yn haniaethol: 'bodoldeb; bodolder' (bodolaeth), 'gwyddfodoldeb' (presenoldeb), 'bywydu' (byw), 'bywydolion' (pobl, meidrolion), 'hollymleoldeb' (bod yn hollbresennol; *omnipresence*). Canlyniad y fath eirfa yw creu iaith lenyddol anidiomatig a chlogyrnaidd:

> Gan symud, byw, a bod
> Yn dy fodoldeb di,
> Iaith pwyll yn canu'th glod
> Boed iaith fy nghalon i;
> Yn llaw dy nawdd, a'm gwynfyd yw,
> Yn dy drugaredd rwyf yn byw. (Rhif 17 isod.)

Ac eto:

> Un gwir, cyfymbwyll digyfnewid,
> Cadarnach na sylfeini'r nef;
> Yn graig ddiymod ei addewid,
> Nid gwir ond ei wirionedd ef;
> Yn un cyfamred â'i ddoethineb
> Drwy'r bydoedd yn gyflawnder gwawl;
> Lle'r ydym oll o flaen ei wyneb,
> Yn un â'r nef, boed iddo'n mawl. (Rhif 5 isod.)

Yn eironig, bu Iolo ei hun yn drwm ei lach ar Gymraeg sathredig ac anystwyth ysgrifenwyr Undodaidd.[67]

Er gwaethaf chwithdod diamheuol y canu yn ei salmau ef ei hun, rhaid edmygu dyfeisgarwch Iolo, oherwydd ymbalfalu am ieithwedd resymegol gyfaddas i grefydd resymegol a wnâi. Dyma paham y mae ei salmau yn llawn amrywiadau niferus ar gyfer un o gysyniadau mwyaf canolog

---

66   Williams, *Salmau yr Eglwys yn yr Anialwch*, t. vii. Cyfeirir yn gynnil at Owen Jones (Owain Myfyr) a William Owen Pughe yn 'Duw'n waredigaeth o bob trallod (1806)' (rhif 156 isod) a 'Duw a digon (1807)' (rhif 60 isod).

67   Charnell-White, *Bardic Circles: National, Regional and Personal Identity in the Bardic Vision of Iolo Morganwg*, t. 68.

Undodiaeth, sef 'pwyll' (rheswm): 'ambwyll', 'amhwyll', 'cyfymbwyll', 'cymhwyll', 'diymbwyll', 'gwrthymbwyll', 'hybwyll', 'sylfaenbwyll', 'ymbwyll'. Yr oedd Iolo yn ddigon hirben i sylweddoli y byddai geiriau newydd o'r fath, yn ogystal â'r eirfa hynafol a thafodieithol, yn dieithrio ei gynulleidfa. Aeth ati, felly, i amddiffyn ei eirfa newydd yn ei sylwadau rhagarweiniol i'r salmau printiedig:

Heblaw'r geiriau Gwenhwyseg, ymarferais ag ambell air arall anghyffredin, a lluniais eiriau cyfansawdd, lle bu achos imi *er darlunio'n fyr ag yn eglur, fy nhybiau a'm syniadau*.[68]

Eglurder mynegiant oedd ganddo mewn golwg, felly, a her nid bychan oedd chwilio am ieithwedd newydd a chyfaddas i draethu'r deallusrwydd crefyddol gwydn a gysylltir ag Anghydffurfiaeth Resymegol. Ceisio ymateb i'r her honno a wnaeth Iolo wrth arbrofi ag ieithwedd ei salmau.

Themâu
Honnodd Iolo ei hun nad emynau Undodaidd, fel y cyfryw, oedd ei salmau ef, eithr 'Salmau neu Hymnau Cymreig, o'r cyfryw ag y gallai Gristnogion diragfarn, o bob enw a phlaid, ymuno ynddynt i foliannu'r UN DUW A THAD OLL'.[69] Crynhoes Iolo ei brif themâu yn ei ragarweiniad, unwaith eto trwy arddel y Salmydd Dafydd yn batrwm sylfaenol:

. . . fy ngheinmygedau [= pynciau, testunau] yn gyffredin ydynt, fal ei rai yntau [= Dafydd, y Salmydd]; mawl i Dduw; rhagoroldeb ei air a'i gyfraith; gwynfydigrwydd y cyfiawn a rodio yn eu hol; addewydion Duw i'r sawl a'i ofnant, a'i carant, ag a ufuddhânt iddo; gwelir rhai o'm Salmau yn athrawiaethol, yn annog cyfiawnder; cariad; trugaredd; addfwynder, gobaith a chred yn Nuw; yn annog i lynu'n gadarn wrth y gwir, ei ddilyn, ba le bynnag y bo'n ein [h]arwain, a hynny hyd farw drosto lle bo achos yn gofyn; i ufuddhau i Dduw yn hytrach nag i ddyn.[70]

A dyma, yn wir, grynodeb teg o'r mwyafrif helaeth o'i emynau a cheisiwyd cael cynrychiolaeth deg ohonynt yn y detholiad hwn.

Salmau am 'Y Duwdod' sy'n agor y detholiad a cheir yma enghreifftiau sy'n myfyrio ar natur a phriodoleddau'r Duwdod hwnnw: undod, tadoldeb a thirionder. Salmau yn moli Duw a geir yn yr adran nesaf, 'Mawl i Dduw'. Yn yr adran 'Iesu Grist' ceir salmau sy'n ddiddorol o safbwynt Cristoleg a'r modd y syniai Iolo am Grist, ei neges, a'i genadwri. Y mae'n ddiddorol nodi

68 Williams, *Salmau yr Eglwys yn yr Anialwch*, t. vii. Myfi biau'r italeiddio.
69 Ibid., t. iii. Gweler hefyd NLW 13120B, tt. 138, 141–2.
70 Williams, *Salmau yr Eglwys yn yr Anialwch*, t. iv.

iddo gyfnewid y llinell 'Daeth Iesu Grist yn enw ein Duw' am 'Daeth Iesu Grist gwir fab ein Duw' (rhif 51 isod). Ond, fel rheol, y mae Iolo yn ofalus iawn wrth drafod person Crist a defnyddia dermau megis 'blaenor' a 'phen athro' er mwyn pwysleisio ei ddyndod yn hytrach na'i dduwdod.

Yn yr adran sy'n dwyn y teitl 'Yr Eglwys Undodaidd' ceir salmau sy'n cyfiawnhau Undodiaeth ac yn cynnig cysur i Undodwyr yn wyneb erledigaeth a rhagfarn. Yr adran sy'n dwyn y teitl 'Y Bywyd Duwiol' yw'r adran fwyaf sylweddol a'r adran hon hefyd sy'n dangos orau y modd y ceisiodd Iolo greu salmau addas i grefydd resymegol. Fel Bardd Rheswm, pynciau Iolo yw brawdoldeb, cyfiawnder, cydwybod, a phwyll. Y mae gwirionedd a grym cynhenid gwirionedd yn bwnc amlwg ganddo, ac yn dangos, o bosibl, ddylanwad Joseph Priestley arno.[71] Ond motiffau yn unig yw'r rhain, yn hytrach na dadleuon dwfn ac estynedig. Ymhellach, fel Bardd Rheswm, yr oedd Iolo, fel llawer o'i gyfoeswyr, yn dibynnu ar yr ystrydeb mai crefydd y galon, crefydd emosiwn anystywallt oedd Methodistiaeth. Felly, er mwyn gosod pellter rhwng ei salmau ef a'r emyn Methodistaidd ceisiodd osgoi ieithwedd deimladol eu hemynau hefyd:

gwiliwn rhag inni lefaru mewn dallineb am y pethau nad ydynt eto wedi eu hamlygu inni, y pethau nis geill neb yn y fuchedd hon eu *gweled megis ag y maent* . . . Ofni'r wyf yn fawr mai rhyw swn diymbwyll gwŷn gnawdol yw hyn. [Yn] hytrach, llafar serchiadau ysprydol yw'r hyn a geir mewn llawer iawn o'r hymnau Cymreig, ag yn yr un faint agos o'r rhai Seisnig.

Profiadau cred a gobaith yr wyf i'n bennaf yn eu canu, heb lyfasu neu anturio canu mwynhâd y pethau sy'n dywyll iawn imi, neu a welaf yn unig ond megis drwy ddrych. Aros yr wyf onid elwyf i'r Byd lle gwelir y cwbl fel ag y mae. . . Yn fyr yr wyf yn ymegnïo dwyn bob amser ar fy nghof mai *canu a'r ysbryd ag a'r deall hefyd*, yw'r unig ganu sy'n gymeradwy gerbron Duw, yr unig ganu a ddichon fod er gwir adeiladaeth i Ddyn.[72]

Cydiodd John Gwili Jenkins yn y ddeuoliaeth hon rhwng y serchiadau a'r rheswm mewn erthygl a gyhoeddwyd ym 1906 a honnodd fod Pantycelyn wedi ceisio hudo ei gynulleidfa ag emosiwn dall, tra ceisiodd Iolo apelio at y meddwl rhesymegol.[73] Symleiddio'r ddadl yw hyn, wrth gwrs, oherwydd y mae emynau Pantycelyn yn fwy cynnil nag a awgrymir yma. Felly hefyd salmau Iolo. Sylw tebyg sydd gan D. Ben Rees: 'Rhaid wrth ŵr o brofiad crefyddol dwys i lunio emynau cofiadwy, ac nid oedd Iolo Morganwg yn

[71]   Davies, *Y Smotiau Duon: Braslun o Hanes y Traddodiad Rhyddfrydol ac Undodiaeth*, t. 28.
[72]   NLW 21352A, tt. 206–7. Gweler hefyd NLW 13120B, t. 138.
[73]   Löffler, *The Literary and Historical Legacy of Iolo Morganwg*, t. 124, 47n.

meddu ar y profiad hwnnw.'[74] Ond nid profiad dynol oedd unig gonsýrn Iolo, oherwydd y mae ei salmau yn gyforiog o gyfeiriadau ynghylch canfod y Duwdod drwy'r deall yn ogystal â'r teimladau neu'r serchiadau:

Fy nerthlawn Dduw, mawr yw Dy glod,
Hyd eitha'r bod bywydol:
Cyfiawnder cyflwyr yw'th holl waith,
A chariad maith anfeidrol;
Gwna fi'n ddeallgar yn Dy ddeddf,
Boed hon yn reddf wastadol,
I'm calon, i'm holl enaid i,
Mal carwyf hi'n drag'wyddol.[75]

Yn hyn o beth, glynodd Iolo wrth bwyslais a fu'n rhan o'r gymdeithas Undodaidd o'i dechreuad, sef bod gan bawb galon i deimlo, a rheswm i bwyso a mesur, ac mai anifail neu beiriant fyddai dyn heb y naill a'r llall.[76] Y mae'r ddeuoliaeth rhwng Natur a Rheswm nid yn unig yn bwysig i estheteg lenyddol ac emynyddol Iolo, lle y mae iaith a mynegiant cyn bwysiced iddo â chynnwys, ond y mae hefyd yn fframwaith ar gyfer y modd y syniai Iolo am Fethodistiaeth fel crefydd y galon (Natur) ac Undodiaeth fel crefydd y deall (Rheswm). Felly, wrth drafod iaith ei salmau, honna Iolo ei fod yn ymgyrraedd at rywbeth amgen:

I have attempted a more rational manner, a style of purer simplicity and greater purity of language than what we find in our numerous volumes of Welsh hymns, where we find nothing but enthusiastic rants in the language, nonsensical sectarianism, chiefly Calvinism in, I may say, the language of madness, with respect to doctrine, sentiment, expression, &c.[77]

Nododd Rhys Nicholas fod salmau Iolo yn llai arallfydol nag eiddo'i gyfoeswyr.[78] Y mae hyn yn naturiol ddigon, oherwydd ymddiddori yn y byd y tu hwnt i'r hunan, yn hytrach na'r bywyd mewnol, arallfydol, yw un o nodweddion y grefydd Undodaidd.[79] Pwysleisir cyfrifoldeb yr unigolyn yn ogystal â chyfrifoldeb cymdeithasol yn y salmau radicalaidd sy'n cynnig canllawiau ar fyw bywyd rhinweddol, yn arbennig felly y rhai sy'n canu am

74 D. Ben Rees, 'Astudio'r Werin', *Barn*, 546/7 (Gorffennaf/Awst 2008), 81.
75 'Dymuno bod fel y dylai gwas i Dduw fod', *Yr Ymofynydd*, cyfres newydd, rhif 128 (1898), 189.
76 Davies, *Y Smotiau Duon: Braslun o Hanes y Traddodiad Rhyddfrydol ac Undodiaeth*, t. 11.
77 *CIM*, III, t. 56, Iolo Morganwg at George Dyer, 15 Chwefror 1811.
78 Nicholas, 'Iolo Morganwg a'i Emynau', 23.
79 Dennis G. Wigmore-Beddoes, *A Religion that Thinks: A Psychological Study. The Psychology of Unitarianism* (Belfast, 1972), t. 22.

ryddid crefyddol yr Undodwyr a chaethwasanaeth.

Lluniodd Iolo lawer o'i emynau yn unswydd ar gyfer cyrddau'r Undodiaid, i'w defnyddio ar achlysuron megis agor Tŷ Cwrdd newydd, cyfarfodydd blynyddol, angladdau a diarddel aelodau. Cynhwysir y rhain yn yr adran 'Addoliad Undodaidd'. Y mae salmau Iolo yn adlewyrchu cyfnod helbulus yn hanes yr Undodiaid. Golygai Deddf Cabledd (1698) fod Undodiaeth yn drosedd nes iddi ennill cydnabyddiaeth gyfreithiol, diolch i ymdrechion William Smith AS ym 1813. Gan hynny, ceir salmau yn cwyno am erledigaeth ac yn gofyn am ras i'w gwrthsefyll, yn ogystal â dathlu rhyddid yr Undodiaid (rhifau 82–93, 179, 191 isod). Ceir hefyd ddwy enghraifft nodedig lle y defnyddir ffurf yr emyn i farwnadu Joseph Priestley a Gilbert Wakefield (rhif 209 isod). Ceir hefyd nifer o salmau yn mydryddu'r Ysgrythurau. Yn eu plith y mae Salm 23, salm adnabyddus sy'n gysur i'r Cristion yn wyneb angau ac a fydryddwyd dros drigain o weithiau yn y Gymraeg.[80]

Yn olaf, y mae cyfran o salmau Iolo yn dyst i'r gorgyffwrdd syniadol yn ei feddwl rhwng Undodiaeth a barddas a cheir y rhain yn yr adran 'Gorsedd Beirdd Ynys Prydain'. Ceir enghraifft o'r cydgordio syniadol hwn yn sylwadau Iolo ynghylch crefydd barddas: 'at all times espoused the sacred doctrine of a belief in one God, the Creator, and Governor of the Universe'.[81] Y mae nifer o'r salmau yn dwyn perthynas uniongyrchol â Beirdd Ynys Prydain, eu syniadaeth a'u cyfarfodydd gorseddol. Dadleuodd Gwyneth Lewis y bwriadai Iolo ddefnyddio barddas a'r Orsedd yng Nghymru fel academi Gymraeg ei hiaith ac fel cyfrwng i ledaenu Undodiaeth radicalaidd,[82] a gwelir hyn ar waith mewn sawl ffordd. Er enghraifft, cyfansoddodd Tomos Glyn Cothi gywyddau ar heddwch a gwybodaeth ar gyfer cyfarfodydd gorseddol,[83] ac yng Ngorsedd Mynydd y Garth, 1798, gofynnwyd i'r beirdd gyfansoddi emynau newydd a fyddai'n addas i'r achos Undodaidd newydd.[84] O 1814 ymlaen yr oedd nifer o gyfarfodydd gorseddol Iolo yn hybu'r achos Undodaidd, ac yr oedd Undodiaeth ynghyd â gelyniaeth Iolo a'r Esgob Burgess hefyd yn gefnlen bwysig i Eisteddfod Caerfyrddin, 1819.[85] Y mae'r nodweddion hyn – mawl i

---

[80]   Rhidian Griffiths, *Salm 23: Detholiad o fersiynau Cymraeg* (Caernarfon, 1991).

[81]   William Owen, *The Heroic Elegies and Other Pieces of Llywarç Hen* (London, 1792), t. xxviii. Gweler hefyd D. Elwyn J. Davies, 'Astudiaeth o feddwl a chyfraniad Iolo Morganwg, fel Rhesymolwr ac Undodwr' (traethawd Ph.D. anghyhoeddedig Prifysgol Cymru, 1975).

[82]   Gwyneth Lewis, 'Eighteenth-Century Literary Forgeries with Special Reference to the Work of Iolo Morganwg' (traethawd D.Phil. anghyhoeddedig Prifysgol Rhydychen, 1991), rhan II.

[83]   'Cywydd ar Heddwch', NLW 6238A, tt. 271–80, 286; 'Cywydd ar Wybodaeth', ibid., tt. 295–301. Gweler Owen, *Thomas Evans (Tomos Glyn Cothi)*, tt. 9, 23.

[84]   'Caniadau dwyfol neu hymnau ar ddull Salmau Dafydd, ar ddymuniad Eglwysi Dwyfundodwyr Deheubarth'. NLW 13136A, t. 249.

[85]   Charnell-White, *Bardic Circles: National, Regional and Personal Identity in the Bardic*

Dduw, pwyll, heddwch, gwisgoedd gwyn gorseddol, a'r beirdd a'r derwyddon yn wyneb haul a llygad goleuni – yn gymysg oll i gyd yn y salm 'Gorsedd Beirdd Ynys Prydain. Golychwyd Beirdd Ynys Prydain' (rhif 239 isod).

Casgliadau

Er nad ydynt yn cynrychioli uchafbwynt yn y traddodiad emynyddol Cymraeg, y mae salmau Iolo Morganwg yn dystiolaeth bwysig ac unigryw i ideoleg y gymdeithas Undodaidd ym more ei hoes. Ar wastad personol, dangosant y gorgyffwrdd rhwng radicaliaeth grefyddol a gwleidyddol Iolo a chynigiant gipolwg prin a gwerthfawr ar hunaniaeth Iolo Morganwg ei hun. Mewn ysgrif dra amddiffynnol nododd Cledlyn Davies, 'Fe geir golwg gliriach, fodd bynnag, ar wir anian Iolo Morgannwg (sic) yn ei *emynnau* (sic) nag mewn un math arall ar weithiau a adawodd o'i ôl'.[86] Yn wir, amlygir ynddynt wedd (neu weddau) ar ei bersonoliaeth nas gwelir yn aml, os o gwbl, yn ei lythyrau a'i lawysgrifau, sef mwynder, ysbrydoledd ac ymwybyddiaeth o'i wendidau personol. Y mae llawer iawn o salmau yn gofyn am waredigaeth rhag gelynion, ond y mae'n amwys ai gelynion personol a olygir ynteu gelynion sefydliadol yr Undodwyr yn gyffredinol. Ceir yn yr ohebiaeth lawer o ddeunydd dyfynadwy iawn sy'n rhoi mynegiant rhwydd i agweddau annymunol ar ei bersonoliaeth megis cenfigen a hunan-dwyll, ond dengys yr emynau fod Iolo nid yn unig yn ymwybodol o'i ffaeleddau a'i chwerwder ond ei fod yn ymdrechu'n galed i gael goruchafiaeth arnynt:

> Mae gwallt fy mhen yn gwynnu,
> Gwywedig yw fy ngwedd;
> A thros fy iad yn tyfu
> Mae cnwd o flodau'r bedd;
> Er cyd y bu 'ngaeafnos
> Yn yr anialwch maith,
> Wyf bellach drwyddo'n agos,
> Wyf bron ar ben fy nhaith.

> . . .

Vision of Iolo Morganwg, t. 150; Geraint H. Jenkins, 'The Unitarian Firebrand, the Cambrian Society and the Eisteddfod', yn Geraint H. Jenkins (gol.), *A Rattleskull Genius: The Many Faces of Iolo Morganwg* (Cardiff, 2005), tt. 269–92.

[86] Cledlyn Davies, 'Iolo Morganwg', *Y Geninen*, 40, rhif 1 (1922), 9.

Ar fyrder fe ddatodir
  Y tŷ daearol hwn,
O'i ddrygau fe'm gwaredir,
  Sydd imi'n awr yn bwn;
Gan Dduw caf drigfa newydd
  O'i fawr drugaredd ef;
Caf yno fyw'n dragywydd,
  Yng ngwynfyd mawr y nef. (Rhif 155 isod.)

Yr hyn sy'n taro dyn wrth ddarllen y salmau am y tro cyntaf, felly, yw'r ffaith eu bod yn cyflwyno darlun mwy crwn o Edward Williams, y dyn.

Cathryn A. Charnell-White

Nodyn golygyddol
Mabwysiadwyd dull golygu ysgafn iawn: atalnodwyd yr emynau yn y dull modern a diweddarwyd yr orgraff, ac eithrio pan ddefnyddir ffurfiau hynafol yn fwriadol. Cywirwyd gwallau gramadegol a gwallau copïo yn dawel. Ceir *apparatus criticus* ar waelod pob emyn: nodir ei ffynhonnell ynghyd â darlleniadau amrywiol.

Y Duwdod

1
Undod Duw (1)

1 Un yw'r Duw mawr, a'i enw yn un,
  Goruchel gun gogoniant,
  Dros fyth yn byw'n anfeidrol Fod,
  Byth iddo'r clod a'r moliant.

2 Mae gwag-ddychymyg eiddil bwyll
  Yn darwain twyll gwastadol,
  Lle cais lyfelu lliw na llun
  Ar fwy nag un anfeidrol.

3 Un yw'r gwir Dduw, nid mwy nag un,
  Nid eilun rhif lluosog;
  Môr cariad pur, dros fyth yn llawn,
  Un cyfiawn, hollalluog.

4 Hwn, gwyn ein byd, sydd inni'n Dad,
  Rhown fawl ar ganiad iddo;
  Ei blant ef ydym, bawb o'r byd,
  Mae'n bod a'n bywyd ynddo.

5 Mawl fyth i'r un anfeidrol Dduw,
  Ti'r un sy'n byw'n dragywydd,
  Rhoi'th glod ar gân dros fyth a wnawn,
  Dros fyth yn llawn llawenydd.

Ffynhonnell
Salm 165, *Salmau yr Eglwys yn yr Anialwch*, cyfrol 1 (Merthyr Tydfil, 1812), tt. 159–60.

2
Un Duw

Fal y mae'n awr, fal y bu 'rioed,
Mawl i'r un Duw'n dragywydd boed,
Gan gofio mai gwir cadarn yw,
Nid oes ond un anfeidrol Dduw.
Mawl iddo rhown ar beraidd gân,
Yn llawn gwresogrwydd calon lân,
Yn ymbwyll hardd cydwybod ddwys,
Mewn ysbryd a gwirionedd glwys.

Ffynhonnell
Salm 34, NLW 10343A, f. 13b.

3
Undod Duw (2)

1   Dau mawr anfeidrol ni eill fod,
      Nis gellir hanfod iddynt;
    A gredont amgen dan farn twyll,
      Erthylod amhwyll ydynt.

2   Ti'r un anfeidrol, ein Duw ni!
      Boed hybwyll iti'n moliant;
    Di-ail wyt ti, dros fyth yn byw,
      Yn unig Dduw'r gogoniant.

3   Un hollalluog ydwyt ti,
      Yn llawn daioni dwyfol;
    Drwy'th oes ddiderfyn inni'n dad,
      Hyd eitha' cariad nefol.

4   Y mae'th drugaredd, ein Duw mawr,
      Yn ddirfawr, ac ni dderfydd;
    Boed moliant ein ufudd-dod ni
      Ar gân i ti'n dragywydd.

Ffynhonnell
Salm 1, NLW 10343A, f. 1a.

Darlleniadau'r testun
4.1 Mae dy drugaredd. 4.3 ein calonau ni.

4

Un yw Duw

1   Y pwyllgar doeth, gwrandawed ef
       Ar brif wirionedd mawr y nef,
       Yn bennaf oll i'w ddal yn dynn
       Ar gred ac ymbwyll ydyw hyn;
       Byth drwy'r holl fydoedd boed ar glyw,
       Nid oes ond un anfeidrol Dduw.

2   Mae gau dduwiaethau'n hyn o fyd
       Yn amhwyll gwael, yn dwyll i gyd,
       Gwnânt eilun certh llawn poethder gwŷn
       Dan feidrol rif dallineb dyn;
       Rhônt iddo'r parch, cableddus yw,
       Ni wedd ond i'r anfeidrol Dduw.

3   Un dan bob ymbwyll, cyflwyr un,
       Yw'r bendigedig, nefol gun,
       Un mawr, llwyr amlwg yn ei waith,
       Drwy fydoedd yr ehangder maith;
       Sail gadarn ein bodoldeb yw,
       Dros fyth yr un anfeidrol Dduw.

4   Un yw'r Duw mawr, a'i annedd ef
       Yw tragwyddoldeb maith y nef:
       Un cyfiawn yw, boed iddo'r mawl,
       Hyd bellter anchwiliadwy'r gwawl;
       Un o bob nerth, Un cariad byw,
       Un, cyflwyr un, anfeidrol Dduw.

Ffynhonnell
A—Salm 166, *Salmau yr Eglwys yn yr Anialwch*, cyfrol 1 (Merthyr Tydfil, 1812), tt. 160–1; B—NLW 21341A, tt. 96–7.

Amrywiadau
2.1 Mae gau-grefyddau'n hyn B. 2.3 yn boeth eu gwŷn B. 2.5 Addolent hwn, arswydus yw B; Camenwant hwn B. 2.6 Y mawr, di rif B; Yn lle'r di rif B. 3.4 Holl fydoedd B. 3.6 yn un B. 4.5 un cariad yw B. 4.6 Yr unig wir anfeidrol Dduw B.

5
Undod Duw. O'r Tephiloth

1   Un yw'r Bod mawr, un yn ei sylwedd,
       Nid bod ond ei fodoldeb ef;
    Pob clod, gogoniant ac anrhydedd
       Boed fyth i Frenin mawr y nef;
    Un yn holl fawredd anfeidroldeb,
       O'i ŵydd yn ffoi mae'r bydoedd oll,
    Gerbron anheddwr tragwyddoldeb
       Llwyr ânt yn ddim, hyd eitha'r coll.

2   Un yw heb ddechreu ac heb ddiwedd,
       Dim tebyg iddo drwy'r holl nef;
    Un, yn wir un, mewn undod rhyfedd,
       Nid undod ond ei undod ef;
    I'r meidrol penna'n anweledig,
       I'w enwi'n iawn, dim yw pob iaith;
    Er hynny'n eglur ganfodedig,
       Drwy ollter mawr ei ddwyfol waith.

3   Un bywyd mawr, Un byw tragywydd,
       Nid bywyd ond ei fywyd ef,
    A'i orsedd yn y gwawl ysblennydd
       Fyrddiynau'n uwch nag eitha'r nef.
    Er trigo'n eitha'r anfeidroldeb,
       Yn llwyr anhygyrch ato'r daith,
    Mae gyda ni'n ei holl nefoldeb,
       Llwyr i ni'n Dad a'i gariad maith.

4   Un gwir, cyfymbwyll digyfnewid,
       Cadarnach na sylfeini'r nef;
    Yn graig ddiymod ei addewid,
       Nid gwir ond ei wirionedd ef;
    Yn un cyfamred â'i ddoethineb
       Drwy'r bydoedd yn gyflawnder gwawl;
    Lle'r ydym oll o flaen ei wyneb,
       Yn un â'r nef, boed iddo'n mawl.

Ffynhonnell
Salm 19, *Salmau yr Eglwys yn yr Anialwch*, cyfrol 1 (Merthyr Tydfil, 1812),
tt. 22–3.

6

Undod Duw. A gwynfyd y rhai a'i carant

I: 1 Ti'r un tragywydd, unig Dduw,
Peiriadur mawr ein bod a'n byw,
Wyt oll tu hwnt i'n deall ni,
Ond sicrwydd dy fodoldeb di;
Hyn inni'n amlwg iawn y sydd,
Mwy amlwg na goleuni'r dydd,
Er lleied nerth ein hymbwyll gwan,
Dy deimlo'r ydym ym mhob man.

2 Pa sylwedd wyt? Pa le dan gêl?
Y llygad meidrol byth ni wêl.
Dim holl fyrddiynau'r oesoedd maith
I dramwy cylch d'anfeidrol waith;
Er hynny'n amlwg wyt bob awr
Yn nhrefnau dy ragluniaeth fawr;
Mae oll o'n hymodiadau ni,
Mae'n bod a'n bywyd ynot it.

II: 3 Ni ellir tyb na lliw na llun
Ar fod anfeidrol fwy nag un:
Un oll yn oll, dros fyth, yn byw,
Yn hunanwynfydedig yw;
Byw byddant fyth a'i carant ef,
Yn blant ei deyrnas yn y nef:
Un bendigedig, nefol Fod
Yw'r unig mawr a biau'r clod.

4 Y doeth-ufuddion, gwyn eu byd,
A bell-ymgiliant o bob gwŷd,
Fônt o'u calonnau yn ddi-dwyll
Yn cerdded yng ngoleuni pwyll;
Ymgadwant, gan weithredu'n fad,
Yn neddfau'r un goruchel Dad,
Yn blant ei wynfydedig wawl,
A'u cân dragywydd iddo'n fawl.

Ffynhonnell
Salm 168, *Salmau yr Eglwys yn yr Anialwch*, cyfrol 1 (Merthyr Tydfil, 1812), tt. 162–3.

7
Anymgyffredoldeb Duw

1   Pa le mae'r doeth a chwiliodd allan
     Y mawr anfeidrol sy'n y nef?
     Pa bwyll drwy holl fodoldeb anian
     A ddengys maint ei gariad ef?
     Holl fydoedd yr uchelion leoedd,
         Myrdd mwy'n eu rhif na thesni'r gwlith,
     Byth ni ddarluniant Iôr y nefoedd
         Er maint y'i teimlir yn eu plith.

2   Llai gallu dyn, a llai o lawer,
         I ddwyn ar amcan pa beth yw;
     Ardderchog frenin yr uchelder,
         Yr oll yn oll, anfeidrol Dduw.
     Ond teimlir ef a'i drugareddau
         Yn llenwi pob cydwybod lân,
     Ac iddo fyth ac o bob genau,
         Boed clod a mawl ar beraidd gân.

Ffynhonnell
Salm LXXXIII, NLW 21337A, tt. 145–6.

Darlleniadau'r testun
2.6 Yn fywyd pob.

8
Duw yn anchwiliadwy

1   Tu hwnt i ddeall meidrol yw
     Prif ansawdd a bodoldeb Duw;
     Draw 'mhell i'n holl amgyffred ni
     Yr anweledig mawr wyt ti.

2   Er maint ymryson yn ein mysg,
     Ffrost mawr a dichell dynol ddysg,
     Chwilio'n ddiweled a gawn ni
     Y nefol wir amdanat ti.

3   Dy deimlo cawn, gwir deimlo'th fod,
Dy deimlo'n Dduw, byth iti'r clod,
Dy deimlo'n dy drugaredd rhad
Yn un â'n gwnaeth ac inni'n Dad.

4   Dy deimlo'r ydym, dy gael di
Bob man, bob amser gyda ni,
Ac ynom fal yn enaid byw
Yn unig ac anfeidrol Dduw.

Ffynhonnell
Salm 42, NLW 10343A, f. 16b.

Darlleniadau'r testun
2.4 Bod anweledig ydwyt ti. 4.4 anfarwol Dduw.

9
Mawredd Duw

1   Holl natur sydd â llafar glod
Yn sôn am un anfeidrol Fod,
A chan iawn ymbwyll ym mhob gwlad
Mae cred yn un tragwyddol Dad;
Tyst yw'r doethineb sy mor fawr,
Bob man yn amlwg, a phob awr,
A thyst y cariadoldeb maith
Sy'n llywodraethu'n oll o'i waith.

2   Un yw'r mawr hwn dros fyth yn byw
A chyfiawn i'r eithafoedd yw;
Doethineb ei ragluniaeth sydd
Fal y goleuni'n rhodio'n rhydd;
Drwy'r nef uwchben, drwy'r ddaear hon
Mae'n ogoneddus ger ein bron;
Ffrwd ei ddaioni sy'n ddi-dawl,
Clod iddo'n Duw, byth iddo'r mawl.

Ffynhonnell
3. Salm, NLW 21350A, tt. 2–3.

Darlleniadau'r testun
1.3 A chan wir ymbwyll. 2.2 Cyfiawnder i'r.

10
Tadoldeb Duw

1   Tad mawr a gâr ei blant
          Yw'r Duw sydd yn y nef,
          A gwynfyd penna'r sant
          Yw ei dadoldeb ef;
          Byth gydag ef y byddant hwy,
          Lle ni ddaw cur na gelyn mwy.

2   Er saethau'r gelyn certh,
          Er gwaetha'r tân a'r dur;
          Â'r saint o nerth i nerth
          Yn ymbwyll cariad pur.
          Y cyfiawn ddyn, tra chadarn yw,
          Dan ofal a thadoldeb Duw.

Ffynhonnell
Salm LXVIII, NLW 10341A, t. 55.

Darlleniadau'r testun
2.6 Dan darian a phleidioldeb Duw.

11
Tiriondeb Duw

1   Duw tirion, trugarocaf Ri,
          Wyt i'n dynoldeb gwan,
          A phrofwn dy diriondeb di
          Amdanom ym mhob man.

2   Mae'th gariad arnom, rhadau'r nef,
          Yn disgyn fal y gwlith,
          A'i ymlif gogoneddus ef
          Heb ymbaid yn ein plith.

3   Mawr i bob golwg, i bob clyw,
          Pob ymbwyll enaid llon,
          Yw'th roddion rhad i ddynol-ryw
          Bob amser ger ein bron.

4   Wyt inni'n Dduw, a chyda'th saint
            Yn dy diriondeb rhad,
            Ac yn uchelder mawr ein braint,
            Rhydd inni'th alw yn Dad.

5   Boed ger dy fron holl ddynol-ryw
            Yn ymdaith yn dy wawl;
            Rhoed min a phwyll cydwybod fyw,
            Iaith purdeb iti'n fawl.

Ffynhonnell
Salm XCIV, NLW 10341A, t. 75.
Darlleniadau'r testun
2.1 ag o'r nef. 2.3 Ai ymdaith. 5.2 A'u hymdaith. 5.3 Ag o fin pwyll.

12
Duw y Bugail Da (1)

1   Un a'i breswylfod wyf yn awr
            Ar feysydd Duw fy mugail mawr,
            Fal un a'i wledd ar ambor glas,
            Farnllwytho llawr dyffryndir bras;
            Cysuron arnaf ym mhob rhith
            O'r nef diferant fal y gwlith.

2   Ar ffrwythau'r bywyd ymborth wyf,
            Mae'm ffyrdd yn flodau'r man y bwyf,
            Ac yma'n porthi'r glwysber byw
            Mae ffynnon iechydwriaeth Duw,
            Er disychedu'm enaid llon
            Caf yfed o lifeiriant hon.

3   Ar ddidro bûm gan amhwyll hir
            Ar lwybrau dreiniog anial dir;
            Glyn cysgod angau lle ni chawn
            Awr fach yn hedd er maint a wnawn;
            Fy Nuw a ddaeth i'm arwain draw
            I dir y bywyd yn ei law.

4   Fe'm dug o fro'r cyfeiliorn serth
     I'r uniawn ffyrdd ym mraich ei nerth,
     Caf addysg ei dadoldeb ef
     Yn holl wybodau teulu nef,
     Yn holl gyneddfau'r ynni mad
     A wedd i blant y nefol Dad.

II: 5   Pei'n rhodio glyn dychryndod maith
     Dan gysgod angau bai fy nhaith,
     Nid ofnwn ddim, cawn ym mhob man
     Fy Nuw'n ei nerth, i'm dal i'r lan,
     I'm gwared rhag pob cysgod braw,
     Mae ffon fy mugail yn ei law.

6   Pei rhodiwn dros y crastir sych
     Lle nid oes dŵr, na dim a'i gwlych,
     Lle nid oes dwf na gobaith pawr
     Hyd wyneb y llosgedig lawr;
     Cawn yno'm Nêr, a chanddo cawn
     Wledd ar fy mwrdd a'm gwnelai'n llawn.

7   Cysuron dy drugaredd di,
     Fy nefol Dad, canlynant fi;
     Tra pery'm hoes o'th roddgar law
     Daioni beunydd im a ddaw;
     Byth yn dy dŷ, dan ganu'th glod,
     Gad yn dragywydd imi fod.

Ffynhonnell
XVIII, NLW 21348A, tt. 16–17.

Darlleniadau'r testun
2.5 Er llwyr ddiwallu'm henaid llonn. 4.2 I'r uniawn lwybrau lle caf nerth.
4.4 teyrnas nef. 5.4 cawn ef o'm rhann. 5.5 rhith o fraw. 7.5 Byth ger dy
fron i ganu'th glod. 7.6 Gad Dduw'n dragywydd.

13
Duw'r Bugail Da (2)

1   Duw'r unig mawr, fy mugail yw,
     Rwyf dano'n byw'n ddihangol,
     Fe syrth fy nghorff, i'm enaid i
     Fe rydd oleuni nefol.

2   Er cerdded pen y mynydd noeth
         Neu sychdir poeth anffrwythlon,
         Gwna' Nuw, 'mhob man y creigle cras,
         Fal doldir bras a thirion.

3   Beth os fy rhan yw teithio'r hyd
         Ffyrdd eitha' pyd a blinder?
         Caf ef i'm cynnal ar bob llaw,
         Nid rhaid im fraw na phryder.

4   Trwy ddyffryn angau lle trig nos
         A dreigiau'r ffos ddiwaelod,
         Yn iach fe'm dygir gan fy Nuw
         I dir y byw'n ddiannod.

5   Gwnaeth fur o'm cylch, mae 'mwrdd yn llawn,
         Rhoes nefol ddawn i'm enaid;
         Y doethion gwâr, da gwyddant hwy,
         Nis gellir mwy'n anghenraid.

6   Dig yw 'ngelynion, a dig iawn,
         Fy mod mor llawn fy nhrwydded;
         Ond er eu bod fal rhif y sêr,
         Mae nefol Nêr i'm gwared.

7   Fe'm ceidw o lwybrau'r geulu ffôl
         I rodio'n ôl ei 'wyllys,
         Hyd ffyrdd a'm dwg i deyrnas nef
         Ei leufer ef a'm dengys.

8   Oll a fo raid caf gan fy Iôn,
         Ni fydd diffygion arnaf;
         Rhof iddo fawl tra pery'm chwyth,
         Ac wrtho byth y glynaf.

Ffynhonnell
XV, NLW 21348A, tt. 13–14.
Darlleniadau'r testun
2.4 bras o gylchon. 7.3 a'm dwg at byrth y nef. 8.2 Ni âd ddiffygion.

14
Duw'r goleuni

1 Ti'r unig mawr, y Duw tragwyddol,
  Tad mawr bodoldeb o bob rhyw,
 Tu hwnt i gyrraedd deall dynol
  Mewn gwir oleuni'r wyt ti'n byw;
 Gad inni'th enwi fal y gallom,
  'Nôl goreu cais ein hymbwyll ni,
 Iawnhâ'n serchiadau fal y rhoddom
  Ein holl fyfyrdod arnot ti.

2 Dod ynom gyfran o'th oleuni,
  Pelydren o'th dywynder mawr;
 Rho dremiad ogoneddus inni
  Yn hyn o fyd ar flaen ei wawr.
 Cawn felly'n dyddiau'n ddidywyllwch
  I chwilio dy wirionedd maith;
 Mewn cariad, hedd a phur dawelwch
  Awn dan dy nawdd i ben ein taith.

3 Â channaid gannwyll dy dangnefedd
  Goleua'n ffyrdd drwy'r fuchedd hon,
 A chwmwl tywyll amryfusedd
  Yn ddim a dderfydd ger ei fron;
 Hyn rhoddaist inni'n haul ysblennydd,
  Yn addysg nefol dy Fab Rhad,
 Boed cân pob enaid yn dragywydd,
  Byth iti'n fawl y dwyfawl dad.

Ffynhonnell
Salm 167, *Salmau yr Eglwys yn yr Anialwch*, cyfrol 1 (Merthyr Tydfil, 1812), tt. 161–2.

15
Cyfamod cariad rhad

1   Boed ein gweithredoedd o bob rhyw
'Nôl deddfau Duw'n wastadol,
A'n llafur oll yn aberth rad,
Fal gwaith y cariad nefol.

2   Nid ymgais rhagrith sy dan gudd,
I gyd am fudd hunanol,
Ond cariad yn amlifo'n bêr
A wedd i'r Nêr anfeidrol.

3   Gwir gariad i'r goruchel Iôn
Yn ffrydio'n afon fywiol,
Ac oll o'r galon yn ddi-dwyll,
Ac oll yn bwyll ysbrydol.

4   Rhadweithied ein serchiadau ni
Fal y daioni dwyfol;
Rhadweithied pwyll yn oll a wnawn,
Yn un â'r Iawn tragwyddol.

Ffynhonnell
Salm 197, *Salmau yr Eglwys yn yr Anialwch*, cyfrol 1 (Merthyr Tydfil, 1812), tt. 191–2.

16
Cyfamod gras, neu gyfamod cariad rhad

1   Aed clod ein Duw drwy'r byd ar daith
       Drwy oll o'i faith deyrnasoedd,
     Mawl boed yn wresog o bob min
       I Frenin mawr y nefoedd.

2   Ein galw yn rhad mae'r nefol Iôn,
       Yn blant anwylion iddo;
     Gwnawn ninnau'n rhodd i'r dwyfol Dad
       Bob peth yn gariad erddo.

3   A'i carant felly, gydag ef
       Yn nheyrnas nef y byddant,
     Byth iddo'n saint, yn dwyn ei nod,
       Byth iddo'n glod a moliant.

4   Boed, er moliannu'r dwyfol Iôn,
       Pob cân yn sôn amdano;
     Yn eiriau calon gan bob iaith
       O gred a gobaith ynddo.

5   Mawr er ein mwyn, ac oll yn rhad,
       Yw e'n ei gariad rhyfedd;
     Rhown ninnau'n rhad ganiadau'n mawl
       Byth i'r anfeidrawl fawredd.

6   Yn rhad ein gwaith, yn rhad ein mawl,
       Nid ffug hunanawl fuddiant;
     O! Dduw, 'mhob peth a wnelom ni,
       Boed oll i ti'n ogoniant.

Ffynhonnell
Salm 150, *Salmau yr Eglwys yn yr Anialwch*, cyfrol 1 (Merthyr Tydfil, 1812),
tt. 140–1.

17
Yn Nuw ein bodoldeb

1   Tydi sydd inni'n Dduw,
Ti'r mawr sydd inni'n Dad,
Hoff boed gan ddynol-ryw
Dy foliant ym mhob gwlad;
Bwyf un o'th flaen y nefol Fod,
Yn dy gynteddau'n canu'th glod.

2   Gan symud, byw a bod
Yn dy fodoldeb di,
Iaith pwyll yn canu'th glod,
Boed iaith fy nghalon i;
Yn llaw dy nawdd, a'm gwynfyd yw,
Yn dy drugaredd rwyf yn byw.

Ffynhonnell
Salm LXIX, NLW 10341A, t. 55.

18
Teimlo bodoldeb a daioni Duw

1   Rhyw deimlad bywyd yn yr enaid
A theimlad gwynfydedig yw;
Iawn bwyll a genfydd yn ddiymbaid,
Bodoldeb un anfeidrol Dduw.
Cydwybod yn mwynhau profiadau
O'i gariad a'i dadoldeb ef,
Mae'n teimlo'n barod ei serchiadau
Yn anfarwoldeb teyrnas nef.

2   Digon, a mwy na digon imi,
Cael Duw'n brofedig dan fy mron,
Yn anfeidroldeb ei ddaioni
Yn tywallt hedd i'm enaid llon;
Digon, fy Nuw, ac ar bob achos
Yw teimlo dy fodoldeb di;
Wyt dan bob ymbwyll yn ymddangos
I'm enaid a'm gorfoledd i.

Ffynhonnell
17. Salm, NLW 21350A, t. 17.

Darlleniadau'r testun
1.3 Y pwyll a genfydd. 2.2 Duw'n brofadwy.

19
Gweled Duw a'i deimlo

1   Tyb dyn am yr anfeidrol Dduw,
Ymgais pwyll gwan meidroldeb yw;
Ein Tad o'r nef, bod ydwyt ti
Uwchlaw'n holl bwyll a'n deall ni.

2   Er dy fod felly, 'r dwyfol Dad,
Wyt eto'n amlwg i bob gwlad;
Ni'th deimlwn yma gyda ni,
Duw'n cred a'n gobaith ydwyt ti.

3   Amlwg a rhyfedd yn dy waith
Wyt ym mhob man o'r ddaear faith,
A'th gariad ym mhob peth a gawn
Drwy'r bydoedd yn llifeiriant llawn.

4   Cydwybod lân wyt ynddi'n byw
Fal yn y nef, yn unig Dduw;
A phob dyn da'n y fuchedd hon
A'th wêl yn eglur ger ei fron.

5   Mae'th drugareddau ym mhob man
Dan deimlad pwyll meidroldeb gwan;
Tad wyt i ni, 'r anfeidrol Fod,
Byth inni'n Dduw, byth iti'n glod.

Ffynhonnell
Salm XII, NLW 10341A, t. 11.

Darlleniadau'r testun
2.1 nefol Dad. 4.3 Gwel pob dyn da'n. 4.4. Dy hoff nefoldeb ger. 5.4 byth itti'r clod.

20
Teimlo Duw gyda ni

1   Fy Nuw, rwy'n teimlo'th fod o'm plaid
     Lle gweli raid bob amser,
     A'th law fal hyn i'm noddi'n fawr,
     Ni theimlais awr o bryder.

2   Dy law mi welaf, llaw ddi-feth,
     Mae ym mhob peth yn amlwg,
     Ac yn ei gwaith hi ddwg bob awr
     Dy gariad mawr i'm golwg.

3   Dan bob caledi, dan bob cur,
     Caf gennyt bur amgeledd;
     Dy brofi'r wy'n drugarog iawn,
     Caf ynot lawn orfoledd.

4   Bwyf ger dy fron mewn ysbryd gwâr
     A chân ddiolchgar beunydd;
     Drwy holl drigfannau'r byw a'r bod,
     Boed iti'r clod tragywydd.

Ffynhonnell
Salm 59, *Salmau yr Eglwys yn yr Anialwch*, cyfrol 1 (Merthyr Tydfil, 1812),
t. 58.

21
Bodoldeb Duw yn ymddangos ym mhob peth

1   I'r doeth ymbwyllgar amlwg yw
     Bod rhyw 'un mawr' a'i enw yn Dduw;
     Anfeidrol ac anfarwol Fod,
     Dim nad yw'n amlwg dan ei nod.

2   Gweler cynteddau y nef wen,
     Amleddau'r bydoedd sydd uwchben,
     O'u rhifoedd drwy'r ehangder mawr
     Myrddiynau'n fwy na gwlith y wawr.

3   Llaw nefol gariad yn y gwaith
         A welir drwy'r cyfaddurn maith,
         Doethineb dwyfol ym mhob man
         Yn dal yr adail hardd i'r lan.

4   Rhyfeddol drwy'n holl daear ni
         Yw mawredd dy ddoethineb di!
         Gwrthrychau moliant i bob gwlad
         Yw'th ragluniaethau'r nefol Dad.

5   Efe'r un Duw, 'r anfeidrol Fod,
         Efe a'n gwnaeth, byth iddo'r clod;
         Yn un â gwengor fawr y nef
         Ymunwn yn ei foliant ef.

6   Boed, a thros fyth, dy glod yn fawr,
         Bu felly 'rioed, mae felly'n awr;
         Byth bydded pwyll cydwybod glau
         I'th 'wyllys di'n ymufuddhau.

Ffynhonnell
Salm 41, NLW 10343A, ff. 16a–b.

Darlleniadau'r testun
6.2 Boed felly'n awr.

22
Duw ym mhob man. (I'w chanu mewn oedfa dan amdo'r wybren;
hefyd yng ngolychwyd Beirdd Ynys Prydain)

1   Yn hyn o fan, a'r nefoedd wen,
         Gwaith mawr dy nerth yn hardd uwchben,
         Gwêl, Iôr y byd, lle'r ydym ni
         Yn edrych yn dy wyneb di.

2   Cawn di 'mhob man, nid wyt ynglŷn
         Â darfodedig demlau dyn;
         Nid haws dy gael o'th ymgais di
         Yn ofer waith ein dwylaw ni.

3   Wyt yma'n oll o'th nefol ras,
           Yn ymsang y dywarchen las;
           Nid llai y rhoddi glust i'n cerdd
           O'i chael dan frig y gangen werdd.

4   Ni eill un man, na'r cwbl i gyd,
           Dy gynnwys di yn hyn o fyd.
           Rhy fach yw'r nefoedd, dilys yw,
           I'th fawredd di, 'r anfeidrol Dduw.

5   Nid oes un man lle'th geir ar goll,
           Drwy gylch myrddiynau'r bydoedd oll,
           Drwy'r anfeidroldeb mawr ar da'n,
           Rwyt ti'n ymdemlu ym mhob man.

6   Pob lle, pob awr, y mae'n ddi-ffael
           I'r un a'th gais yn hawdd dy gael;
           A'th geisiant, Iôr, â chalon glau,
           Hwy'th deimlant atynt yn nesáu.

7   Bydd gyda ni yn hyn o fan,
           Rhag cyrch pob drwg yn gryf o'n rhan;
           A gad i ninnau'r nefol Ri,
           Gad inni fod fyth gyda thi.

8   Rho, 'n Tad a'n Duw, dderbyniad hawdd
           I'r un a'th gais, dod iddo'th nawdd,
           A boed pob un ohonom ni
           Yn ufudd dan dy 'wyllys di.

Ffynhonnell
Salm 101, *Salmau yr Eglwys yn yr Anialwch*, cyfrol 1 (Merthyr Tydfil, 1812), tt. 97–9.

23
Doethineb a daioni Duw yn amlwg ym mhob peth

1   Y pwyll a sylwo'r wybren fawr
        Neu dwf y llawr blodeuog,
      Gwêl nodau rhyw ddoethineb maith,
        Pob peth yn waith ardderchog.

2   Drwy'r cyfan yn un enaid byw,
        Daioni Duw sy'n cerdded;
      Pwyll Duw'n gweithredu'n rhyfedd iawn,
        Pob man y cawn ei weled.

3   Yn heilio trugareddau'n rhad
        Llaw'r nefol Dad yn amlwg,
      Wynepryd natur ym mhob man
        Yn gwenu dan ei olwg.

4   Ym maes blodeulawn tes y dydd,
        Llawenydd côr y llwyni,
      Iaith min, iaith pwyll pob anian byd
        Yn moli Duw'r daioni.

5   Ti'n Duw! Mae'r holl fodoldeb maith
        Yn dangos gwaith dy gariad;
      Pob peth i glustiau'n hymbwyll ni
        Amdanat ti'n ymsiarad.

6   A moliant iti rhoed pob dyn,
        Gan ddilyn i'th addoli,
      Ac aberth pwyll, a chalon ir
        Yn haul dy wir oleuni.

Ffynhonnell
Salm XCIX, NLW 10341A, tt. 79–80.

Darlleniadau'r testun
3.1 Mae'n heilio.

24
Daioni a thrugaredd Duw yn ymddangos yn ei holl ragluniaethau

1   Nac achwyn o'r ddibenion Duw,
       'R un a wnaeth oll, gŵyr pa beth yw,
       Ni welir fyth ar ddim o'i waith
       Ond cariad a chyfiawnder maith;
       Goreubwyll nefol, tirion Dad,
       O'th gylch y sydd, a byth ni'th ad,
       Ond iawnder pur nid oes mewn bod,
       Ar ddim a wnaeth, byth iddo'r clod.

2   Yng nghynllun hardd yr unig ddoeth
       Tywynnu mae'r gwirionedd noeth;
       Prif ergyd* ei ragluniaeth ef   * (injunction)
       Yw rhwyddhau'r ffyrdd i deyrnas nef;
       Boed hyn yn uchaf ar dy fryd,
       Gan ymryddhau oddi wrth y byd,
       Gan gredu'th fod bob ennyd awr
       Dan afael ei drugaredd mawr.

3   Gofidiau'r bywyd hwn a fydd
       Yn croesi dyn bob awr o'i ddydd;
       Er deffroi pwyll, da iawn eu bod,
       Amdanynt oll i'n Duw bo'r clod;
       Awn mewn amynedd drwyddynt oll,
       Ânt cyn bo hir dros fyth ar goll;
       Gwyn fyth ein byd, a ninnau'n byw
       Yn nhragwyddoldeb meibion Duw.

Ffynhonnell
Salm XLII, NLW 21351A, t. 33.

Darlleniadau'r testun
3.1 ddaear hon a fydd.

25
Duw'n ddoeth ac yn ddaionus yn ei holl weithredoedd

1   Mae natur yn ei threfnau'n wych,
         Hardd oll i edrych arnynt,
     Gweithredoedd Duw, boed iddo'r mawl,
         A thra rhyfeddawl ydynt.

2   O bob daioni maent yn llawn,
         Pob peth yn iawn i'r eithaf;
     Doethineb cariad amlwg yw
         Holl waith y Duw goruchaf.

3   Yr haul, y lloer, i'r nefol Fod
         Dyledus glod a ganant,
     Myrddiynau'r sêr drwy'r cylchwy maith,
         Datganant iaith ei foliant.

4   O'r ddaear hon i'r uchel Dad
         Aed hefyd ganiad newydd,
     Yn wresog fawl ar dir a môr
         I'r unig Iôr tragywydd.

5   Mad weithiau Duw, mad oll o'u bron,
         Myrddiynau meithion ydynt.
     Dylifed moliant ym mhob gwlad
         I'r nefol Dad amdanynt.

Ffynhonnell
Salm 53, *Salmau yr Eglwys yn yr Anialwch*, cyfrol 1 (Merthyr Tydfil, 1812),
tt. 52–3.

26
Duw'n drugarog yn ei holl ragluniaethau (1806)

1 Mi gefais gan drugarog Dduw,
  Do, ym mhob rhyw flinderau;
 Da iawn hyn oll i'm dwyn o'r gau
  Ac i wellhau fy nghalon.
 Dyn i bob peth a drefno'r nef,
  Byth bydded ef yn foddlon;
 Da'r croesau oll, pei mwy na myrdd,
  A'u gyr i ffyrdd y doethion.

2 Gŵyr ein Duw doeth, gŵyr yn ddi-feth,
  I ddyn pa beth sydd orau,
 Pob peth sydd er ein lles y cawn
  Pan ddelo'r iawn amserau.
 Dyn dall a chwennych gael i'w ran
  A fo'n ei wan feddyliau,
 Ond 'wyllys Duw sy'n well o hyd
  Nag eitha'r byd a'i bethau.

3 Gwêl ef drwy holl ddamweiniau'r byd
  O'r dechreu hyd y diwedd,
 Gan drefnu drwy'r bydoldeb maith
  Pob peth yn waith trugaredd;
 Mae amser gan y dwyfawl Dad
  Yn hyfryd wlad tangnefedd,
 I ddyn dros fyth ymlawenhau
  A rodio lwybrau rhinwedd.

4 Mi gefais ymdaith drwy'r byd hwn
  A than fy mhwn bob amser,
 Ond nid yw imi nawr ymhell
  Y byd sy'n well o lawer;
 Byd lle caf ddodi 'maich i lawr,
  Daw'r hyfryd awr ar fyrder;
 Hyd lwybrau gobaith iddaw'r af,
  Ac yno caf esmwythder.

Ffynhonnell
Salm CIV, NLW 21337A, tt. 174–5.

Darlleniadau'r testun
1.1 yn drugaredd Duw. 1.5 Da iawn i ddyn a drefno'r nef. 2.7 sy'n well i
gyd. 4.4 Y wlad sy'n well.

27
Gair Duw yn galw ac yn deffroi'r byd

1   Clywn alwad gan lafar o'r nef,
    Gwahoddiad caredig ein Duw,
    A Duw llawn trugaredd yw ef,
    A phurdeb cydwybod a'i clyw;
    I'w gyntedd awn rhagom ar frys,
    A'i byrth yn egored a gawn;
    Yng ngwynfyd anfeidrol ei lys
    Bydd gwledd ein gorfoledd yn llawn.

2   Cyfeillion nis gellir eu gwell,
    Tad nefol o'n hamgylch a'u rhydd;
    Pob llai na llwyr berffaith ymhell
    Dros fyth yn ddiadwedd y bydd.
    Pob trallod, pob galar, pob gwae,
    Pob gelyn i'n hymbwyll a'n hedd;
    Fal angau'n dragywydd y mae
    Gan angof yn nhraflwnc y bedd.

3   Dim sôn am bechodau byth mwy,
    Ac ofnau byth yno ni fydd,
    Ym mherfedd difancoll maent hwy,
    Holl ffyrdd y gydwybod yn rhydd;
    Cerddediad pob ymbwyll yn iawn,
    Pob cariad i'r eithaf yn glau,
    Gorfoledd pob enaid yn llawn,
    Gorfoledd dros fyth i barhau.

Ffynhonnell
Salm 14, NLW 10343A, f. 5b.

Darlleniadau'r testun
2.4 ddiadwedd a fydd. 3.2 Gwendidau byth.

28
Duw'n well na dim

1   Ym mhell o'r byd a'i ffug ddiddanwch,
Pell iawn o'i olwg, boed y man,
Lle caf anheddu mewn llonyddwch,
A gwir dangnefedd imi'n rhan;
Lle caf ystyried harddwch natur
A'i threfnau rhyfedd o bob rhyw,
Lle mae'n ymddangos imi'n eglur
Doethineb yr anfeidrol Dduw.

2   Ymhell o dwrf y coegwybodau
Sy'n dadwrdd amhwyll ym mhob man,
Boed imi feithrin myfyrdodau
Fo'n olau'r nef i'm deall gwan;
Ar ddianc pell o bob ffolineb,
Ynfydrwydd gwyniau dynol-ryw,
Boed imi'n wledd y gwir ddoethineb,
Tragywydd wynfyd meibion Duw!

Ffynhonnell
Salm CCCCLXXXI, NLW 21341A, tt. 108–9.

29
Trugaredd maddeugar Duw (*Eseia 4*)
(*Yn Nhŷ Cwrdd Dwyfundodiaid Essex Street*)

I: 1   Drwg iawn yw'n ffyrdd ger bron ein Duw,
Pob un yn byw'n ei bechod;
O! gwelwn ein camsyniad mawr
Tra pery'n hawr a'n harfod.

2   Camweddau sy 'mhob peth a wnawn,
Ein tybiau'n llawn amhuredd;
Awn yn edifar at ein Iôr,
Cawn ef yn bôr trugaredd.

3   Lle'n hudwyd gan y byd o'n pwyll
I falchedd, twyll a thrachwant,
Os at ein Duw'n edifar awn,
Cawn ganddo lawn faddeuant.

4 Drwg yw'n hymarwedd, a drwg iawn,
    Pob peth a wnawn yn bechod,
    Heb feddwl, dan hudoliaeth gref,
     Fod Iôr y nef yn gwybod.

II: 5 Holl fyfyrdodau calon dyn
    Sy fyth ynglŷn â gwagedd;
    Dros gof gan bawb, fal peth ar goll,
    Mae Duw a'i holl wirionedd.

6 Er hynny mae'r trugarog Dad
    Am faddau'n rhad y cyfan,
    Ond inni droi dan amod hedd
    O ffyrdd ein buchedd aflan.

7 Rhown ufudd glust i'r Tad a'n câr,
    Bawb ag edifar galon,
    Gan hoffi'n lle'r tywyllwch du
    Goleuni'r cu nefolion.

8 Rhown iddo'n diolch, rhown yn glau,
    Pob genau'n llawn o'i foliant;
    Fe'n dwg yn rhad o berfedd coll,
    Boed iddo'r holl ogoniant.

Ffynhonnell
Salm CCCLXV, NLW 21340A, tt. 77–8.

Darlleniadau'r testun
4.3 gan hudoliaeth. 5.3 yn beth. 7.1 un a'u câr. 7.4 llu nefolion.

30
Ymgymhleidio â Duw

Tra bo cymhlaid y cableddau
Yn goresgyn yr holl fyd,
Dynol-ryw'n eu hanwireddau
Megis yn ymglymu 'nghyd,
Yng nghadwynau gwir dangnefedd
Boed ein cymhleidioldeb ni,
Yn ufuddion y gwirionedd,
Duw'r cyfiawnder gyda thi.

Ffynhonnell
Salm LXX, NLW 10341A, t. 56.

31
Rhodio gyda Duw

1   Cul iawn yw'r ffordd lle mae fy nhaith,
        Diffeithwch maith o gylchon;
     Er hyn i gyd ymlaen yr af
        Drwy nerth fy Naf yn eo'n.

2   Mae'r byd a'i lygredd o bob rhyw,
        Arswydus yw 'mhob ardal;
     Af drwyddo, er fy mod yn wan,
        Mae Duw 'mhob man i'm cynnal.

3   Y balchder mawr, prif dwyllwr dyn,
        Fe gais fy nilyn weithiau;
     Ffoi rhagddo'r wyf, rhag mynd ar goll,
        Gwrthodaf oll o'i lwybrau.

4   Dos, drachwant brwnt, o'm hôl ymhell,
        Mae gennyf well cydymaith;
     Rwyf yn fy Nêr a'i ddwyfol ddawn
        Yn gadarn iawn fy ngobaith.

5   O'm gwrthol ewch, frwnt-wyniau'r cnawd,
        A'ch anferth rawd rhyfelgar,
     Yn oll o'ch hud nid oes a bair
        Im wrando gair o'ch llafar.

6   Rwy'n dewis ffyrdd Iôr mawr y nef,
           A chydag ef am rodio;
           Rhof yn ei air fy nghadarn gred,
           Mae'm holl ymddiried ynddo.

7   Cadw, fy Nuw, fy nhraed yn llwyr
           Rhag troi ar ŵyr o'th lwybrau;
           Bwyf, er a'm rhwystrant, fwy na myrdd,
           Yn rhodio ffyrdd dy ddeddfau.

Ffynhonnell
Salm CCCXLVII, NLW 21340A, t. 56.

Darlleniadau'r testun
2.3 Wynebaf oll lle'r ydwyf wan. 6.2 yn rhodio. 7.3 a'm drygaint.

32
Nid cadarn ond cyfnerth Duw

1   Boed am fy mhen holl donnau'r môr
           A'u cyrch diodor arnaf;
           Wyf yn llaw Duw'n fwy 'mhell na chawr
           A'r eigion mawr nid ofnaf;
           Ei nerthoedd ni'm dychrynant i,
           Mae Duw'n ddiymbaid gyda mi.

2   Boed arnaf, rif gronynnau'r ôd,
           Gwrdd ymgyrch llewod ffyrnig,
           Yn wyllt eu rhanc, er hynny, gwn
           Y byddwn yn gadwedig;
           Rhag llid creulonder o bob rhyw
           Â'm cred yn gadarn yn fy Nuw.

Ffynhonnell
LIX. Salm, NLW 21351A, t. 46.

Darlleniadau'r testun
1.5 Ei wenyet.

33
Golwg ar lwyddiant Gair Duw

1 Llywydd mawr myrddiynau'r bydoedd,
 Drwy'r meithderoedd rhyfedd ŷnt,
 Clywsom am dy fawr weithredoedd
 Yn yr oesoedd a fu gynt.
 Gwelwn heddiw'th law ryfeddol
 Yn dra nerthol yn ei gwaith,
 Drwy drigfannau'r hil ddaearol
 Mae'th air dwyfol ar ei daith.

2 Mae dy wir yn fawr ei allu
 Yn cylchynu'r ddaear hon,
 Drwg ni chaiff yn hir deyrnasu,
 Mae'n diflannu ger dy fron.
 Ymwasgaru mae'r cymylau,
 Gwelwn olau, gwiwlan yw,
 Dydd ymwared o'n cystuddiau,
 Dydd caniadau meibion Duw.

Ffynhonnell
XIV, NLW 21348A, t. 12.

Mawl i Dduw

34
Iawnfoliannu Duw

1   Duw'r unig Dduw, 'r anfeidrol Fod,
     Pa iaith a wedd i ganu'th glod?
     Nid un a fedd ein daear ni,
     Dim ond iaith ymbwyll calon lân,
     A nwyf cydwybod drwy'r holl gân
     Yn addas i'th foliannu di;
     Nid mawl i ti'n y fuchedd hon
     Ond ymddwyn ufudd ger dy fron.

2   Yn blant ufuddion, boed i ni
     Roi'n cred a'n gobaith ynot ti
     A'th deimlo'n fywyd oll yn oll;
     Llwyr gredu cawn tu draw i'r bedd
     Ein lle'n dy deyrnas di mewn hedd,
     Y golud nid â fyth ar goll.
     Ac yn ein cân a ddylai fod
     Iaith ymbwyll nefol iti'n glod.

Ffynhonnell
Salm XVII, NLW 21351A, t. 13.

35
Addoliad a wedd i Dduw

1   Nid ffurfiau meirwon bydol bwyll
Yw'r iawn addoliad sy'n ddi-dwyll;
Nid gweddi crefftwr cyflog yw
Yr un a wedd i'r cyfiawn Dduw.

2   Nid yw caniadau llafar dyn
Ond rhyfyg a dallineb gwŷn;
Dim ydynt ac ni ddichon bod
Dim o'u cyffelyb i Dduw'n glod.

3   Lle bo iaith glân cydwybod lân
Yn llafar bywyd yn y gân,
Caiff honno'n fuan ym mhob gwlad
Dderbyniad gan y nefol Dad.

4   Rhaid credu'r hollalluog Dduw,
Mae un ac un anfeidrol yw;
Rhaid credu'n ei ragluniaeth lwys
Mewn ysbryd a gwirionedd dwys.

5   Serch at gyfiawnder, serch di-dwyll,
Yn gyfrwym â dyletswydd pwyll;
Ffrwyth nefol eu cyfundeb yw
Ufudd-dod i wirionedd Duw.

Ffynhonnell
Salm 40, NLW 21350A, tt. 36–7.
Darlleniadau'r testun
1.4 i fawredd Duw. 2.4 Cyffelyb iddynt i Dduw'n glod.

36
Moliannu gallu Duw am waith ei greadigaeth

1   Pell uwchlaw deall bydol yw
Mawr allu'r un anfeidrol Dduw;
Bod hollalluog ydyw ef;
Gwneuthurwr oll, y maint y sydd,
Maint a fu 'rioed, maint fyth a fydd,
Drwy dragwyddoldeb teyrnas nef.

2   Trwy berfedd y tywyllwch certh
Aeth allan, aeth yn oll o'i nerth
Gair ymbwyll ei ddoethineb dwys;
Ar dim yn ymfywydu'n ffraw,
Gan ymfywydu dan ei law
Myrddiynau'r bywydoldeb glwys.

3   Gorfoledd ar fuddugol daith
Yn llanw yr anfeidroldeb maith;
Un ffrwd ei chân â llif y gwawl,
Gan deimlo Duw'n ei gariad clau;
Pob anian yn ymlawenhau,
Cân byw a bod oll iddo'n fawl.

4   Nyni, holl deulu'r ddaear hon,
Rhown aberth moliant ger ei fron;
Tad, nefol Dad, ein byw a'n bod;
Gwaith pwyll cydwybod boed y gân,
Yn iaith ufudd-dod calon lân;
Holl ynni'r enaid iddo'n glod.

Ffynhonnell
Salm CXIII, NLW 10341A, tt. 92–3.

Darlleniadau'r testun
2.4 ymddeunyddu'n ffraw. 2.5 Gan ymneidio. 2.6 holl-fodoldeb glwys.
3.5 Holl Natur yn. 4.1 Ninnau holl. 4.4 Yn bwyll cydwybod.

37
Arwyrain (Effesiaid 1:17)

Nefol Dad ein harglwydd Iesu,
Tad bodoldeb ydwyt ti,
Boed i'm enaid orfoleddu,
Gwn dy fod yn Dad i mi,
Ynot ti bob ergyd amrant,
Rwyf yn symud, byw a bod;
Iti'n Dad rhof aberth moliant,
Iti'n Dduw dros fyth y clod.

Ffynhonnell
Salm CXXVI, NLW 10341A, t. 104.

38
Arwyrain. Deus optimus maximus

1   I'r unig mawr, yr unig mad,
Yr unig Dduw'r anfeidrol Dad,
A'r nefol gân dros fyth ar glyw,
Boed clod a mawl pob enaid byw.

2   To the one God, the one supreme,
The only one almighty name,
The greatest, wisest and the best,
Be praise by all the worlds address'd.

Ffynhonnell
2, NLW 21350A, t. 2.

Darlleniadau'r testun
1.3 Ar beraidd.

39
Moliannu Duw

1   Tad y bodoldeb maith,
      Pob anian, bod a byw,
      Tra gogoneddus yw dy waith
      Yr un anfeidrol Dduw.

2   Cyfiawnder tryffin yw
      Dy farn tuag atom ni;
      Doethineb cariad o bob rhyw
      Dy ragluniaethau di.

3   I ti'n ymufuddhau
      Mae holl gyneddfau pwyll;
      Pob deall, pob cydwybod glau,
      A'th garant yn ddi-dwyll.

4   Ni'th gâr y bydol-ddoeth,
      Ni'th gadwant yn eu bryd,
      Ond canlyn anghyfiawnder noeth
      A'u serch ar bethau'r byd.

5   N'ad i ni felly fod,
      N'ad, y trugarog Dduw,
      Ond i'th gyfiawnder, ac i'th glod
      Byth bydded inni fyw.

6   Ti'n Duw sy'n dal i'r lan
      Ein bod a'n bywyd ni;
      Byth ym mhob iaith, byth ym mhob man,
      Boed moli'th fawredd di.

Ffynhonnell
Salm CIX, NLW 10341A, tt. 88–9.

Darlleniadau'r testun
3.2 Boed holl ynnïau. 3.4 I'th fawredd. 4.2 ar eu bryd.

40
Annog addoli Duw

1   Mawr yw'r Duw mawr a'n gwnaeth,
Dros fyth boed iddo'r clod;
Gair nerth o'i enau daeth
A thrwyddo'n byw a'n bod.
Dewch fydoedd oll, ein dyled yw
Moliannu'n Tad, yr unig Dduw.

2   Aed o bob calon lân
Ei fawl hyd eitha'r nef,
Gwir undeb yn ein cân
A chôr ei wyddfod ef:
Mawl ym mhob min ac ym mhob iaith
Boed iddo drwy'r bodoldeb maith.

Ffynhonnell
Salm XLV, NLW 10341A, tt. 35–6.

Darlleniadau'r testun
1.1 Un mawr. 1.4 Ag ynddo'n byw. 2.5 Mawl ymhob man.

41
Galw ar yr holl fodoldeb i foliannu Duw (*O Salm 100 Dafydd*)

1   Dewch holl dylwythau'r byd,
Holl fydoedd cylch y gwawl,
Awn at a'n gwnaeth i gyd
Â phêr ganiadau mawl;
Y nefol mawr, goruchel Fod,
Ein hunig Dduw sy'n haeddu'n clod.

2   Awn i'w gynteddau glân,
'N un dorf at byrth y nef,
Gorfoledd boed ein cân,
Clod ei dadoldeb ef;
Oll ynddo'n symud, oll yn byw,
Oll ynddo'n bod, ein hunig Dduw.

3   Diolchwn iddo'n glau
              Ym mhwyll cydwybod lon,
              Gan ddoeth ymufuddhau
              Addolwn ger ei fron;
         Ein bugail yw, cawn yn ddi-fraw
         Ein harwain yn ei dirion law.

4   Digonedd ym mhob rhaid
              O'i fawr drysorau cawn;
              Bendithion yn ddi-baid,
              Amleddau dwyfol ddawn;
         Mae'n amlwg iawn ar oll o'i waith
         Cyflawnder ei drugaredd maith.

5   Tragywydd yw parhad
              Ei wirioneddau ef,
              Daioni'r dwyfol Dad
              Yw gwynfyd mawr y nef;
         Boed yn iaith bêr o galon lân,
         Ei fawl tragywydd ar ein cân.

         Dewch holl dylwythau'r byd, &c.

Ffynhonnell
C. Salm, NLW 21348A, tt. 80–1.

Darlleniadau'r testun
2.3 Gorfoledd ein holl gân; yr holl gân.

Nodyn
Pennill 1: Adganer hwn yn y diwedd – a gellir ei ganu ar ben ei hun fal pennill arwyrain.

42
Mawl i Dduw am ei gariad yn rhoi bodoldeb inni er mwynhau gwynfyd tragywydd

1   Awn, ddaearolion, at ein Duw
Â llafar byw gorfoledd;
Cân diolch iddo, cân ddi-baid
O'r enaid yn wirionedd.

2   Gwaith hardd ei gariad yw pob dyn
I dderbyn bywyd nefol;
O carwn ef, tra dilys yw,
Cawn ynddo fyw'n dragwyddol.

3   Awn ato'n ufudd megis plant
Â chân ein moliant iddo;
Mae inni'n Dad, a gwyn ein byd,
Mae'n bod a'n bywyd ynddo.

Ffynhonnell
XCIX. Salm, NLW 21348A, t. 80.

43
Mawl i Dadoldeb Duw

1   Tad bywydoldeb, ein Tad ni,
Cenhedloedd dynol-ryw,
Yn dy dadoldeb tirion di
Mae'n symud, bod a byw.

2   Dy waith o'n cylch yn hardd a gawn
Drwy'n holl drigfannau ni,
Gwaith llaw ddi-dwyll yn 'ysbys iawn,
Llaw dy drugaredd di.

3   Rhyw fôr yw'th gariad ym mhob gwlad,
Hyd glawr y ddaear faith;
A ffrydiau'th glod, fal nefol Dad,
Yn hyfryd ym mhob iaith.

4   I ti rhoed serch pob enaid byw,
              Ufudd-dod yn ddi-dawl;
              Boed o bob min gan ddynol-ryw
              Pêr oslef iti'n fawl.

Ffynhonnell
Salm XCIII, NLW 10341A, tt. 74–5.

Darlleniadau'r testun
2.4 dy ddoethineb di.

44
Yr holl greadigaeth yn moli Duw

1   Yn holl waith y greadigaeth
              O'r byd hwn hyd eitha'r nef,
           Yn hardd wyneb ei ragluniaeth,
              Gwelir Duw a'i fawredd ef;
           Ond yn gyflym i'w adnabod
              Mae'n anheddu'r ymbwyll ir
           A fo'n chwilio'n ffyrdd cydwybod
              Yn galonnog am y gwir.

2   Rho'th fyfyrdod ar gyfiawnder,
              Bydd mewn cariad â phob dyn;
           N'ad i serch y galon dyner
              Lithro'n ddall i gnawdol wŷn;
           Rhodia'n ffyrdd tangnefedd tawel
              Yn ddrych nod i ddynol-ryw;
           Trwyddot, cei'n rhyw beraidd awel
              Deimlo'r anweledig Dduw.

Ffynhonnell
Salm CXXXVIII, NLW 10341A, t. 115.

Darlleniadau'r testun
1.3 Yn noethineb. 1.6 galon ir.

45
Golwg ar godiad Haul Iechydwriae[th]. (Malachi 4)

1   Mae amser ofnadwy gerllaw,
      Gwae'r beilchion a welant y dydd,
      Ar blant yr anwiredd y daw
      A llosgi'n ffwrn danllyd y bydd;
      Fal goddaith ar soflydd y llysg,
      A'r gwynt yn ei gynnal yn fyw,
      Y drwg yn fyrddiynau'n ein mysg,
      Yn griddfan dan ddial eu Duw.

2   Ein Duw sy'n teyrnasu'n y nef,
      Y Duw sy'n amddiffyn ei saint,
      Chwi bawb y sy'n ymgais ag ef,
      O gwelwch uchelder eich braint;
      Cwyd haul y cyfiawnder yn hardd,
      Duw'n gobaith, tra thirion wyt ti!
      Tes nefol o'i esgyll a dardd
      Yn llawn iechydwriaeth i ni.

3   Fal meillion fo'n yfed y gwlith
      A'r tes yn eu meithrin yn hardd,
      Gwirionedd a dyf yn ein plith
      A'i flodau 'mhob cylchon a dardd;
      Ei ffrwythau 'mhob ardal yn llawn
      Yn ymborth o'r nefoedd i ni;
      A bywyd tragwyddol a gawn,
      Boed mawl ein Duw tirion i Ti!

Ffynhonnell
Salm VIII, NLW 10341A, tt. 7–8.

Darlleniadau'r testun
1.5 Fal fflam ar y soflydd. 1.8 ein Duw.

46
Addoli Duw yn y gydwybod

1   Pwy'n blant i Dduw'n ein plith a gawn
Yn gyfiawn a'i addolant,
Gan wneuthur fal y dylai fod,
Oll iddo'n glod a moliant?

2   Cawn y dyn doeth fo'n ofni'n glau
Roi cam ar lwybrau pechod,
A roddo'i glust i wrando'n wâr
Ar lafar ei gydwybod.

3   Cydwybod ym mhob dyn y sydd
Yn ddeunydd gwir ddoethineb;
Gwêl, ddyn, ei henaid, gwêl yn hon
Dy Dduw gerbron dy wyneb.

4   A'i ymbwyll ef, boed iddo'r clod
Sydd ynot yn oleuni;
Dos ato, dos! a chydag ef
Yn nheyrnas nef y byddi.

5   Y dyn a fo'n ymroi fal hyn
I ddilyn ei gydwybod,
Mae ef a'i Dduw'n gynefin iawn
Ac yn ei lawn adnabod.

6   Gan iawn addoli'r nefol Nêr
A'i gred a'i hyder ynddo,
Cân ger ei fron, yn un o'i blant,
Ddyledus foliant iddo.

Ffynhonnell
Salm XXVII, NLW 10341A, tt. 23–4.

Darlleniadau'r testun
4.2 er goleuni. 5.1 Yr un a fo'n.

47
Gwyngerdd aswyn, neu Aswyngerdd,
o'r Arabeg arferedig gan y Mahometaniaid

1   Rho'n gof cadwedig ar dy rôl,
Mae Duw 'mhob peth, ein Duw mhob man,
Duw ar y mynydd, Duw'n y ddôl,
Duw ym mhob gwlad yn rhad o'n rhan;
Duw ar bob tu, Duw blaen ac ôl
Drwy'r anfeidroldeb maith ar da'n;
Na ddos o'i ddeddfau'n adyn ffôl,
Duw ynddynt cei'n dy ddal i'r lan.

2   O'th gylch mae trugareddau Duw,
Mil mwy'n eu rhif na gwlith y wawr,
Yn ffrydiau cariad o bob rhyw
Fal dilyw dros y byd yn awr.
Pawb ynddo'n bod, pawb ynddo'n byw,
Dwg hyn ar gof bob dydd, bob awr.
Swydd dyled, swydd wynfydig yw
Moliannu'r hollalluog mawr.

Ffynhonnell
Salm XLV. Salm, NLW 21351A, t. 35.

48

O'r Alcoran. Erddigan Denmarc Mr Madan. Before Jehovah [aweful]

1   Duw sy 'mhob man, Duw gyda ni,
Duw inni 'rioed, Duw inni 'nawr,
Duw'n unig, Dduw dros fyth wyt ti
Yn llanw yr hollfodoldeb mawr.

2   Duw ar y tir, Duw ar y môr,
Duw'n holl burdebau calon dyn,
Ein Tad o'r nef, goruchel Iôr,
Bod mawr a phob daioni 'nglŷn.

3   Coelfain gorfoledd i bob iaith
Yw llafar dy wirionedd clau,
Ffrwd anfarwoldeb drwy'th holl waith
Yw'th gariad pur byth i barhau.

4   Drwy anfeidroldeb teyrnas nef,
On'd gwaith dy law nid oes mewn bod;
Boed cân ein gorfoleddus lef
Drwy'r bydoedd oll, byth iti'n glod.

Ffynhonnell
Salm XLVIII. Salm, NLW 21351A, t. 37.

Darlleniadau'r testun
1.4 anfeidroldeb mawr.

49
Cân Angel y Dyfroedd (*Datguddiad 16:3, 4*)

1   I ddeall meidrol dynol-ryw,
Gweithredu'n rhyfedd y mae Duw;
Gweithredu'n rhyfedd y mae ef,
Medd ymbwyll holl oleuni'r nef.

2   Mawr wyt ti, 'n Duw, mawr iawn dy waith,
Boed mawr dy foliant ym mhob iaith,
Ac yn dy farn drwy'n daear ni
Anfeidrol yw'th gyfiawnder di.

3   Fflangell dy farn arswydus yw,
Pa fod na'th ofnai di, O! Dduw?
Pa ddyn o blant y ddaear hon
Na chrŷn hyd angau ger dy fron?

4   Diarswyd bydd y duwiol-ddoeth
Pan dawdd y byd gan angerdd poeth;
Ynot ni wêl y cyfiawn gwâr
Ond Duw'n llawn hedd yn Dad a'i câr.

5   Cenhedloedd yr holl ddaear faith,
Hiloedd pob ardal a phob iaith,
Rhônt eu mawreddau'n llwch y llawr
O'th flaen, yr hollalluog mawr.

6   Cywir yw'th ffyrdd, yn iawn i gyd,
Dy farn yn eglur drwy'r holl fyd;
Iawn iti'n clod, mawl enaid llon
Yn bur addoliad ger dy fron.

Ffynhonnell
Salm XVI, NLW 10341A, t. 15.

Darlleniadau'r testun
2.2 A mawr. 5.2 Gwerin pob ardal. 6.1 ac iawn. 6.2 Mae'th Farn. 6.4 Yn wir addoliad.

50
'Lled gyfelydd i Salm 107 Dafydd yn VIII rhan' (V/7)

1   Mae'r annoeth fo'n gwrthfynnu'r gwir
Yn crwydro tir tywyllwch;
Duw gyda'i blant a'u harwain hwy
Yn olau drwy'r anialwch.

2   Gan oludogion y mae'r gwan
Yn wylo dan greulonder;
Eu Duw a'u gwêl ac yn ei bryd
A'u cyfyd i gyflawnder.

3   Nid i feddiannau'r gwaelfyd hir,
Ystyriwn yr addewid;
Eu rhan dros dragwyddoldeb hir
A gânt yn nhir y bywyd.

4   Fe syrth y gau dros fyth ar goll,
Y cyfiawn oll a'u gwelant;
Drwy'r bydoedd rhed gorfoledd byw
A gwaith eu Duw moliannant.

5   Gwêl ddoethion hyn â llygad pwyll,
Ac yn ddi-dwyll a'i cadwant
Fyth ar eu cof; ac yn eu byw
Trugaredd Duw moliannant.

6   O! na foliannai dynol-ryw
Dadoldeb Duw'r trugaredd,
Duw'n ei ddaioni'n rhyfedd iawn,
Tad inni'n llawn tangnefedd.

Ffynhonnell
Salm LIV (V/7), NLW 10341A, t. 44.

Darlleniadau'r testun
2.3 Hyn y gwel Duw; Duw a wêl hyn. 4.1 Fe syrth pob drwg.

51
'Lled gyfelydd i Salm 107 Dafydd yn VIII rhan' (VI/8)

1 Lle buom dan dywyllwch maith
   Yn ymdaith mewn trueni;
   Encilio bellach y mae'r nos,
   Dydd sy'n ymddangos inni.

2 Lle'r oeddwn oll yn ymbarhau
   Yn llwybrau'n hamryfusedd,
   Daeth i'n iawn arwain y Mab Rhad
   Llawn cariad a gwirionedd.

3 Daeth Iesu Grist, gwir fab ein Duw,
   At ddynol-ryw'n ddiddanydd;
   Addysg o'r nef a dry'r holl fyd
   I arwain bywyd newydd.

4 Fal gwaredigion y Duw mawr
   Boed inni'n awr ymddangos,
   Gan roi'n tystiolaeth, doed a ddêl,
   Yn uchel ar bob achos.

5 Byddwn genhadon dros Dduw'r nef,
   A'i deyrnas ef cyhoeddwn;
   A thrwy'r holl ddaear, dan bob iaith,
   Llwydd ar ein gwaith a welwn.

6 Fel hyn ymdreched pob dyn byw,
   Er clod i Dduw'r gwirionedd,
   Sy 'mhob daioni'n rhyfedd iawn,
   Duw inni'n llawn trugaredd.

Ffynhonnell
Salm LV (VI/8) NLW 10341A, t. 45.

Darlleniadau'r testun
1.1 ar gyfeiliorn maith. 1.3 'Nawr ar ei encil y mae'r. 2.1 Buom yn ddall
gan ymbarhâu. 3.1 yn enw ein Duw. 4.3 Yn dystion iddo. 6.1 Yn hyn. 6.2
i Dduw'r tangnefedd.

Olnod
Mem.to these imitations, as such, of the 107 Psalm, are too imperfect, the
sentiments, and the stanza's that convey them may never be newly cast in a
better mold, or an arrangement and so be improved. or they must be
brought nearer to the 107th Psalm.

52
Cân teithiwr yr anialwch

1   Tra bwyf yma mewn diffeithwch
      Drwg i'm cynllwyn ar bob llaw;
    Dyffryn angau'n llawn tywyllwch,
      Mil o bydiau'n peri braw;
    Rhoist o'm blaen, O! Dduw'r trugaredd,
      Er cysuro 'nghalon drist,
    Ffordd am arwain i'th dangnefedd
      Golau'r nef yn Iesu Grist.

2   Rhoist e'n flaenor ffyddlon imi,
      Ar ei ôl wyf ar fy nhaith,
    Gan goffáu dy fawr ddaioni
      Canaf drwy'r anialwch maith.
    Er a gaf o rwystrau bydol
      A dyryswch o bob rhyw,
    Gyda thi rwyf yn wastadol
      Dan dy nawdd, a digon yw.

3   Man y chwiliaf am wirionedd,
      Caf elynion ar bob llaw;
    Rhagfarn yn ei fawr gynddaredd
      A'i athrodion yn ddi-daw;
    Ond er dyfned yw dichellion
      Meddwl cul a thafod gau,
    Rwyf yn credu'th addewidion,
      Ynddynt yn ymgadarnhau.

4   Boed i'm erbyn cyrch y donnen,
      Llid pob gelyn imi'n faith;
    Af ymlaen dan ganu'n llawen
      Yn hyderus ar fy nhaith;
    Doed a ddelo'n rhan fy mywyd,
      Mae'm holl obaith ynot ti;
    Rwyt o'm amgylch awr ac ennyd,
      Yn dragywydd gyda mi.

Ffynhonnell
Salm CCCCL, NLW 21341A, tt. 66–7.

Darlleniadau'r testun
1.1 mewn anialwch. 1.3 Cysgod angau'n. 1.4 achos braw. 2.1 tirion immi.
2.2 Yn ei frisg. 2.4 diffeithwch maith. 3.3 Enllib yn. 3.6 Meddwl dall.

53
Mawl i Dduw am alw yn ôl ei ddialon amseroedd:
rhyfel, haint, neu brinder (1818)

1   Ti'r Mawr anfeidrol, Iôr y nef,
       Sy'n rhoddi clust i wrando'n llef,
       Cânt holl gystuddiau dynol-ryw
       Le ger dy fron a than dy glyw;
       Am dy ddaioni sy mor fawr,
       Molianner di bob dydd, bob awr;
       Ac am i'n gwael gyflyrau ni
       Gael cyfran o'th drugaredd di.

2   Bu'n drwm dy ddyrnod ar ein tir,
       Dy gerydd arnom a fu'n hir;
       Rhyfel a chlefyd yn ein plith,
       Cosb am bechodau rhif y gwlith;
       Rhoist heibio'th fflangell, do, fel tad,
       Gan drugarhau, gan faddeu'n rhad;
       Am dy dosturi'n dal dy law
       Boed mawl pob enaid yn ddi-daw.

3   Cyfiawn wyt ti'n ceryddu'n bai,
       Tra chyfiawn wyt yn oll a wnai;
       Gweithredu'n gyfiawn mae'th holl wg
       Er diffodd gwŷn y galon ddrwg.
       Rhoist inni ddeddf, un gyfiawn yw,
       Drwy rodio'n hon cawn ynddi fyw;
       Rho nerth i'n pwyll fal rhodiom ni
       Yng ngolau dy gyfiawnder di.

4   Yr wyt ti gyda ni 'mhob man,
       Yn Dad a'th law'n ein dal i'r lan;
       Hyn ar ein cof nawdd cadarn yw
       Rhag pechu'n d'erbyn yn ein byw;
       A hyn a'n gweryd o bob twyll
       A phrofedigaeth bydol bwyll,
       A'n ceidw yn hyn a ddylai fod,
       Iawnderau pwyll, byth iti'r clod.

Ffynhonnell
Salm LX, NLW 10341A, t. 49.

Darlleniadau'r testun
2.3 Rhyfel a phrinder; Clefyd a phrinder.   4.1 Tydi sydd; Un ydwyt.
4.5 rhag pob twyll.

54
Moliannu Duw am waredigaeth o ddwylaw gelynion

1   Tydi fy Nuw, tydi 'mhob man,
        A gaf o'm rhan yn sefyll,
        A llaw dy nerth a chaf yn rhydd
        O rwyd gormesydd erchyll.

2   Lle bu gelynion am fy mhen
        Yn fawr eu sen a'u celwydd,
        Rhoist hwynt fal us o flaen y gwynt
        A'u helynt yn anhylwydd.

3   Bu rhain yn dorf dan wg ynghyd,
        Lle gwelai'r byd yn amlwg;
        O flaen dy farn syrthiasant oll,
        Do'n llwyr, ar goll o'r golwg.

4   Mawl, a phob mawl, i'm nefol Dad,
        I'w gariad a'i drugaredd;
        Boed hyn ym mhurdeb calon lân,
        Byth imi'n gân gorfoledd.

Ffynhonnell
Salm IV, NLW 10341A, tt. 3–4.

Darlleniadau'r testun
1.3 i'm tynnu'n rhydd; a'm tynn. 3.4 o'm golwg. 4.3 Boed a gwresogrwydd
calon lân.

55
Duw a digon

1   Ti sy'n ddaioni o bob rhyw
       Goruchel Dduw'r tangnefedd,
     Cân yn fy swydd, cân yw'n holl waith,
       Mawl am dy faith drugaredd.

2   Dysgaist fi'n gadarn a di-fraw
       Lle bûm dan law gorthrymydd;
     Rhag llu'n gelynion a'u holl drais
       Mi'th gefais yn waredydd.

3   Da iawn wyt ti, 'mhob peth yn ddoeth,
       Hyn yn dra noeth y gwelaf;
     O'th nefol bwyll pob peth yn llawn,
       Pob peth yn iawn amdanaf.

4   Ni chaiff anobaith le'n fy nhyb,
       Na dim cyffelyb iddo;
     Da'th 'wyllys di, byth felly 'nghred
       A bydded fal y byddo.

5   Digon i'm holl ddaearol daith
       Yw cred a gobaith ynod,
     Oll inni'n llifo'n fêl a llaeth,
       Yn iechydwriaeth parod.

6   Byth boed fy nghân fal cân y nef
       A'i pheraidd lef yn foliant;
     Ei gwres di-dwyll a'i hymbwyll hi
       Dros fyth i ti'n ogoniant.

Ffynhonnell
Salm CXXXIV, NLW 10341A, t. 112.

Darlleniadau'r testun
4.4. A deled fal y delo. 5.3 Pob peth yn.

56
Y Datguddiad Dwyfol

1   Pan fo goleuni Duw'n ei wawr
Yn treiddio drwy'r tywyllwch mawr
Sy'n dallu golwg dynol bwyll;
Gwynfyd yn gweled ffordd i droi
O frig bydolion, ac i ffoi
O bob anwiredd a phob twyll.

2   Gweled gwirionedd hyfryd yw,
A theimlo'r ymbwyll ynddo'n byw
Sy'n cymell cân gorfoledd llon;
Teimlo'r gwir Dduw a'i gariad ef
Yw canfod pyrth cynteddau'r nef
Oll yn ymagor ger ein bron.

3   Goleuni'r nef i'n byd a ddaeth,
I'n harwain o'n cyfeiliorn caeth
I bob gwirionedd, i bob iawn;
Boed ynddo'n hymbwyll ar ei daith,
Ac i'n gobrwyaw am ein gwaith
Hedd a bodd Duw dros fyth a gawn.

4   Datguddiodd ef, y nefol Dad,
Yn gyflawn o'i drugaredd rhad
Holl raidwybodau'n byw a'n bod;
Mawr boed gorfoledd yn ein plith,
Boed mawl ganiadau rif y gwlith
Am hyn o'i ddawn byth iddo'n glod.

Ffynhonnell
Salm CXXXV, NLW 10341A, t. 113.

Darlleniadau'r testun
1.2 Yn torri.

57
Mawreddau Duw a dimderau dyn

1 Pa beth yw dyn, y nefol mawr
Ond pryfyn gwael yn llwch y llawr?
Dim yw rhagorau dynol-ryw,
Dim wrthot ti, anfeidrol Dduw;
Dim holl fawrbethau'n daear ni
Ger wyneb a'th fawreddau di:
Ni wedd i neb drwy'r ddaear hon
Ond ymddiddymu ger dy fron.

2 Er hyn, Duw'r cariad ydwyt ti,
Tra thirion i'n gwendidau ni,
Mawreddau dy drugaredd maith
Yn amgylchynu dy holl waith;
Er lleied yw, mae dyn bob awr
Dan olwg dy ddaioni mawr,
Pob efnyn ynddo dan dy nod,
Boed cân o'i galon iti'n glod.

Ffynhonnell
Salm CXLV, NLW 10341A, t. 119.
Darlleniadau'r testun
2.4 Yn amdariannu.

58
Gwell Duw na dim

1 Cân sy'n fynych yn fy ngenau,
   Cân amdanat ti, fy Nuw,
   Am dy dirion drugareddau,
   Am fendithion o bob rhyw,
   Am dy fraich a gaf i'm gwared
   Yn dra nerthol ym mhob rhaid,
   Cymer foliant, Iôr gogoned,
   Boed fy niolch yn ddi-baid.

2 Mil o ddrygau a'm cylchynant,
   Mil o rwystrau ar bob llaw;
   Diogel wyf, lle ni'm cyrhaeddant,
   Dan dy nodded yn ddi-fraw.
   Teimlaf dy ddaioni'n helaeth,
   Yn fy nghynnal i bob awr,
   Mur amdanaf yw'th ragluniaeth,
   A'th drugaredd imi'n fawr.

3 Hyn o fyd ni roddaist imi,
   Byd ar wallgof ym mhob man,
   Ond myrddiynau dy ddaioni
   Yn well golud yw fy rhan,
   Meddwl yn dirmygu cyfoeth,
   Rhwysg a balchder o bob rhyw;
   Troist fy nhraed o lwybrau'r annoeth,
   Digon fyth, llawn ddigon yw.

4 Bwyf dan ddwylaw dy diriondeb,
   Golud gwell nid rhaid i mi
   Nag amynedd a boddlondeb
   Ym mhob peth i'th 'wyllys di;
   Glynu bwyf yn dy gymdeithas,
   Drwy bob awr o'r fuchedd hon,
   Boed fy rhan o fewn i'th deyrnas,
   Yn dragywydd ger dy fron.

Ffynhonnell
Salm CCXV, NLW 21338A, tt. 95–6.

59
Heb Dduw, heb ddim

1 Duw, hebddot ti nid oes o'n rhan
Na nawdd na'i obaith yn un man,
Na diben i ddynoldeb gwael
Ond colledigaeth yn ddi-ffael.

2 Fal syrth maen melin dan y don,
Hyd eitha' dyfnder tywyll hon,
Lle'dd awn o'th law ni syrthiwn oll,
Fyth bythawl i ddyfnderoedd coll.

3 O! gwêl ein gwendid, ac na'n gad
I'n hunain fyth, ein tirion Dad.
Dim yw'n holl nerth, ni allwn ni
Na byw na bod fyth hebddot ti.

4 Trig gyda ni, bydd di'n ddi-feth,
I ni'n gadernid ym mhob peth;
I ni'n waredwr mawr o hyd,
Drwy'n dyrys daith yn hyn o fyd.

Ffynhonnell
Salm LXXI, NLW 21337A, t. 125.

60
Duw a digon (*1807*)

1   Pei bai'r holl fyd a'i drawster syth
     I'm erbyn fyth yn rhedeg;
     Os Duw'n ei nerth a gaf o'm plaid,
     Dir yw, nid rhaid ychwaneg.

2   Pei teimlwn ar fy mhen bob awr
     Holl ymgyrch mawr tymhestloedd,
     A mi'n llaw Duw, ni thrown o'u ffyrdd
     Pei mwy na myrdd eu lluoedd.

3   Tost yw creulonder yn ei rym,
     A'i gleddyf llym daufiniog;
     I wrthladd hwn caf Dduw bob awr
     Yn geidwad mawr galluog.

4.   Amdanaf codwyd llawer tro
     Maith filoedd o gelwyddau;
     Pan amgylchynwyd fi â'u tân
     Dug Duw fi'n lân o'u rhwydau.

5   Am air di-dwyll yn dyst i'r gwir,
     Mi gefais hir ddigofaint;
     Nid gan fy Nuw, mi gefais ef
     A theulu'r nef yn geraint.

6   Cyfeillion bydol aethant oll
     Hyd eitha' coll o'm golwg,
     Ond Duw sydd imi'n gyfaill mawr,
     O'm plaid bob awr yn amlwg.

7   Da gwn beth yw diffygion blin
     A llymder min tylodi;
     Mewn amser byr o'i ddwyfol ddawn
     Daeth Duw i'm llawn ddigoni.

8   Blinderon corff, hir ddolur trwm,
     A'm plygai'n grwm i'r ddaear;
     Daeth ato' i'n feddyg, Iôr y nef,
     Do, teimlais ef yn drugar.

9 Pwy a dosturiodd wrth fy ngwedd
   A safn y bedd yn agor?
  Neb ond fy Nuw, fe ddaeth yn glau
   I'm llwyr iacháu'n ddiodor.

10 Mae'r byd o'm cylch yn grastir crin
   Llawn gwylltoedd blin ac anial,
  Ond af ymlaen yn llwyr ddi-fraw,
   Mae Duw a'i law'n fy nghynnal.

11 Er goddef difrod o bob rhith,
   A'm rhan ymhlith y tlodion,
  'Dd wy'n meddu'r golud goreu'i ryw,
   'Wy'n meddu Duw, a digon.

12 Pan ddelo'r awr im ado'r byd
   A'i dwyll i gyd o'm gwrthol,
  Caf law fy Nuw drwy borth y bedd
   I'm dwyn i'r wledd dragwyddol.

Ffynhonnell
Salm LXXII, NLW 21337A, tt. 126–7.

Darlleniadau'r testun
4.2 Rhai filoedd.

61
Duw a digon

1   Rhoi bwriad ffôl, pa les i mi
     Ar lwch di-les y ddaear hon?
     O! Dduw, fy nigon ynot ti,
     Boed gan bob cymwyll ger fy mron.

2   Digon i mi, fy nefol Dad,
     Yw'th weled yng ngoleuni'r gwir,
     A theimlo dy drugaredd rhad
     Yn deffro cân fy nghalon ir.

3   Boed ar fy naearoldeb gwan
     Bwys holl drallodau'r fuchedd hon;
     Os Duw'n fy nghred a gaf o'm rhan
     Fal niwl diflannant ger fy mron.

4   Digon i mi'r tangnefedd pur
     Sy'n heulo'r ffyrdd lle mae fy nhaith;
     Yn eli gwared o bob cur
     I'm ymbwyll yn orfoledd maith.

5   Maith fal amleddau gwlith y wawr
     Boed rhif caniadau'r enaid clau,
     Maith fal meithderau'th gariad mawr
     Ac iti'n glod byth i barhau.

Ffynhonnell
14. Salm, NLW 21350A, tt. 13–14.

Darlleniadau'r testun
5.2 caniadau'm.

Iesu Grist

62
Cân dydd genedigaeth Crist

1 Boed cof moliannus am yr awr
[Y] ganed ein harweinydd mawr;
Tywysog hedd a ddaeth i'n plith,
A gwir fendithion rif y gwlith;
Yn athraw dwyfol cawsom ef
Yn dysgu gwirioneddau'r nef;
Am hyn o'i fawr ddaioni'n rhad,
Byth bydded mawl i'r nefol Dad.

2 Mae dyn yn chwilio'n ofer iawn,
Ein goreu'n ddall er oll a wnawn;
Mae amryfusedd mawr ynglŷn
Ag ymbwyll eithaf meddwl dyn;
Er chwilio'n flin tra pery'n chwyth,
Iawn ddeall Duw ni fedrwn fyth,
Ond ef a roes i'r meddwl trist
Wybodaeth bur yn Iesu Grist.

3 Duw'n gweled fal yr oeddem oll
A'n brys yn fawr i waelod coll;
Ag ymbwyll goreu dyn yn ddall,
Yn wag ei dyb, yn fawr ei wall;
Danfonodd fab ei fynwes ef
I'n dwyn yn ôl i ffyrdd y nef,
I'n hachub oll rhag soddi i lawr
I ddyfnder y trueni mawr.

4   Duw'n canfod y gydwybod wan
Dan fawr dywyllwch ym mhob man;
Tosturiodd wrth ein cyflwr trist
Drwy'n derbyn ato'n Iesu Grist;
I'n dwyn hyd lwybr ei fuchedd ef,
I wir oleuni teyrnas nef;
Am oll o'i gariad sy'n ddi-dawl,
Boed iddo fyth ganiadau'n mawl.

Ffynhonnell
Salm CCCCX, NLW 21341A, t. 22.

Darlleniadau'r testun
1.4 A thrugareddau rif. 2.7 i'r galon drist. 3.6 I'n dwyn i bur oleuni'r nef.
3.7 rhag suddo.

63
Genedigaeth Iesu Grist

1   At rai'n bugeilio praidd liw nos,
Gan aros yn y meysydd
Daeth angel, ac o'i amgylch ef,
Goleuni'r nef ysblennydd.

2   Gogoniant y disgleirdeb mawr
Yn ffrwd i lawr o'r nefoedd,
Goleuni pur yn nyfnder nos
Yn drylif dros y tiroedd.

3   'Nac ofnwch,' ebe'r angel mwyn,
'Wyf i chwi'n dwyn llawenydd;
Rhoed i chwi Fab i'r dwyfawl Dad
A fydd eich rhad waredydd.

4   'Genedig yw'n eich byd yn awr,
Tywysawg mawr tangnefedd,
Un yw a'ch tywys i bob iawn
At Dduw a'i lawn drugaredd.

5   'Fe'ch arwain yn ei ysbryd gwâr
I'r nef a'r ddaear newydd,
I'r bywyd pur, byth i barhau,
A'r gwynfyd clau tragywydd.

6 'Oddi wrth bob pechod cewch ryddhad,
  Chwi sy 'mhob gwlad yn ochain;
 O dan bob iau fe'ch dyry'n rhydd
  A mwy ni bydd wylofain.

7 'Ar ddidro'n ddall aeth dyn yn hir
  O lwybrau'r gwir ddaioni;
 Rhoes Duw'n ei gariad un yn awr
  A'u dwg i'r mawr oleuni.

8 'Chwi sydd am iechydwriaeth Duw
  Drwy ffydd yn byw mewn gobaith,
 Daeth atoch hyn yn ei fab rhad
  Yn hedd a chariad perffaith.'

9 A chyda'r gair hwy glywent lef,
  Myrddiynau'r nef a'u llafar:
 Moliannent Dduw'r anfeidrol Dad
  Am hedd yn rhad i'r ddaear.

10 'Gogoniant i'r goruchel Dduw,
  Yr hwn sy'n byw'n dragywydd;
 Tra pery cân telynau'r nef
  Ei foliant ef ni dderfydd.

11 'Tangnefedd Duw drwy'r ddaear faith,
  Boed gan bob iaith yn gyson
 Yn genadwri'r dwyfol rhad
  Ewyllys mad i ddynion.'

12 Boed un ein cân â'r nefawl gôr
  Yn fawl i'n Iôr tragywydd,
 Yn gadarn fal sylfeini'r nef
  Ei gariad ef ni dderfydd.

13 Mae Duw'n ei deyrnas gyda ni,
  I'r nefol Ri bo'r moliant
 Am adfer dyn o bydew'r coll,
  Boed iddo'r holl ogoniant.

14   Moliannu'n Duw boed oll o'n gwaith
             Ac ym mhob iaith dan wybren
             Boed i blant dynion fawr a mân
             Ddyrchafu'r gân yn llawen.

Ffynhonnell
Salm CXXV, NLW 21337A, tt. 209–11.

Darlleniadau'r testun
2.1 tywynder mawr. 2.3 Goleuni Duw; Goleuni dydd. 2.4 Tywalltai dros y tiroedd. 4.1 eich plith yn awr. 6.1 Oddiwrth eich pechod. 13.2 Ag iddo'n Rhi.

64
Yr aberth gymeradwy

1   I'n Duw derchafwn bawb y gân
             Yn aberth lân ysbrydol;
             Yn addas glod i'w fawredd ef,
             Iôr mawr y nef dragwyddol.

2   Yr aberth bur, yr unig rodd
             A rynga fodd ein Harglwydd
             Yw'r isel fryd a fytho'n faith
             A'i serch ar waith santeiddrwydd.

3   Nid mewn ffurfioldeb trefnau dyn
             Na chwaith mewn gwŷn ddaearol
             Y plygwn wrth ei fodd i lawr
             O'i flaen y mawr anfeidrol.

4   Y galon ostyngedig wâr,
             Y meddwl hawddgar tirion,
             Yw'r unig aberth i Dduw'n nef
             A gymer ef gan ddynion.

5   Lle molwn ef, boed oll o'n cân,
             Yn llafar glau gydwybod;
             Iaith calon bur fo'n oll o'i chais
             Yn gwirio llais y tafod.

6   Nid dim ar feth, nid dim ar goll,
        I Dad yr holl ysbrydoedd;
        Fe ŵyr bob tyb, fe wêl bob gwaith
        Fyrddiynau maith y bydoedd.

7   O flaen ei fawredd nefol ef
        Aed pawb â goslef moliant,
        Yn aberth bur cydwybod lân
        Boed iddo gân gogoniant.

Ffynhonnell
Salm CLXXVIII, NLW 21338A, tt. 45–6.

Darlleniadau'r testun
2.3 Yw'r enaid gwâr. 2.4 Ai fryd.

65
Dioddef gyda Christ

Er dioddef ac hyd angau'n drist
Am gredu'r gwir yn Iesu Grist,
Mewn amser byr fe dderfydd oll
A'r trallod mawr dros fyth ar goll,
A chyda'n blaenor mawr y cawn
Oll wrth ein bodd, pob peth yn iawn,
Rhan plant ffyddlondeb yn y nef
A gwisgo'r goron gydag ef.

Ffynhonnell
Salm 18, NLW 10343A, f. 7a.

66
Efengyl Iesu Grist

1   Hir y buom dan dywyllwch,
          Ynddo'n cyfeiliorni'n flin;
       Rhodio, megis mewn anialwch,
          Tir dilwybrau'r diffaith crin;
       Daeth o'r diwedd wared inni,
          Darfu bellach bod yn drist,
       Fe'n cylchynwyd â goleuni
          Gan efengyl Iesu Grist.

2   Am gael allan ffyrdd y bywyd,
          Buom yn palfalu'n faith,
       Neb o'n blaen yn gyfarwyddyd,
          Neb i'n dangos ar ein taith;
       Duw, sy'n gweled pur ei galon,
          Am y gwir yn chwilio'n drist,
       Fe ddangosodd inni'n dirion
          Ffordd y nef yn Iesu Grist.

3   Agos iawn yw'r hollalluog
          At a gais fod iddo'n sant;
       Galw ar bawb y mae'n drugarog,
          Tirion dad yn galw ei blant;
       Ymnesawn â mawr lawenydd,
          Darfu dyddiau bod yn drist;
       Diogel ydym yn dragywydd
          Dan arweiniad Iesu Grist.

4   Molwn ef, y Mawr anfeidrol,
          At ei byrth â'n diolch awn;
       Un ein cân â'r teulu nefol
          A'n gorfoledd ynddi'n llawn;
       Molwn ef a'n holl ddihewyd,
          Darfu bellach bod yn drist;
       Rhodio'r ydym ffyrdd y bywyd,
          Ffyrdd Efengyl Iesu Grist.

Ffynhonnell
Salm CCCCXX, NLW 21341A, t. 35.

Darlleniadau'r testun
1.4 Ffordd. 1.6 Mwy nid achos. 4.6 Mwy nid achos.

67
Cenadwri Iesu Grist

1   Lle buom gynt yn flin ein taith
    Ar ymdaith mewn anialwch,
    Dydd haf a ddaeth i'n llawenhau,
    Dydd golau'n rhoi diogelwch;
    Goleuni pwyll, haul wyneb Duw,
    Dydd nefol tragwyddoldeb yw.

2   Duw'n canfod ein trueni mawr,
    O'r nef i lawr edrychodd,
    Allan aeth gair ei gariad ef
    A phyrth y nef agorodd,
    Ac allan daeth goleuni pwyll
    I'n harwain o gyfeiliorn twyll.

3   Atom danfonodd Iesu Grist
    I'n dwyn o drist fyfyrdod,
    I'n tywys i'r gwirionedd clau
    Sy'n llawenhau'r gydwybod.
    A dilyn brisg ei rodiad ef
    Yw'r ffordd a'n dwg i deyrnas nef.

4   Moliannwn Dduw am hyn yn rhad
    O'i nefol gariad inni;
    Llewyrch ei wyneb dros ein tir,
    Yn tywallt gwir oleuni;
    Ei lafar ef i'r galon drist
    Yw gair cysurlawn Iesu Grist.

Ffynhonnell
Salm CI, NLW 10341A, tt. 81–2.

Darlleniadau'r testun
1.2 Yn ymdaith. 2.3 Allan aeth arch. 2.6 o dywyllwch twyll.

68
Cenadwri ddwyfol Iesu Grist

1   Ti'r doeth y sy'n dymuno byw
Yn ôl gorchymyn mawr dy Dduw,
Gan rodio'n ufudd ger ei fron
Drwy gydol taith y fuchedd hon;
A'th enaid wedi bod yn hir
Mewn hiraeth am y nefol wir,
Yn llwyr iachâd i'th galon drist
Rho glust i lafar Iesu Grist.

2   Gan y trugarog mawr o'r nef
Yn gennad y'i danfonwyd ef
I blannu cariad yn ein mysg
A phur wybodau'r nefol ddysg.
Lle credir ef, gwir honnaid yw,
Nid oes ond un goruchel Dduw,
Mae'n gariad amlwg oll o'i waith
Yn llenwi'r anfeidroldeb maith.

3   Un, cyflwyr Un, yw'r dwyfol Dad
Yn un o bob trugaredd rhad;
Mawr ar bob mawr yw'r nefol Ri,
Ac ynddo'n bod a'n bywyd ni;
Gan rodio'n hardd yng ngolau'r nef,
Yng nghyfraith bur ei deyrnas ef,
Rhan meibion iddo bydd ein hawl,
Boed iddo fyth ganiadau'n mawl.

Ffynhonnell
Salm CCCCLIX, NLW 21341A, tt. 97–8.

Darlleniadau'r testun
2.4 I blannu'r gwîr ai nefol ddysg. 2.7 Yn gariad. 3.6 Yng nghariad pur.

69
Goruchwyliaeth Iesu Grist

1 Nos anwybodaeth a fu'n hir
Yn gwmwl tywyll ar bob tir,
Dyn ynddo'n drist, yn crwydro'n ddall,
Ymhell o'r iawn, pob cam ar wall.

2 Gwelaist, ein Duw, nad oeddem ni
Yn canfod ffyrdd dy deyrnas di,
I'n harwain o'r anobaith trist
Danfonaist atom Iesu Grist.

3 Danfonaist e'n dywysog mawr
I dynnu rhyfyg dyn i lawr;
I'w dynnu'n rhydd o faglau twyll,
A'i ddwyn dan addysg nefol bwyll.

4 Ymgeisiwn dan ei addysg ef
A gwir wybodau teyrnas nef;
Boed dano'n fawr ein cynnydd ni
Yn holl iawnderau'th 'wyllys di.

5 Yng ngeiriau'th nefol fab y cawn
Wirionedd pur, pob ymbwyll iawn;
Yr ysbryd hardd a'n gwreiddia ni
Yn holl wybodau'th 'wyllys di.

6 Fe'n cwyd o'r bedd, a chydag ef
Cawn fyw dros fyth yn nheyrnas nef;
Bydd cyflawn ein gorfoledd ni
Byth gydag ef bod gyda thi.

Ffynhonnell
LXXVI. Salm, NLW 21348A, t. 63.

Darlleniadau'r testun
2.1 Gwelaist, O Dduw. 4.2 A gwir ddoethineb.

70
Iesu Grist y gwir oleuni

1 Yng ngenau ffyddlon y Mab Rhad
   Y daeth y mad newyddion,
  Er cysur i bob enaid byw,
   Fod hedd rhwng Duw a dynion.

2 Mae'n dangos holl wybodau'r gwir,
   O! byddwn gywir iddynt;
  Hardd oleuadau nefol ddydd
   Y Duw tragywydd ydynt.

3 Bu'n dyst hyd angau dros y gwir,
   Bu'n gywir ei ddihewyd;
  I'r gwir yn aberth ar y groes,
   Fal oen, fe roes ei fywyd.

4 Awn ar ei ôl, awn gydag ef
   I ddioddef dros gyfiawnder;
  Dros Dduw a'i wir yn wrol iawn
   Hyd angau'n llawn ffyddlonder.

5 O rodio 'mhur oleuni'r nef
   A roddes ef mor helaeth,
  Yn iach i ben yr ymdaith awn,
   I gyflawn iechydwriaeth.

6 Boed iddo'r mawl, y nefol Dad,
   Am fab ei rad ddaioni;
  Yn haul cyfiawnder i'r holl fyd,
   Yn ffordd y bywyd inni.

Ffynhonnell
Salm CCCCXXV, NLW 21341A, t. 40.

Darlleniadau'r testun
4.3 yn gadarn iawn.

71
Iesu Grist yn oleuni'r byd

1 Bu dyn truenus ym mhob tir
  Mewn caddug hir yn aros,
  Bu'n dew dros wyneb daear lawr
  Tywyllwch mawr y dunos;
  Mae bellach i bob enaid byw
  Goleuni Duw'n ymddangos.

2 Mae Duw'n drugarog inni wir,
  Ni phery'n hir ei gilwg,
  Y dydd yn awr o'n cylch a gawn
  Yn hyfryd iawn ei olwg;
  Mae golau'r nef i'r galon drist
  Yn Iesu Grist yn amlwg.

3 Mae'n haul cyfiawnder i bob gwlad
  Oddi wrth y Tad yn dyfod;
  Boed, er eu gwynfyd, ymhob tir
  I bawb ei wir adnabod;
  Newyddion hedd i'r ddaear faith
  Yw dwyfol iaith ei dafod.

4 Mae'n dangos inni beth yw nod
  A natur pechod marwol;
  Mae'n dyner iawn yn darbwyll dyn
  Oddi wrth ei wŷn ddaearol;
  Tywysog heddwch yw'r Mab Rhad,
  Yn eitha' cariad nefol.

5 Fal oen diniwed y mae'n wâr,
  Mae'n hygar ac yn dirion,
  Mae'n llawn trugaredd fal ei Dad,
  Yn gariad ei holl galon;
  Boed iddo'r goron ym mhob tir,
  A phawb yn wir ufuddion.

6   Ymrown yn ufudd dan ei farn
                A'n cred yn gadarn ynddo;
              Y nefol Dad a saif ym mhlaid
                Pob enaid a'i dilyno;
              Yn oll a wnawn drwy'r bywyd hwn
                Ymdebygolwn iddo.

Ffynhonnell

Salm CCCLXXXIX, NLW 21340A, tt. 110–11.

Darlleniadau'r testun

1.3 Yn dew.   4.5 Tangnefedd drwyddo yw'r Mab Rhad; Gwirionedd drwyddo.   6.5 o'n gwaith.

72
Iesu Grist y pen athraw

1   Os chwennych addysg bur a wnawn,
              A byw'n ei lawn oleuni,
              Awn at fab Duw, cawn e 'mhob gwir
                Yn athraw cywir inni.

2   O'i enau cawn y gair di-dwyll
              A ddarbwyll ein calonnau,
              Mewn pryd i ddianc ar ei ôl
                O'r holl ddaearol bethau.

3   Bu'n athraw dwyfol yn ein mysg
              Yn gweini addysg nefol,
              Pob gair o'i enau'n gariad byw
                At ddynol-ryw'n wastadol.

4   Fe ddiwyd gerddai drwy'r holl dir
              Gan weithio gwir ddaioni,
              A'i fuchedd yn oleuni'r byd,
                Yn ffordd y bywyd inni.

5   Drwy lwyr ymwadiad â'r byd hwn
              Dilynwn ôl ei gerdded,
              Gan ddioddef eitha' pob rhyw gur
                Er buchedd bur ddiniwed.

6   O rodio'n deg heb lithro'n ôl
             Yn ffyrdd y nefol Iesu,
             Cawn le'n ddihangol o bob gwae,
             Mewn byd lle mae'n teyrnasu.

7   Am olau drwyddo'n hyn o fyd
             A'n dwg i'n bywyd nefol;
             Am gael yn flaenor ei Fab Rhad,
             Boed mawl i'r Tad anfeidrol.

Ffynhonnell
Salm CCCLXXXVIII, NLW 21340A, tt. 109–10.

Darlleniadau'r testun
7.3 Am hwn yn flaenor y mab rhad.

73
Crist yr unig wir athraw

1   Awn bawb at Grist am addysg rad
             Yn neddfau Duw'r goruchel Dad;
             Athrawiaeth ei wirionedd ef
             A'n dwg yn iach i deyrnas nef.

2   Lle'r oeddem ar gyfeiliorn oll
             A'n hymgyrch tyn hyd eitha'r coll,
             Danfonodd Duw, 'n drugarog Dad,
             I ni'n waredwr ei Fab Rhad.

3   Gair Iesu Grist yw'r nefol wir,
             Gair iechydwriaeth i bob tir;
             Bendithion ynddo rif y gwlith,
             Mae'n air y bywyd yn ein plith.

4   Gan ado'n daearoldeb ffôl
             Gwnawn gyngor hwn, awn ar ei ôl;
             Ni cheir fyth allan ffyrdd y nef
             Ond yn ei olau disglair ef.

5   Boed serch pob enaid, nefol Dad,
             Ar addysg dirion dy Fab Rhad,
             Boed oll o'n rhodiad yn ei wawl
             A thrwyddo fyth boed iti'r mawl.

Ffynhonnell
Salm 108, *Salmau yr Eglwys yn yr Anialwch*, cyfrol 1 (Merthyr Tydfil, 1812), tt. 103–4.

74
Ffordd y bywyd

1   Mae ffordd y bywyd ger ein bron,
     Ffordd hardd, flodeuog, ydyw hon,
     Ac ynddi gwêl yr enaid gwan
     Fys Duw'n ei ddangos ym mhob man.

2   Ffordd a ddangoswyd gan ein Duw
     Yw'r unig ffordd lle byddwn fyw;
     Ffordd fawr ei 'wyllys radfawr ef
     A'n dwg yn rhwydd i deyrnas nef.

3   Ei gyfraith ef yw'r ffordd a gawn
     I'n dwyn yn ddilys i bob iawn
     A chwilio'r bydoedd oll o'u bron,
     Nid ffordd i'r bywyd ond yn hon.

4   Mae deddfau Duw'n goleuo'n taith
     Drwy berfedd yr anialwch maith;
     Yn ddeddfau gwared o bob coll,
     Gwir ddeddfau cariad ydynt oll.

5   Gwyn fyd a rodiont lwybrau'r iawn
     Sy'n arwain i'r llawenydd llawn;
     Er profi rhwystrau mwy na mwy
     Iach a dihangol byddant hwy.

6   Gwyn fyd a gadwont ym mhob gwedd
     Holl gyfraith fawr Tywysog Hedd;
     Cânt lawnder Duw o'u cylch yn grwn,
     Mil gwell na golud y byd hwn.

7   Rhad Iesu Grist, ein hathraw mawr,
     Fo'n ein goleuo ni bob awr;
     Boed rhodiad hardd pob enaid byw
     Yng nghariad a goleuni Duw.

Ffynhonnell
Salm CLXX, NLW 21338A, tt. 34–5.

Darlleniadau'r testun
1.3 y deall gwann. 2.3 cyfiawn ef.

75
Mawl i Dduw am ddatguddiad Iesu Grist

1   Pan oedd tywyllwch ym mhob tir,
Heb neb yn canfod llwybrau'r gwir,
Dyn dall yn ymdrybaeddu'n wan
Dan gysgod angau ym mhob man,
Daeth dydd ein Duw'n ei gyflawn bryd,
Dydd haul cyfiawnder i'r holl fyd.

2   Lle'r oedd y dall yn wylo'n drist
Goleuwyd ef gan Iesu Grist;
Y mawr trugarog, nefol Dad,
Danfonodd atom ei Fab Rhad
I lwyr oleuo dynol-ryw
At gariad a chyfiawnder Duw.

3   Un a'i ymarwedd yn y nef
Ym mhob cyfymbwyll ydoedd ef;
Ei addysg nefol ef a gawn,
I'r eitha'n ddoeth, i'r eitha'n iawn;
Yn llawn tiriondeb, fal y gwedd,
I deyrnas hardd Tywysog Hedd.

4   Mae'n galw yn daer, awn ar ei ôl,
O'n cnawdol wŷn, o'n chwantau ffôl;
Mae'n rhoddi'r ffordd o'n blaen yn awr
A'n dwg yn iach i'r gwynfyd mawr,
Lle'n anfarwoldeb mawr y nef
Cawn fyw'n dragywydd gydag ef.

5   I ti bo'r mawl, y tirion Dad,
Am addysg nefol dy Fab Rhad,
Am wir iacháu pob enaid trist
Drwy'th lafar hedd yn Iesu Grist,
Am ddangos yn ei fywyd ef
Y ffordd a'n dwg i deyrnas nef.

Ffynhonnell
Salm CCLXXIV, NLW 21339A, tt. 58–9.

76
Mawl i Dduw am addysg Iesu Grist

1   Lle'r oeddem oll dan gysgod angau,
     Llithreddau'r coll o'n cylch yn grwn,
     A hunanoldeb coegwybodau
     Yn gaddug dros yr hollfyd hwn,
     Agoraist ddrws dy nefoedd imi,
     Duw, rhoist o'n blaen olygiad hardd;
     O'n cylch enynnaist bur oleuni,
     O'th orsedd di'n dragwyddol dardd.

2   Danfonaist fab dy gariad atom
     I ddangos pwyll dy gyfraith fawr,
     I ddarllad gwir dangnefedd rhyngom
     Hyd holl derfynau daear lawr.
     Dangosodd inni drefnau'th gariad,
     Ffyrdd dy wirionedd nefol di,
     Boed mawl am hyn yn llenwi bwriad,
     Yn gyffro byw'n calonnau ni.

3   Nid oes yn wir o flaen ein golwg
     Un ffordd a'n dwg i deyrnas nef,
     Ond hon a ddodwyd inni'n amlwg,
     Ffordd fawr ei fuchedd nefol ef.
     Am gael ar glyw'n ei air bendigaid
     Dy 'wyllys di'r anfeidrol Fod,
     I ti'n ddiolchgar, boed pob enaid,
     I ti'r anrhydedd a'r holl glod.

Ffynhonnell
Salm CCXCV, NLW 21339A, tt. 84–5.
Darlleniadau'r testun
2.4 daear glawr. 3.1 Nid oes mewn gwawl. 3.4 ei fuchedd santaidd ef.

Yr Eglwys Undodaidd

Y Wir Eglwys

77
Gwir Eglwys Duw

1   Gwir Eglwys Duw, boed iddi'r gân,
Yw ymbwyll y gydwybod lân;
Nid dim a welir ger ein bron
Yng ngwaelion drefnau'r ddaear hon;
Nid y breuddwydion sydd ynglŷn
Â chwyddfeddyliau balchder dyn;
Nid adail dwylo cnawdol yw
Y tŷ a wedd i fawredd Duw.

2   Rhaid chwilio'r galon, teimlo'r gwall,
Sy'n llwytho godeb meddwl dall,
Serchiadau bydol, gyrrwn oll
I'r man a'u gwedd, eithafoedd coll;
Ond yn yr ysbryd pura gawn
Yn ostyngedig i bob iawn;
Cawn, ein Duw mawr, dy deimlo di,
A'th nef yn barod ynom ni.

Ffynhonnell
Salm 70, NLW 21350A, t. 56.
Teitl
Gwir Eglwys Crist

78
Gwir Grefydd

1   Ti'r Duw sy'n canfod calon dyn
     A pheth sy 'nglŷn â'i ysbryd,
     Nid gwir ddoethineb ond i ni
     Roi arnat ti'n dihewyd.

2   Byddwn fal hynny'n rhodio'n iawn,
     Yn deilwng cawn d'addoli;
     Holl egni'r serch, holl drefnau'r byd
     Yn ddiwyd ar ddaioni.

3   Rhoi'n hymbwyll ar dy gyfraith lwys,
     Dwyn hon ar ddwys fyfyrdod;
     Fal hyn y nef o'n cylch a gawn,
     Fal hyn dy iawn adnabod.

4   Cawn ym mhob iawn ymlawenhau
     Gan lwyr gasáu anwiredd;
     Rhoi pwys ein gobaith arnat cawn,
     Ac enaid llawn tangnefedd.

5   Bydd holl gyneddfau'r enaid ir
     Yn trafod gwir ddaioni;
     Pwyll yn rhagarwain i bob iawn,
     Pob serch yn llawn goleuni.

6   Trig hedd yn gadarn ym mhob gwlad,
     Brawdoldeb cariad rhyngom;
     Serchiadau nefol yn ein plith,
     Cyflawnder bendith arnom.

Ffynhonnell
LXXVIII. Salm, NLW 21348A, t. 65.

Darlleniadau'r testun
2.3 holl gyrch y bryd. 5.2 Yn arail gwîr.

79

Yr Eglwysi

1   Eglwysi'r cyfeiliorn a gawn
    Ar wasgar drwy wledydd y byd,
    Mesurau pob llygredd yn llawn,
    Yn rhyfyg arswydus i gyd;
    Ffown allan o'u budredd a'u twyll,
    Mewn cariad ymunwn i fyw
    Yn Eglwys gwirionedd a phwyll
    Mewn hyfryd gymundeb â Duw.

2   Fe welir eglwysi'r Mab Rhad,
    Heb ynddynt na llygredd na thwyll,
    Ac ynddynt addolir y Tad
    Mewn ysbryd, gwirionedd a phwyll.
    Mae Eglwys yr unig wir Dduw
    Yn harddwch cyfiawnder o'i bron;
    Pob carwr gwirionedd yn byw
    Mewn hedd a phob gwynfyd yn hon.

Ffynhonnell
Salm LXIV, NLW 10341A, t. 52.

Darlleniadau'r testun
2.5 Eglwysi'r unig.

80
Teithi cenhadon Duw (1)

1   Cenhadon ffyddlon dros ein Duw
         Ymdrechant fyw'n ei ddeddfau;
       Yn harddwch hedd y bydd y rhain
         Yn arwain eu bucheddau.

2   Dan Dduw, fal plant a'i carant ef,
         Am byrth y nef anheddant;
       Lle'n ddigon pell o ffyrdd y byd
         Drwy gydol bywyd byddant.

3   Dan olwg Duw 'mhob peth a wnânt
         Ymrwymant â'i gyfiawnder,
       Gan roi gwasanaeth diwyd iawn
         A hynny'n llawn ffyddlonder.

4   Er gwg y balch, heb ofni neb,
         Ei wyneb ni dderbyniant;
       Â fflangell y gwirionedd glwys,
         Drwg hwnnw'n ddwys ceryddant.

5   Yng nghymwyll cyfiawnderau Duw
         I bob dyn byw rhônt addysg;
       Gan ddeffro'n y gydwybod ir
         Ynïau'r gwir digymysg.

6   Dydd mawr a'u geilw i gyfiawn farn
         Yn gadarn a gyhoeddant;
       Hyd angau'n gadarn dros eu Duw
         Dyn yn eu byw nid ofnant.

Ffynhonnell
Salm LXXIII, NLW 10341A, tt. 58–9.

Darlleniadau'r testun
6.1 Duw'n dyfod yn ei gyfiawn farn. 6.3 Er goddef angau dros eu Duw; Er goddef angau'n achos Duw. 6.4 Bar un dyn byw nid ofnant.

81
Teithi cenhadon Duw (2)

1   Tydi'r cenhadwr dros dy Dduw
    Cofia beth yw dy ddyled;
    Mae'n clywed o bellterau'r nef
    A'i lygad ef yn gweled.

2   Rhaid iti ymdrech dros y gwir,
    Llafurio'n gywir ynddo,
    Datgan gair Duw, a byw mewn hedd,
    A phob amynedd dano.

3   Rhaid hau gwirionedd Duw'n ein mysg,
    Er addysg i bechadur;
    Ei wneuthur yng nghyfiawnder pwyll,
    Rhaid, ac heb dwyll, ei wneuthur.

4   Cais ddwyn holl raddau dynol-ryw
    At ddeddfau Duw'r doethineb;
    Rhaid yn y gwaith ymdrechu'n dynn,
    Rhaid, ac heb dderbyn wyneb.

5   Llidied holl fawrion hyn o fyd
    Dan dwng i gyd yn d'erbyn;
    Bydd di'n ddiysgog, eto'n wâr
    Heb ofni bâr un gelyn.

6   Yn iaith cydwybod un di-dwyll,
    Iaith gadarn ymbwyll tawel;
    Dysg wirioneddau teyrnas nef,
    Gan godi'th lef yn uchel.

7   Dysg holl iawnderau'r deyrnas hon,
    Holl egwyddorion cariad,
    A'r nerth odd' uchod a fo raid
    A ddaw'n ddiymbaid atad.

Ffynhonnell
Salm LXXIV, NLW 10341A, tt. 59–60.

Darlleniadau'r testun
6.1 sy'n ddi dwyll.

Yr Eglwys yn yr Anialwch

82
Cân yr Eglwys yn yr anialwch

1   Tydi sy'n eistedd ar yr orsedd
      A myrdd myrddiynau ger dy fron
     O'r rhai fu'n dioddef drwy amynedd
      Tra buant ar y ddaear hon;
     Nyni sydd ar eu hôl yn aros,
      O'r cystudd mawr yn dwyn ein rhan,
     O'th flaen yr ydym yn ymddangos,
      Gan erchi'th nawdd yn hyn o fan.

2   Mae'n ffyrdd yn gorwedd drwy'r anialwch
      A rhwystrau mawrion ar bob llaw;
     Rho i'n heneidiau'r gwir dawelwch
      A'n dyco drwyddynt yn ddi-fraw;
     Gwna'n llwybrau'n union, rho'th oleuni,
      Mal gwelom oll o'n cylch y sydd;
     Tor di bob rhwyd, o'th fawr ddaioni,
      O faglau'r gelyn dwg ni'n rhydd.

3   Pob llaw'n ein herbyn, y mae'n henwau
      Gan blant y byd yn atgas iawn;
     Yr enllib tanllyd ym mhob genau,
      Ac ym mhob calon llid yn llawn.
     Ond ynot ti cawn waredigaeth,
      Mae'th fraich yn gref a'th air yn glau,
     Boed iti'r clod a'r bendefigaeth
      Hyd fyth tragywydd i barhau.

Ffynhonnell
Salm XCVIII, NLW 21337A, t. 165.

Darlleniadau'r testun
2.8 rho ni'n rhydd.

83
Yr Eglwys yn yr anialwch (1)

1   Hyd lwybrau rhwystrus y mae'n taith
Yn nyfnder tew'r anialwch maith,
Hyd serth geulennydd, llawer ffos,
Ac am ein cylch yn dywyll nos.

2   Un seren hardd o'n blaen y cawn
Yn tywallt golau'n ddisglair iawn;
At hon cyfeiriwn, un ac oll,
Hi geidw ein traed o lwybrau'r coll.

3   Gair golau'n Iôr yw'r seren hon,
Sy'n dangos ei goleuni llon;
Gair gwir ein Duw sy'n deffro pwyll
I ganfod ac i ochel twyll.

4   Yn hwn mae Duw'n derchafu llais,
Yn galw ar bawb yn daer ei gais:
'Dewch allan, dewch, fy mhlant i gyd
O'r hyll gyfeiliorn sy'n y byd.

5   'Dewch ac mi fyddaf i chwi'n Dduw,
Yn dirion Dad pob enaid byw;
Mewn byd lle caiff y doeth a'i chwant,
Cewch chwithau fod i minnau'n blant.'

6   Rhown glust i'r galwad, hwn yw'r dydd,
I ddianc rhag y llid a fydd,
Cawn fod yn un â theulu'r nef,
Mewn gwynfyd yn ei gariad ef.

Ffynhonnell
Salm 46, *Salmau yr Eglwys yn yr Anialwch*, cyfrol 1 (Merthyr Tydfil, 1812), tt. 45–6.

84
Cwyn yr Eglwys yn y diffeithwch

1   Iôr y nefoedd, gwêl dy weision
    Gan y trawsion dan eu traed;
  Trasychedu, gwynu'n greulon,
    Mae'n gelynion am ein gwaed.
  Mynnem fod yn blant ufuddion
    I'th orchmynion doethion di;
  Hyn sy'n cyffro llid pob calon
    O'r annoethion atom ni.

2   Trawslywodraeth falch, ormesgar
    Sy'n ein gwatwar ym mhob gwedd;
  Crefydd rhagrith a'i llu gwaedgar
    Myn eu bâr ein rhoi mewn bedd.
  Tor di rwydau'r lleng erlidgar,
    N'ad i'r chwyddgar gael eu chwant;
  Brenin mawr y nef a'r ddaear
    Bydd ymbleidgar â dy blant.

Ffynhonnell
Salm CLXXXIX, NLW 21338A, tt. 60–1.

85
Yr Eglwys yn yr anialwch (2)

1   Mae'n traed yn rhodio llwybrau'r byd,
       Drwy niwl y nos mae'n taith i gyd;
       Duw, bydd o'n blaen i'n harwain oll,
       O drigfa'r gwŷd, o ffyrdd y coll.

2   Bydd flaenor inni dros y tir
       Lle syrthiodd caddug ar y gwir;
       Dall ydym, gwêl, rho law dy nerth
       I'n tywys drwy'r tywyllwch certh.

3   Dieithriaid ydym ym mhob gwlad,
       I bawb yn sarn, dan bob sarhad;
       Dan wg y byd lle'r ydym ni
       Rhown bwys ein gobaith arnat ti.

4   Bydd inni'n wared, bydd o'n rhan,
       A'th law'n ein cynnal ymhob man;
       Gan faint ein gwendid bydd bob awr
       Ein bugail drwy'r diffeithwch mawr.

5   Lle bôm ar gam, er goreu'n cais,
       Gyr i bob clust ryw glaerber lais
       I'n galw'n ôl, i'n tywys ni
       Drwy bob dallineb atat ti.

6   Lle treiglwn drwy'r anialwch maith,
       Drwy fyd y pechod ar ein taith;
       O'th gael yn gyfaill, dilys yw,
       Awn yn y ffordd lle byddwn fyw.

Ffynhonnell
Salm 151, *Salmau yr Eglwys yn yr Anialwch*, cyfrol 1 (Merthyr Tydfil, 1812),
tt. 141–2.

86

Golwg ar ymarwedd Eglwys Duw

1   Eglwys Duw yn ei dechreuad
    Bu'n ogonaint yr holl fyd;
Harddwch pur ei hymarweddiad,
    Ymbwyll nefol oll o'i bryd;
Ei gwybodau'n wir ddoethineb
    A rhinweddau'r nef ynglŷn;
Ac yn llewyrch mawr ei hwyneb,
    Duw'n trigfannu gyda dyn.

2   Gwae ni'r awr! Hi grwydrodd allan
    I gyfeiliorn bydol bwyll,
I dyb mawr am ddysg ei hunan,
    Ac o'r diwedd i bob twyll;
Gair doethineb o'r uchelder,
    Llai na dim y perchid ef;
Eglwys Crist, aeth gyda balchder
    Allan o gynteddau'r nef.

3   Nos a lanwodd yr holl ddaear
    Drwy faith oesoedd hyd yn awr;
Tywallt gwaed, holl ffrydiau galar
    Allan yn llifeiriant mawr;
Barnu'n sail i'r amryfusedd,
    Fal mewn bod y peth nad yw,
Ffug yn uchel ar ei orsedd
    Yn nallineb dynol-ryw.

4   Gwelwn bellach wawr yn torri,
    Dydd ein Duw, dydd mawr y gwir;
Ymbwyll yn mwynhau'r goleuni
    Sy'n ymagor ym mhob tir;
Bore nefol sy'n dychwelyd,
    Cân ei sêr, y saint a'i clyw;
Gyda nhwy cawn ganu'n hyfryd
    Bloedd gorfoledd meibion Duw.

Ffynhonnell
Salm C, NLW 10341A, tt. 80–1.

Darlleniadau'r testun
1.1 yn y dechreuad. 1.6 A rhagorau'r nef. 3.6 Fal yn bod. 4.6 y bŷd ai
clyw. 4.8 Cân gorfoledd.

Cysur yn wyneb erledigaeth

87
Amseroedd dialon

1 Mae fflangell dial ar ein tir,
 A blin yw ergyd hon;
 Mae'n pechod wedi bod yn hir,
 Duw'r nefoedd, ger dy fron;
 Er blined arnom ydoedd awr
 Dy gerydd am ein gwŷd,
 Mae llewyrch dy drugaredd mawr
 Yn amlwg yn y byd.

2 Ymrown o'n drwg i reo'n ôl,
 Ymrown holl ddynol-ryw,
 O dwyll ein hamryfusedd ffôl
 Trown bellach at ein Duw.
 I'r dyn fo'n troi oddi wrth y drwg,
 Fo'n dychwel er gwellhad,
 Mae cerydd Duw'n ei gyfiawn wg
 Yn troi'n faddeuant rhad.

3 Er goddef am ein pechod mawr,
 Bod felly'n wael ein gwedd;
 Ni'n gad yn hir yn llaid y llawr,
 Fe'n cyfyd fal o'r bedd;
 Byddwn edifar dan ei law,
 Trown at y nefol Dad;
 Yn llawn tangnefedd atom daw
 Yn llawn trugaredd rhad.

4 Mae nerth yn agos ym mhob man
 I'r un a'i ymgais ef,
 A nerth di-dwyll ym mhlaid y gwan,
 Nerth braich y mawr o'r nef.
 Duw inni'n Dad yw'r un a'i rhydd,
 Duw'r addewidion clau,
 Ei gariad llawn trugaredd sydd
 Byth bythoedd yn parhau.

Ffynhonnell
Salm LXI, NLW 10341A, t. 50.

Darlleniadau'r testun
1.4 Duw'r Iawnder. 1.7 Mae bellach. 3.7 Yn llawn maddeuant. 4.6 O byddwn iddo'n glau.

88

Nid ofni trawster twyll yr efydd

1   Pa raid im ofni anair dyn,
Anwiredd, enllib poeth ei wŷn?
Am orffwys a'm holl gred yn fyw
Ar wirioneddau'r cyfiawn Dduw,
Ar brif sylfaenbwyll teyrnas nef,
Llywodraeth ei gyfiawnder ef.

2   Mae'r gwir yn ochain dan fawr bwn,
Pwys crefftgrefyddau'r bywyd hwn;
Dichellion hunanoldeb maith,
Pob un yn ddiwyd yn y gwaith;
Blaenoriaid blysig llys a llan,
Am ladd cydwybod ym mhob man.

3   Ymglymu maent yn anferth gad,
Am rwysg blaenoriaeth ym mhob gwlad;
Iaith rhyfyg dyn yn groch ei lef
Yn erbyn gwirioneddau'r nef;
Lledymgais dall, arswydus yw
Heb orffwys yn enllibo Duw.

4   Ymwisgo mae ag arfau twyll,
Gan ymddichellu'n erbyn pwyll;
Ymosod, gan daranu gwae,
Yn erbyn gwaith cyfiawnder mae;
Am ladd pob gobaith gallu byw
Ym mraint cydwybod gerbron Duw.

Ffynhonnell
Salm 67, NLW 21350A, tt. 54–5.

Darlleniadau'r testun
1.6 ei ddoethineb ef. 2.1 dan ei bwnn. 3.5 Parchymgais. 4.6 o flaen Duw.

89
Cysur yr Eglwys gystuddiedig (Eseia 54:8, 13, &c.)

1   Ti'r gorlan fechan sydd yn awr
       Yn cwynfan yn y cystudd mawr,
       Mewn rhyw dywyllwch yn ymdroi,
       Pob gobaith agos wedi ffoi,
       Gwêl dy fod fyth dan lygad un
       Sydd iti'n Dad, y nefol Gun.
       Efe ni'th ad, a chred yn hwn,
       Fwy nag a'th fuddia dan dy bwn.

2   Fe gerydd Duw bob un a gâr,
       O! derbyn gerydd ganddo'n wâr;
       Fe fyn o'th enaid nithio'r gau,
       O bob amhuredd dy lanhau;
       Mae am dy gael i deyrnas nef
       Yn rhan o'i dorf wynfydig ef,
       I'th gadarnhau'n yr uchel fraint,
       O gael dy ran ymhlith ei saint.

3   Er bod y nos o'th gylch yn awr
       A'th lwybrau dan dywyllwch mawr
       Gwêl wawr o'th gylch yn torri'n hardd,
       Goleufer dydd yn gryf ei dardd;
       Mae'r haul ar godi'n olau'r nef,
       Cei rodio'n ei ddisgleirdeb ef,
       Ymgyflwyn â'th serchiadau'n fyw,
       Yng nghân gorfoledd meibion Duw.

4   Gan drugarhau daw'r nefol Iôr
       A'i gariad yn anfeidrol fôr;
       Cei weled, gan fendithio'r awr,
       Dy feibion mewn tangnefedd mawr;
       Duw'n athraw iddynt ym mhob iawn
       A'u lleinw â phob gwynfydig ddawn;
       Cânt fod yn heddwch teyrnas nef
       Hyd fyth tragywydd gydag ef.

Ffynhonnell
Salm CCCCV, NLW 21341A, t. 17.
Darlleniadau'r testun
2.7 A'th gadarnhau.

90
Duw'n gwared plant y gwirionedd

1   Ti'r Duw sy 'mhlaid y gwan
      Yn wyliadwrus iawn;
      Dy gariad ym mhob man
      Ac ym mhob peth a gawn;
      A theimlo'r ydym yn ddi-fraw
      Ein bod yn gadarn yn dy law.

2   Er bod cableddau'r byd
      O'n hamgylch ym mhob tir,
      Gan ymgymhleidio 'nghyd
      Yn erbyn llais y gwir;
      Rhag eu gelyniaeth yr wyt ti,
      Ein Tad, ein Duw, 'n ein gwared ni.

3   Gerbron dy wyneb di
      Yn llewyrch pur ei wawl
      Ein swydd gwynfydig ni
      Dros fyth boed canu'th fawl;
      Cân am ein gwared o bob gau,
      Cân iti'n glod byth i barhau.

Ffynhonnell
Salm LXXXI, NLW 10341A, t. 66.
Darlleniadau'r testun
3.2 dy wawl.

91

Golwg ar drefnau Duw yn ei ragluniaethau yn peri gwellhad graddol ar
bob peth meidrol, er gwaethaf yr elyniaeth a welir yn gwrthwynebu

1   Gwyn fyd y dyn a fo'n ddi-fraw
    Yn sylwi llaw doethineb,
    A gâr ei gorchwyl yn ddi-dwyll
    O flaen ei bwyll a'i wyneb.

2   Llaw'r Duw goruchel yn gwellhau
    Yr holl ddosbarthau meidrol
    O well i well, ac inni'n rhad
    Dan arfaeth cariad nefol.

3   Llaw Duw 'mhob peth, o radd i radd,
    Yn llwyddo lladd y drygau,
    A thaith y rhain ar lwybrau coll
    Drwy gylch yr holl hanfodau.

4   Rhwysg blin yr anghyfiawnder mawr
    Nes, nes at awr ei derfyn,
    A gorthrymderau llan a llys
    Ar ddyfrys yn ei ddilyn.

5   Y byd a welwn, a'i holl blant,
    Ni fynnant eu difenwi;
    'Dim', medd bydoldeb, 'dim yn gall,
    Dim arall yn ddaioni.'

6   Mae Duw'n eu herbyn yn ddi-baid
    Mae'n Duw a'i lygaid arnom;
    Rhag pob gelyniaeth dyrydd ef
    Holl nerth y nef amdanom.

Ffynhonnell
19 Salm, NLW 21350A, tt. 19–20.

Darlleniadau'r testun
1.3 A wel ei gorchwyl. 5.1 ni welwn. 6.1 eu gwrthrynn; eu gwrthfynn.

92
Salm 57:4 [Theophilus] Lindsey.
Mawl i Dduw am waredigaeth rhag gelynion

1   Bu'm enaid mewn cyfystrin caeth
        Ac yn ysglyfaeth llewod;
     Oedd Duw'n fy mhlaid a chydag ef
        Holl nerth y nef yn barod.

2   Fe'm gwelodd, do, gan drugarhau,
        A'i ryfeddodau'n amlwg;
     Llu fy ngelynion, ble maent hwy,
        Nid ydynt mwy'n fy ngolwg.

3   Tad mawr pob nerth, llu'r nef a'i gŵyr,
        A'm ceidw yn llwyr ddianaf;
     Mawrygaf di, gwnaf, O! fy Nuw,
        Tydi'n fy myw moliannaf.

Ffynhonnell
Salm LXVI, NLW 10341A, tt. 53–4.

93
Ar ddeddf y Senedd yn rhyddhau'r Dwyfundodiaid
oddi wrth y cyfreithiau erlidfawr a fu'n hir mewn grym yn eu herbyn.
1813

1   Dros ddyddiau lawer bu'n caethiwed
     Am ddwyn tystiolaeth dros y gwir,
     Neb ond y nefol Dad yn gweled
     Y cam a gawsom ym mhob tir.
     Tafodau duon plant anwiredd
     A'n mawr enllibiant ym mhob man,
     Ond gyda ni bu Duw'r gwirionedd
     Yn gadarn yn ein dal i'r lan.

2   Agorodd inni ffyrdd ystyriaeth,
        Mae'r gwir yn awr dan olwg pwyll;
     Yn llewyrch wyneb iawn wybodaeth
        Canfyddir holl ddichellion twyll;
     Mae ffugiau rhagrith yn diflannu
        A llewyrn ei gyfaredd ef;
     Mae haul cyfiawnder yn tywynnu
        A'n hymdaith yng ngoleuni'r nef.

3   Bu rhyfyg arnom â llaw galed,
        Gwir dan ei draed yn llaid y llawr;
     Duw, daethost atom, ac i'n gwared,
        Boed moliant i'th drugaredd mawr.
     Gerwineb â'th wirionedd dygaist
        Fawreddau twyll ein daear ni,
     Calonnau'r cedyrn darostyngaist
        Ag arfau dy filwriaeth di.

4   Dangosaist fawredd dy ddaioni
        Fal Tad cariadlawn iddynt hwy;
     Rhoist iddynt weled y goleuni
        Mewn modd fal nas amheuont mwy;
     Dros fyth am hyn boed iti'r moliant,
        Cân o bob min drwy'r ddaear hon;
     Mawrygu'th gariad a'i ogoniant
        Yn bwyll pob enaid ger dy fron.

Ffynhonnell
LXXVII, NLW 21348A, t. 64.

Darlleniadau'r testun
1.4 Pa gam. 2.4 Canfyddwyd.

Y Bywyd Duwiol

Cyffredinol

94
Ymguddio gyda Duw

1   Carwr mawr pob enaid gwan,
Agor nawdd dy deyrnas ym;
Tra bo'r llif yn chwyddo i'r lan
A'r tymhestloedd yn eu grym;
Tra bo'r gelyn a'i holl nerth
Megis llew'n fy nilyn i,
Llechaf rhag ei ddichell certh
Dan dy dirion adain di.

2   Plaid cableddau'n chwyrn eu rhwysg
A'n herlidiant ym mhob tir;
Yn eu llid a'u rhyfyg brwysg
Mynnant foddi llais y gwir;
Boed yn erbyn teulu'th saint,
Llu'r anwiredd ym mhob gwlad,
Cânt ymnoddi'n fawr eu braint
Gyda thi'n goruchel Dad.

3   Ffordd fy nianc mae'n bur hawdd
Rhag ffyrnigrwydd dynol-ryw;
Rwyf yn gadarn dan dy nawdd,
Yn dy gyntedd rwyf yn byw;
Fal yn fur o'm amgylch i
Mae'th drugaredd yn ddi-dawl;
Boed heb dewi'r gân i ti
Ac o'm calon iti'n fawl.

Ffynhonnell
Salm LXXX, NLW 10341A, t. 65.

Darlleniadau'r testun
3.1 Ffyrdd fy nianc maent yn hawdd. 3.5 Gwyn fy myd o'm.

95
Cred yn Nuw

I: 1

Y bydol-ddoeth a'm blinant
Lle'm sernir gan eu trais;
'B'le mae dy Dduw?' gofynnant,
Â gwatwar yn eu llais;
Fy Nuw! Rwyf i'n ei weled
Ar orsedd fawr y nef,
A'i glust yn bur egored
I bawb a'i ceisiant ef.

2

I dŷ fy Nuw rwy'n myned,
I byrth y nefoedd wen;
Pob cyntedd yn egored,
Pob drws ar led y pen;
Af at y nefol fawredd,
Rhoed imi galon lân,
A'i glod i mi'n orfoledd,
A'i foliant yn fy nghân.

II: 3

Fy Nuw, fy iechydwriaeth,
Mae 'ngobaith ynot ti,
Ac yn dy ddoeth ragluniaeth
Sy'n amlwg iawn i mi;
Lle cwynais mewn cyfyngder
O'th flaen â chalon glau,
Mi'th gefais ac, ar fyrder,
Yn tirion drugarhau.

4

Yn erbyn llygredd bydawl
Wyt nerth i'm enaid gwan,
Fy nghraig wyt ti'n wastadol,
Fy nodded ym mhob man;
Boed imi 'mhob ufudd-dod
Drwy gylch y fuchedd hon
Iawnrodio ffyrdd cydwybod
Yn ddiwyd ger dy fron.

Ffynhonnell
Salm CCCLVIII, NLW 21340A, tt. 68–9.

Darlleniadau'r testun
2.3 mae'n egored. 2.8 ar fy nghân. 3.7 Mi'th brofais.

96
Y gwir Gristion

1   Lle rhodio deall dyn
Yng ngwir oleuni Duw,
Bydd pwyll a serch ynglŷn
Ag iawnder o bob rhyw;
Rhinweddau teyrnas nef a dardd
O burdeb ei gydwybod hardd.

2   Hedd sy'n bywydu'r iaith
A geir o'i enau ef;
Ymgeidw yn oll o'i waith
A'i olwg ar y nef.
Mae'n ffrwyno pob daearol wŷn,
Yn ddrych ymarwedd i bob dyn.

3   Mae'n barnu'n dyner iawn
Ar feiau dynol-ryw,
A'r farn o'i bwyll a gawn
Iaith addysg nefol yw;
Gwir amcan ei athrawiaeth ef
Yw arwain pawb i deyrnas nef.

4   Mae'n rhoddi clust ei bwyll,
Mae'n agor calon ir,
I ddatod ystryw twyll
Ac i gofleidio'r gwir,
Ag ymgais hardd, amcanu byw
Yn heddwch a gwirionedd Duw.

Ffynhonnell
Salm XLIII, NLW 10341A, tt. 34–5.
Darlleniadau'r testun
2.3 Mae'n cadw yn oll. 2.4 Ei olwg. 3.5 Gwir ddiben.

97
Diogelwch y Cristion

1   Un a fo'n dilyn Iesu Grist
     Na fydded trist ei enaid;
     Mewn hedd cydwybod y mae'n byw,
     A mwy nid yw'n anghenraid.

2   Mae'n rhodio mewn goleuni glwys,
     Yn ymbwyll dwys cydwybod;
     Mae llaw o'r nef yn ei ryddhau
     O ddyrys rwydau pechod.

3   Er teimlo profedigaeth fawr
     Bob dydd, bob awr amdano,
     Ni eill y gelyn mewn un man
     Gael ergyd bychan arno.

4   Mae'n credu'n gadarn yn ei Dduw,
     Drwy hynny'n byw mewn gobaith
     Bod iddo gâr a'i dwg yn iawn
     I ben ei gyfiawn ymdaith.

5   Er gelyniaethau'r bywyd hwn,
     Mae, gwelwn, yn eu gorfod,
     Gan deimlo'r nerth a'i deil i'r lan
     Ei Dduw 'mhob man yn barod.

Ffynhonnell
Salm 69, NLW 21350A, t. 56.

98
Dyletswydd cymrawdoldeb grefyddol

1   Gan inni'n bwyllgar ymaelodi
        Yn un â'n gilydd o flaen Duw,
    Cydrodiwn yn ei bur oleuni
        Ac wrth ei fodd ymdrechwn fyw,
        Gan alw ar bawb tra pery'n dydd
        I ffoi rhag pwys y llid a fydd.

2   Ymrown fal doethion yn gydfwriad
        I ochel gwagedd o bob rhyw,
    I goledd tiriondebau cariad
        Fal Tad y nef at ddynol-ryw,
        I wrthweithredu pleidgar wŷn
        Drwy farnu'n dyner ar bob dyn.

3   Duw'n unig biau chwilio'r galon,
        Dim ond ei lygad ef a'i gwêl;
    Gwêl drwy'r gydwybod a'i dirgelion,
        Ar ddim rhag Duw ni ellir cêl:
        Boed barn ar hon lle dylai fod,
        Yn eiddo Duw, byth iddo'r clod.

4   Rhown dros ein Duw, fal plant ufuddion,
        Dystiolaeth gadarn dros y gwir,
    Gan ddangos harddwch egwyddorion
        Gwybodau'r bywyd ym mhob tir;
        Awn gyda'n Duw'n ei osgordd ef,
        Hyd angau'n achos teyrnas nef.

Ffynhonnell
Salm LXXII, NLW 10341A, tt. 57–8.

Darlleniadau'r testun
2.4 At holl gymhleidiau dynol ryw. 3.6 Dan ymbwyll Duw. 4.5 Awn dros
ein Duw'n.

99
Cadernid y cyfiawn (Salm 15)

1   Mae'n oriau'n fuan ar eu taith
I fyd y tragwyddoldeb maith,
O, Dduw! pwy o'r genhedlaeth hon
A safant yno ger dy fron?

2   Pa berchen cnawd a saif yn gawr
Yn wyneb dydd y cyfrif mawr?
Dydd arswyd, pan ein dygir ni,
O'n Duw, gerbron dy frawdle di.

3   Saif ef, y dyn diniwed gwâr,
A wnelo iawnder ac a'i câr;
A wnelo'th 'wyllys, Iôr y nef,
Yn rheol hardd ei fuchedd ef.

4   Holl wynfyd hwn yw cynnal hedd,
Cyfnerthu'r cyfiawn ym mhob gwedd;
Pob sen, pob athrod, a phob gau
Mae'n gadarn yn eu llwyr gasáu.

5   Mae'n fab i'n Duw, 'n drugarog iawn,
A chariad ynddo'n llifo'n llawn;
Fe wrendy gŵyn y gwan a'r tlawd,
Â chalon dyner megis brawd.

6   Ei law'n egored i bob cais,
Holl nerth ei bwyll yn erbyn trais;
Ar Dduw gweddïa'n daer ym mhlaid
Ei elyn tanllyd yn ddi-baid.

7   Ni syfl, er goddef eitha' dir
Led mymryn haul oddi wrth y gwir;
Fe geidw'i air, ni wyrir ef,
Mae'n gadarn fal sylfeini'r nef.

8   Nid neb ond hwn a saif ei dir
Pan fo barn Duw'n amlygu'r gwir;
Saif hwn ar sail ei galon lân,
Saif lle bo'r bydoedd oll ar dân.

Ffynhonnell
Salm 195, *Salmau yr Eglwys yn yr Anialwch*, cyfrol 1 (Merthyr Tydfil, 1812),
tt. 189–90.

100
Cân cerddedydd ffyrdd nef

Drwy'm enaid y mae'r gân yn awr,
Cân moliant i'r goruchel mawr;
Byth bydded clod i'r un y sydd
Yn Dad i'm gwylied nos a dydd.
Byth iddo boed ufudd-dod llon,
Gan roi pob ymbwyll ger ei fron,
A boed wrth farn ei 'wyllys ef,
Bydd felly'm enaid yn y nef.

Ffynhonnell
18. Salm, NLW 21350A, t. 19.

Darlleniadau'r testun
1.7 Gan rodio ffyrdd ei wyllys ef. 1.8 A theimlo'm enaid yn y nef.

101
Y dwyfol ddoethyn

Y dwyfol ddoeth a geidw ei fryd
Ar neilltu 'mhell o ffyrdd y byd,
Un gwâr difalchder ydyw ef,
A'i rodiad yng ngoleuni'r nef;
Un cyfiawn, llawn trugaredd yw,
Un â'i holl enaid gyda Duw;
Iôr pob iawnderau, boed i mi
Fod, megis hwn, yn fab i ti.

Ffynhonnell
Salm 106, *Salmau yr Eglwys yn yr Anialwch*, cyfrol 1 (Merthyr Tydfil, 1812),
t. 102.

102
Cofia dy greawdwr yn nyddiau dy ieuenctid

1   Boed yn waith cydwybod lon
Cofio Duw'n y fuchedd hon;
Tra bo'r galon yn ei gwres,
Serch a phwyll yn awr eu tes,
Cyn y delo'r henaint crin,
Adeg rhew, gerwindeb hin,
A'r blinderon oer eu llef
Sy'n ei ddydd anhawddgar ef.

2   Tra bo amser i fwynhau
Ymbwyll byw a chalon glau,
Rhaid ymwrthod â phob gwŷn
Sy'n gwrthrywio calon dyn;
Rhaid i falchder ym mhob gwedd
Ymwarhau cyn awr y bedd;
Awr a'n dwg holl ddynol-ryw
Gerbron barn y cyfiawn Dduw.

3   Cofiwn ymreddfoli'n ddwys
Yng ngwaith hardd dynoldeb glwys,
Ac ymostwng fed y llawr
O flaen deddfau'r ynad mawr,
Rhaid ymroi â chalon lân,
Er a'n cyrch â'u dur a'u tân,
I ddefnyddio'r fuchedd hon,
Mewn cyfiawnder ger ei fron.

Ffynhonnell
Salm 23, NLW 10343A, f. 9a.
Darlleniadau'r testun
1.6 Adeg oer.

Pwysigrwydd Rheswm

103
Gair Duw. 'Mae'r gair yn agos atat, yn dy enau, ac yn dy galon'
(Rhufeiniaid 10:8)

1   Ti sydd yn rhoi'th awyddus fryd
           Ar gyfoeth byd a'i fawredd,
       Ystyria dy gamsynied mawr
           Cyn dyfod awr dy ddiwedd;
       Nid mewn goludoedd, tai a thir
           Mae caffael gwir orfoledd
       Ond yng ngair Duw, sy'n rhyddhau'r pwyll
           O graff pob twyll a gwagedd.

2   Cais chwilio'r gair nefolaidd hwn,
           Rho'th fryd yn ddidwn arno;
       Mae'n wastad iti'n agos iawn,
           Rho'th bwyll yn gyflawn iddo;
       Dos yn ei gyngor yn ddi-baid,
           Bydd â'th holl enaid ynddo;
       Cei ganddo'th arwain i bob iawn,
           Cei'n hynny'th lawn fendithio.

3   Mae'r gair gwynfydig hwn gerllaw
           Yn dy rybuddiaw'n dirion;
       Yn athraw gwir, yn llafar hedd,
           A'i annedd yn dy galon;
       Boed clust agored iddo'n glau
           Drwy'th holl feddyliau'n gyson,
       Duw'n dy gydwybod, nefol Ri,
           Sy'n daer â thi'n ymryson.

4   Cei lafar Duw'n ei Ysbryd Glân
           Yn air tu allan hefyd;
       Gair drwy'r Mab Rhad yn addysg bur,
           Yn gweini cysur hyfryd;
       Rho'th galon arno nos a dydd
           Ac ynddo bydd yn ddiwyd;
       Fe'th arwain di, dos ar ei ôl,
           I ffyrdd y nefol fywyd.

Ffynhonnell
Salm 162, *Salmau yr Eglwys yn yr Anialwch*, cyfrol 1 (Merthyr Tydfil, 1812), tt. 155–7.

104
Goleuni Gair Duw

1 Athrawiaeth dirion dy Fab Rhad,
  Mawl iti'r Tad anfeidrol,
  Sy'n ein goleuo, gwyn ein byd,
  I dir y bywyd nefol.

2 Heb y gair hwn, tywyllwch nos
  Sy'n aros ym mhob enaid,
  Rhyw ffugoleuni'n hudo'n pwyll
  I rwydau twyll diymbaid.

3 Gwan iawn yw golwg ymbwyll dyn,
  Aml iawn ynglŷn â gwagedd;
  Drwy wŷn ei flys ni eill ei gred
  Iawn weled y gwirionedd.

4 O'n cylch y mae'th air dwyfol di
  Yn rhoi goleuni dedwydd,
  Gan ddwyn ein deall i bob iawn,
  I gyflwr llawn llawenydd.

5 Mae'r gair a roddaist yn ein mysg
  I'n byd yn addysg nefol,
  Mae'n ennyn yn y gwâr ei fryd
  Y bywyd sy'n dragwyddol.

6 Drwy'th ragluniaethau ar bob tu
  Rwyt ti'n gweithredu ynom;
  Mawl iti'n Duw, maent dan bob rhith
  Yn tywallt bendith arnom.

Ffynhonnell
Salm XVIII, NLW 10341A, tt. 16–17.
Darlleniadau'r testun
2.1 dallineb nôs.

105
Addoliad a mawl i Dduw am oleuni ei air datguddiedig

1   Boed mawr dy foli'r nefol Dad
            Am olau'th iechydwriaeth rhad,
            Am hardd wybodau'r gwir a gawn
            Drwy'th dirion ddeddfau'n ddisglair iawn.

2   Gair datguddiedig rhoist i ni,
            Goleuni mawr dy 'wyllys di;
            Mae'n dangos, mae'n rhwyddhau 'mhob man
            Gwir lwybrau'r nef i'r deall gwan.

3   Enynned y ddatguddiad hon
            Wresogrwydd nefol ym mhob bron
            Fal y bo'n serch bob dydd, bob awr,
            Ar ddeddfau dy gyfiawnder mawr.

4   Am wir ddoethineb nefol ddysg
            Ar lên a llafar yn ein mysg,
            Am lewyrch ei wynfydig wawl,
            Boed ym mhob genau gân dy fawl.

Ffynhonnell
Salm CCLXV, NLW 21339A, tt. 47–8.

Darlleniadau'r testun
2.2 Goleubwyll air dy.   4.4 Boed ar bob tafod.

106
Gwir olud a gwybodaeth yng Ngwironeddau Duw

1   Mewn gobaith ffôl, ein barn y cawn
Bob peth o'n blaen yn esmwyth iawn,
Yn rhyw baradwys hardd ei phryd,
Oll wrth ein bodd yn hyn o fyd;
Ond awr a ddaw pan ddengys pwyll
Mai breuddwyd yw ac oll yn dwyll.

2   Am bethau'r byd pob un a'i arch,
Rhai'n erchi golud, eraill parch;
Rhai'n disgwyl nef mewn tegwch dyn,
A'i erchi'n daer mewn poethder gwŷn.
Duw! drwy dy nerth na foed i ni
Ond erchi'th ysbryd nefawl di.

3   Duw, boed yn hyfryd inni'r gwaith,
Iawn chwilio dy wirionedd maith,
Myfyriaw'n ddwys dy ddeddfau mad
Boed inni fyth, o'r nefawl Dad!
Cyflawnder ein dymuniad ni
Yw cael ein dysgu gennyt ti.

4   Mae'th air o'n blaen yn olau'r dydd,
Lle'i gwelir ef â llygad ffydd;
Yn gannwyll hardd i'n llwybrau oll,
I'n gwared o gyfeiliorn coll,
Rho nerth dy law i'n harail ni
Drwy'r ymdaith hon i'th deyrnas di.

Ffynhonnell
Salm L, NLW 21336A, tt. 89–90.

Darlleniadau'r testun
1.1 mae'n barn y; Mynd rhagom fyth gan farnu y cawn. 1.6 breuddwyd oll
ag oll yn dwyll. 2.1 Gwael bethau'r. 3.1 Lle ceisiwn ddysg boed inni'n
waith. 3.4 o'r dwyfawl dâd! 4.2 Lle bwrir arno lygad ffydd.

107
Mawl i Dduw am bwyll a deall

1   I'r un a roes ei bwyll i'n mysg,
      I rannu dysg gwirionedd,
    Bo'r holl ogoniant ym mhob iaith,
      Mawl am ei faith drugaredd;
    Os rhodiwn yn ei gyfraith ef
      Cawn nerth o'r nef i'n coledd,
    Fe geidw ei blant rhag mynd ar goll,
      Boed iddo'r holl anrhydedd.

2   Gwneuthurwr mawr y bydoedd yw,
      Pob hanfod, rhyw a rhinwedd;
    Drwy gylchau'r holl fodoldeb maith
      Mawr iawn ei waith a rhyfedd.
    Yng ngŵydd ei fawr ddisgleirdeb ef,
      A'u cân yn llef gorfoledd,
    Y saif a'u carant cyn bo hir,
      Ym myd y gwir dangnefedd.

Ffynhonnell
Salm 40, *Salmau yr Eglwys yn yr Anialwch*, cyfrol 1 (Merthyr Tydfil, 1812), tt. 40–1.

108
Canu â'r ysbryd, canu â'r deall hefyd

1   Rho Dduw dy nerth im ganu'th fawl,
      A serch di-dawl i'm ysbryd,
    A boed i'm awen yn ddi-wall
      Roi mawl â'r deall hefyd.

2   Boed ysbryd cariad bywiog iawn
      O'm genau'n ddawn angylaidd,
    A phurdeb o gydwybod lân
      Yn llenwi'r gân yn beraidd.

3   Boed gwir ddoethineb a'i holl nerth,
      I'm iaith 'n aberth nefawl,
    Pob gair amdanad i'm holl swydd
      Yn ddeall rhwydd anianawl.

4   Na ddoed un byrbwyll ger dy fron
            Â gwyniau calon gnawdol,
            Â phob nerth enaid boed i ni
            D'addoli di'n wastadol.

5   Boed cân dy foliant yn gân pwyll,
            Heb air yn dwyll a gwagedd;
            A honno'n brydferth yn ein plith
            Heb rhyw na rhith oferedd.

6   Rhoist ddeall inni'n tyner Dad,
            Rhodd orau'th rad fendithion;
            Rho nerth i'w arfer dan ei nod
            I ganu'th glod yn gyson.

7   Boed ysbryd cariad gyda hyn
            I'n cadw yn dynn heb syflyd
            At air dy fawl, a'i ganu fyth
            Tra pery chwyth ein bywyd.

8   A chwedi gadael hyn o fyd,
            A'i dwyll a'i wŷd a'i wagedd,
            Caiff ger dy fron bob calon lân
            Fyth seinio cân gorfoledd.

Ffynhonnell
Salm LX, NLW 21337A, tt. 107–8.

Darlleniadau'r testun
2.2 O'm pen yn. 3.2 O'm genau'n aberth. 3.4 O ddeall; Yn gymmhwyll rhwydd. 4.3 A nerth pob deall. 4.4 Dy foli. 5.2 yn dwyll anrhydedd. 7.2 yn dynn bob ennyd.

109
Dymuno moli Duw â'r ysbryd ac â'r deall hefyd

1   Er canu'th foliant, fy Nuw hael,
           Nid wyf ond gwael ac anghall;
       Diffygiol ydwyf ym mhob dawn
           A thywyll iawn fy neall.

2   Er hyn, gan faint a gaf yn rhad
           O law dy gariad beunydd,
       Amcanaf dy foliannu di,
           Mae hyn i mi'n llawenydd.

3   Dymunwn, er dy foli'n iawn,
           Fod gennyf lawn alluoedd,
       A'm holl serchiadau'n frwd i'r gwaith,
           A nwyfus iaith y nefoedd.

4   Ag ysbryd nefol boed i ni
           Roi'n felys iti foliant;
       A'm deall o gydwybod lân
           Yn gweini cân d'ogoniant.

5   Ag enaid gwresog, eitha' pwyll,
           Holl serch di-dwyll y galon,
       Boed imi'th foli, fy Nuw mad,
           Am oll o'th rad fendithion.

Ffynhonnell
Salm VI, NLW 21348A, tt. 5–6.

Darlleniadau'r testun
4.1 i mi. 4.3 A deall.

110
Canu â'r ysbryd ac â'r deall hefyd

1   O'm calon torred cân yn bur
     I ti'm penadur nefol;
     A'm holl serchiadau'n cynnull iaith
     A wedd i'r gwaith rhagorol.

2   Pob gair yn wresog yn fy nghân
     Ac ymbwyll eirian iddo;
     Gwaith oll o'm nerthoedd iti'n glod
     A'm holl gydwybod ynddo.

3   Fal hyn i'th foli'r nefol Naf,
     Prysuraf i'th gynteddau;
     Fal hyn, a'm enaid yn dy wawl,
     Boed fyth dy fawl i'm genau.

Ffynhonnell
Salm 198, *Salmau yr Eglwys yn yr Anialwch,* cyfrol 1 (Merthyr Tydfil, 1812), t. 192.

Natur

111
Gallu anfeidrol Duw yn amlwg yng ngwaith y greadigaeth

1   Sylwer gogoniant sêr y nen,
    Y bydoedd disglair sydd uwchben,
    Y rhyfeddoldeb mawr y sydd
    Yn lloer y nos, yn haul y dydd.
    Ti'r chwilgar doeth sy'n gyrru'th fryd
    Drwy feithder mawr gwybodau'r byd,
    O! dywed, beth a'i gelwir ef,
    Gwneuthurwr mawredd hardd y nef?

2   Mae'r haul, mae'r lleuad, mae'r holl sêr,
    (Pa glust na chlyw'r lleferydd pêr?)
    Yn sôn am ryw anfeidrol Fod
    A'u rhoes bob un i droi'n eu rhod;
    Rhônt iddo fawl, pob anian byw,
    Drwy'r ollfodoldeb maith a'u clyw,
    Duw'r nerth anfeidrol ydyw ef
    A wnaeth uchelion hardd y nef.

3   Myrddiynau'r bydoedd yn ddi-daw
    Rhônt floedd eu bod yn waith ei law,
    A'u holl serchiadau, fal ar dân,
    I'w Nêr derchafant oll y gân;
    Fal cynt y canai sêr y wawr,
    Gan sôn am eu gwneuthurwr mawr,
    Am ei dragwyddol gariad ef,
    Mawr ar bob mawr, Iôr mawr y nef.

4   Yr hanes, er mor floeddfawr yw,
    Nid daearoldeb dyn a'i clyw,
    Ond claer yw'r datgan, gwir di-dwyll,
    Cân bêr o'r nef i glust y pwyll;
    Clyw gwir ddoethineb yr holl waith
    Sy'n llenwi'r hanfodoldeb maith,
    Yn enwi'r Nêr a'u rhoes mewn bod,
    Anfeidrol Dduw, byth iddo'r clod.

Ffynhonnell
Salm 57, *Salmau yr Eglwys yn yr Anialwch*, cyfrol 1 (Merthyr Tydfil, 1812),
tt. 56–7.

112
Salm 19: Gogoniant Duw'n weledig yn ei waith

1   Pan edrychom ar y gwaith
     Sy'n addurno'r wybren faith,
     Y goleuni glwys a rydd
     Lloer i'r nos a haul i'r dydd;
     Gwelwn yma, gwelwn draw,
     Orchwyl hollalluog law;
     Harddwch ar bob harddwch yw
     Gwaith y doeth anfeidrol Dduw.

2   Iaith y nos fal iaith y dydd,
     Iaith pob peth o'n cylch y sydd,
     Sy'n rhoi allan i bob tir
     Eu tystiolaeth dros y gwir;
     Enwi'r un goruchel Dad,
     Unig mawr ac unig mad;
     Tad yr holl fodoldeb yw,
     Mawr ei glod, yr unig Dduw.

3   Gwelwn beunydd ger ein bron
     Ryfeddodau'r ddaear hon;
     Môr a mynydd, llwyn a llawr,
     Oll yn waith doethineb mawr;
     Bywydoldeb o bob rhyw,
     Gwrthrych pob gorfoledd yw;
     Llaw'r Duw doeth yn gadael nod
     Ar bob peth, byth iddo'r clod.

4   Gwir benadur teyrnas nef,
     Hollwybodol ydyw ef;
     Oll o'i drefnau'n harddwch maith,
     Da'n ei burdeb ei holl waith;
     Drwy bob peth yn enaid byw
     Gwelwn ef yr unig Dduw;
     Iddo'r un anfeidrol Fod
     Yn dragywydd boed y clod.

Ffynhonnell
Salm CXXXIII, NLW 10341A, t. 111.

Darlleniadau'r testun
2.7 Un a wnaeth y cyfan yw. 4.2 Digyffelyb ydyw ef.

113
Daioni a doethineb Duw'n amlwg yng ngwaith natur

1   Drwy gylch naturiaeth a'i holl waith
        Yn beth i'w faith ryfeddu
      Mae llaw'r un doeth, anfeidrol Dduw
        'Mhob rhith a rhyw'n gweithredu.

2   I ddyn mae'r drefn yn rhyfedd iawn,
        I gyd yn llawn dirgelwch;
      I lygad Duw, nid dim ar goll,
        Fe wêl drwy'n holl dywyllwch.

3   Beth bynnag yn yr wybren fry
        Neu'r ddaear sy'n ymddangos;
      Ni'n waith doethineb mawr a'i cawn,
        Pob peth at gyfiawn achos.

4   Am ddeall oll a wêl yn awr
        Mae dyn yn mawr ymboeni;
      Boed am bob peth ei gred yn fyw,
        Ei ddiben yw daioni.

5   Nid dim ond er daioni mawr,
        O'r nef i lawr i'r ddaear;
      Mae, er mwyn hyn, i'r eitha'n llawn,
        Pob peth yn iawn ei ddarpar.

6   O! Dduw, boed imi ddeall hyn,
        Boed arno'n dynn fy ngolwg;
      Bod oll yn ddoeth, ac erom ni
        Dy fawr ddaioni'n amlwg.

Ffynhonnell
A—Salm 79, *Salmau yr Eglwys yn yr Anialwch*, cyfrol 1 (Merthyr Tydfil, 1812), tt. 75–6; B—NLW 21337A, t. 193.

Amrywiadau
3.3 Ni'n waith B. 6.1 im weled hynn B. 6.2 dynn dan olwg; Ag arno'n dynn fy ngolwg; Boed arno'n dynn fy ngolwg B.

114
Gwanwyn

1   Tirionach adeg nag a fu
      Sy'n awr yn gwenu arnom,
    Mae twf y maes, mae llysiau'r ardd
      A'u hegin hardd amdanom.

2   Mae'r gwanwyn wrth ein drysau'n awr
      Yn ddirfawr ei diriondeb;
    Dir aed lle'r elo, bryn a phant
      A wenant yn ei wyneb.

3   Ar ôl tymhestloedd gaeaf blin
      Llawn drycin a gwythlonedd,
    Duw'n tywallt hinon am ein gwlad
      O'i gariad a'i drugaredd.

4   Mae'r adeg ddu'n encilio 'mhell,
      Amseroedd gwell yn agos;
    Ar adwedd ar ôl hirnos twyll,
      Gwawr ymbwyll yn ymddangos.

5   Haul dydd cyfiawnder i'r holl fyd
      A gyfyd heb fawr oedi;
    Pen amser bach a'n gwlad a gawn,
      Pob man yn llawn goleuni.

6   Dydd galw o'r bedd, dydd mawr y saint,
      A mawr eu braint o'i ddyfod;
    Gwelant eu Duw, byth gydag ef
      Eu lle'n y nef yn barod.

Ffynhonnell
Salm XXXVII, NLW 21351A, tt. 29–30.
Darlleniadau'r testun
5.4 Pob gwlad. 6.1 Dydd dwyn.

115
Dychweliad haf

I: 1   Mae'r holl dymhestloedd wedi ffoi,
       Mae'r hin yn troi'n dawelwch,
     Mae hafaidd des ar hyd ein tir,
       Pob peth yn wir hawddgarwch;
     Duw! cymer ddiolch dyn yn awr
       Am hyn o'th fawr dirionwch.

2   Byw'r ydym i foliannu'r dydd
       A'n rhoes yn rhydd o'n hadfyd;
     Byw unwaith eto i weled haf
       Ar ôl y gaeaf rhewlyd;
     Dylifed cân yn foliant pêr
       I nefol Nêr ein bywyd.

3   Mae lluoedd adar ym mhob llwyn
       A llafar mwyn gorfoledd;
     Pob un yn wresog iawn ei gais
       Yn yngan llais tangnefedd;
     Boed cân am hyn i'r uchel Nêr
       Gan ddyn ar bêr gynghanedd.

4   Mae llwyni'r coed lle cân y gog
       Dan fil o fywiog liwiau;
     Dan wlith y bore'n hardd eu gwawr
       Y dail ar lawr y dolau;
     Iawn iti fawl, y nefol Dad,
       Yn ganiad o bob genau.

5   Mae'r meysydd yn eu blodau'n hardd
       A'r twyn a chwardd yn hyfryd,
     Yr hen a'r claf cânt yn y tes
       Awr gynnes yn dychwelyd;
     Duw'r trugareddau'n gwisgo'n tir
       Â gwenau gwir ddedwyddyd.

II: 6   Mae lliw ffrwythlondeb ar bob man
           Yn olwg ddiddan inni,
           A'r wybren deg uwchben a gawn
           Yng ngwisg ei llawn oleuni.
           Duw'n tywallt fal o'r nef i lawr
           Ar ddyn ei fawr ddaioni.

7   Duw'n ei radlondeb inni sydd
           Yn rhoddi dydd tawelwch;
           Yr haf yn gynnes dros ein tir,
           Pob peth yn wir hyfrydwch;
           Mawl iddo'n wresog, boed ein gwaith,
           Am oll o'i faith dirionwch.

8   Aed ar bob awel iddo'r gân,
           Llef eirian ein llaferydd;
           Aed, yn orfoledd mawr y byd,
           Ei glod ar hyd y gwledydd;
           Aed allan yn un ynni byw,
           Dy fawl ein Duw'n dragywydd.

Ffynhonnell
Salm 187, *Salmau yr Eglwys yn yr Anialwch*, cyfrol 1 (Merthyr Tydfil, 1812), tt. 181–3.

116
Bore teg o haf

1 Hardd [yd]yw goleuni'r heulwen,
  Gwên y bore'n hyfryd iawn,
 Tes chwareugar yn yr wybren,
  Haf a'i serch o'n cylch a gawn;
 Glesni bywiog am y coedydd,
  Tardd y blodau ar bob twyn,
 A thirionwch gwir lawenydd
  Gân yr adar ym mhob llwyn.

2 Dydd o newydd, bore tawel,
  Dawn yr holl ddaionus Dad,
 Hinon yn ei beraidd awel,
  Yn daenedig dros y wlad;
 Un dydd arall yn dychwelyd,
  Yn hyfrydwch o bob rhyw,
 Dydd ymhellach inni'n fywyd,
  Rhodd y bendigedig Dduw.

3 Yn rhagluniaeth y goruchaf,
  Miloedd yn y fuchedd hon
 Profant hwn y dydd diweddaf,
  Ym mhob cwr o'r ddaear gron;
 Rhai o ninnau cyn ei ddarfod,
  F'allai'n cyrraedd pen y daith;
 Gwŷs i'r farn yn ein cyfarfod
  Yn y tragwyddoldeb maith.

4 Dduw! rho nerth i bob cydwybod
  Ddeffro cyn y delo'r awr
 Fal na'n caffer yn amharod
  Erbyn dydd y cyfrif mawr;
 Boed yn ôl dy 'wyllys nefol,
  Inni deithio'r fuchedd hon;
 Cawn ym myd yr haf tragwyddol
  Ganu'n llawen ger dy fron.

Ffynhonnell
Salm CCCCXXVIII, NLW 21341A, t. 44.

Darlleniadau'r testun
1.2 Gwedd y bore'n. 1.8 yn y llwyn. 2.2 Mawl am hwn i'r nefol dad.
3.7 A'n holl feiau'n ein cyfarfod.

117
Cynhaeaf yr ŷd (1801)

1   Gwyn yw'r cynhaeaf yn ein gwlad,
Duw, rhoddaist fendith ar ein had;
Cnwd hardd hyd wyneb daear lawr
Yn tystio dy drugaredd mawr.
Boed iti'r diolch ym mhob man,
Coed maes a mynydd, llys a llan;
Boed cân drwy'n holl drigfannau ni
Yn fawl am dy fendithion di.

2   Darperaist lawnder i bob rhai,
Mae cân llawenydd yn ein tai,
O'n cylch pentyrrau'r gwenith gwyn,
Boed iti'r diolch fyth am hyn;
N'ad, Iôr y nef, i gribddail ffôl
Oddi wrth y tlawd ei gadw yn ôl;
Yn ôl dy 'wyllys, nefol Gun,
Boed gwir gyfiawnder i bob un.

3   I bawb ar glawr ein daear ni
Tad mawr tosturiol ydwyt ti;
Gwahardd galedwch calon dyn,
N'ad i gybydd-dod gael ei wŷn;
I'r enaid cul ni chais ar glyw
Ddim o'th gyfreithiau di'n ei fyw;
Rho di'th oleuni nefol mawr
I dynnu balchder hwn i lawr.

4   Tad mawr wyt ti, tad cryf a gwan,
Â'th ofal drosom ym mhob man;
Dod ffrwyn ym mhen y balchder dall
Sydd am y byd mor fawr ei wall;
Goleua'r galon dan ei fron
Fal gwelo'n amlwg lygredd hon;
Gwna, Iôr, i bawb drwy'n daear ni
Weithredu'n ôl dy 'wyllys di.

5   Duw'r cariad ydwyd, cariad clau,
     Sydd yn dragywydd i barhau;
     Dod gariad ym mhob calon dyn
     I ddifa'n llwyr ei fydawl wŷn;
     Duw cyfiawn wyt, boed fyth i ni
     Ymuno'n dy gyfiawnder di;
     Drwy dir ein gwlad o fôr i fôr
     Boed iti'r mawl, anfeidrol Iôr.

Ffynhonnell
Salm CCCIV, NLW 21339A, tt. 95–6.

Darlleniadau'r testun
4.2 A'th lygad arnom. 4.4 Sy'n caru'r byd.

Gwirionedd

118
Cenadwriaeth Gair Duw

1   Mae'n byd at wirionedd yn troi,
     O'i gaddug yn dianc yn rhydd;
     Mae'r nos a'i dywyllwch yn ffoi,
     Goleuni sy'n ennill y dydd;
     Gair Duw'n ddyrchafedig ei lef,
     Boed uchel gorfoledd y sail.
     Ein Tad gogoneddus o'r nef
     Yn awr yn ymweled â'i blant.

2   Cenhadon Duw'r heddwch yn awr
     Sy'n chwilio pob ardal o'r byd,
     Yr ymgais a'r llwyddiant yn fawr,
     Yn deffro'r cenhedloedd i gyd;
     Rhoi had y gwirionedd i'r tir
     Lle'r elont y maent ym mhob man,
     Tardd egin cynyddfawr y gwir
     Yn codi'n flodeuog i'r lan.

3 O! rhyfedd, tra rhyfedd yw hyn,
    Y tywys pendrymion yn fawr,
    Mae'r adeg a'i feysydd mor wyn,
    Yn galw am y fedel yn awr.
    Awn allan, rhown law ar y gwaith,
    Dawn Duw'n ei fawr gariad yw ef,
    Ac aed ein gorfoledd ar daith
    A'n cân hyd uchelder y nef.

Ffynhonnell
Salm 15, NLW 10343A, f. 6a.

Darlleniadau'r testun
3.3 yn wynn. 3.6 Gwaith Duw'n.

119
Addoliad mewn gwirionedd

  Pwy'r addolwr mewn gwirionedd?
    Pwy, ond un fo'n ofni Duw?
  Ac mewn heddwch a thrugaredd,
    Yn goleddwr dynol-ryw;
  Ar gyfiawnder ei ddihewyd,
    Cariad oll o'i enaid ef,
  Llyfrir hwn yn llyfr y bywyd,
    Yn etifedd teyrnas nef.

Ffynhonnell
Salm XXVIII, NLW 10341A, t. 24.

Darlleniadau'r testun
1.6 ei holl enaid.

120
Gwirionedd (II Ioan adn. 2)

1   A fo'n adnabod y gwirionedd
          Gan rodio'n ei ddisgleirdeb ef,
      Ei enaid golau'n llawn tangnefedd
          A fydd yn barod yn y nef;
      Gwirionedd yw'r doethineb dwyfol
          Sydd yn ein gwared o bob gau;
      Ynom y trig yn fywyd nefol
          Ac yn dragywydd i barhau.

2   Nid iawn wybodaeth ond gwirionedd,
          Dim arall yn oleuni Duw;
      Dim i'r gydwybod yn orfoledd,
          Ond gwir o'i mewn yn enaid byw.
      Y pwyll a'i cenfydd yn ei burdeb,
          A wêl ei anfeidroldeb ef,
      Byth erys ynom yn ddoethineb,
          Yn enaid gwynfyd mawr y nef.

Ffynhonnell
Salm LVIII, NLW 10341A, t. 48.

Darlleniadau'r testun
2.1 Nid gwir.

121

Salm Gwirionedd

1   Gwirionedd yw'r goleuni pur
      A rydd yn eglur inni;
    Liw cyfiawn bwyll a'i hyfryd wedd,
      A'i ddiwedd yn ddaioni.

2   Cadwed pob un ag enaid llon
      Y gwir gerbron ei wyneb;
    Pob iawnder nefol ynddo cawn,
      Mae drwyddo'n llawn doethineb.

3   Dim ond y gwir a'n deil i'r lan,
      Caiff ynddo'r gwan ei gynnal;
    I'r gwir ymrown, tra dilys yw,
      Cawn dano fyw'n ddiofal.

4   Craig teyrnas nefoedd ydyw'r gwir,
      Dan ambor tir blodeuog,
    Mae'n sail cyfiawnder lle saif barn
      Yn gadarn a diysgog.

5   Mae tyb gwirionedd yn ddi-dwyll
      A'i ymbwyll yn gyfarwydd,
    A rhodio'n ffordd ei gyngor ef
      A'n dwg i'r nef yn hylwydd.

Ffynhonnell
LXI. Salm, NLW 21348A, t. 53.

Darlleniadau'r testun
2.1 O cadwed pawb. 4.2 Dan donnen.

122
Annog glynu wrth wirionedd Duw

1   Ymgais â'r gwirionedd yw
     Prif ddoethineb dynol-ryw;
     Ynni Duw drwy'r enaid ir
     Yw serch gwresog at y gwir;
     Mae'n dra nerthol i'n rhyddhau
     O bob gwendid, o bob gau;
     Boed ei ymbwyll fyth ynglŷn,
     A'i gydwybod ym mhob dyn.

2   Er ein herlid ym mhob tir,
     Ymgalonnwn dros y gwir;
     Cawn o'n plaid un mawr o'r nef,
     Duw'r gwirionedd ydyw ef;
     Cawn ein hollalluog Dad
     Inni'n flaenor ym mhob gwlad,
     Cawn ei gyfnerth yn ddi-dawl,
     Boed am hyn byth iddo'n mawl.

Ffynhonnell
Salm 20, NLW 21350A, tt. 20–1.

Darlleniadau'r testun
1.5 Mae'n drachadarn.

123
Rhyfelgyrch y gwirionedd

1   Tra fôm dan fôr hunangar ddyn,
Trachwant a balchder brwysg ynglŷn;
Eu rhyfyg dall a'u dichell gwan,
O'n cylch a'u cynllwyn ym mhob man;
Awn rhagom, awn, ym mhlaid y gwir,
Buddugol byddwn cyn bo hir.

2   Yng ngwaith cyfiawnder o flaen Duw,
Mewn hedd â phawb o ddynol-ryw;
Yn llawn calondid ac yn ddoeth
Wynebwn erlidigaeth boeth;
Yn achos Duw a thros y gwir
Yn dystion cedyrn ym mhob tir.

3   Doeth yw crefftwriaeth bydol bwyll
Yn holl amleddau dichell twyll,
Fal seirff ynglŷn, arswydus yw,
Yn erbyn cyfiawnderau Duw,
Dan rith cenhadon dros y gwir,
Yn lleng ellyllion ym mhob tir.

4   Ymunwn, gan ymbleidio'n gryf,
Ac yn eu herbyn awn yn hyf;
Ag arfau pwyll, mae Duw o'n rhan,
Cawn fuddugoliaeth ym mhob man;
Mae cad ein cyfnerth ym mhob tir,
Myrddiynau'r nef ym mhlaid y gwir.

Ffynhonnell
Salm L, NLW 21351A, t. 38.

124
Gwirionedd (*1*)

I: 1   Mawr yw'r gwirionedd, a mawr iawn,
Gwybodaeth bur yn hwn a gawn;
Drwy holl derfynau natur faith
Mae'n siarad ei felysber iaith.
Gan sêr y bore'n hardd ei lef,
Bu'n deffro pêr ganiadau'r nef;
Cân i barhau dros fyth yn fyw,
Gogoniant yr anfeidrol Dduw.

2   Gwirionedd Duw sy'n bêr ei lais,
Boed oll i'n golwg, oll i'n cais;
Pob iawn ei fryd, pob enaid gwâr,
A wêl wirionedd, ac a'i câr;
Yng ngolau pur gwirionedd glwys,
(O roi'r myfyrdod arno'n ddwys,)
Drwy oll yn oll, gweledig yw
Bodoldeb un anfeidrol Dduw.

3   Boed hyn yn sail gorfoledd pêr
Nid amlwg ond y nefol Nêr;
Pob peth yn amlwg dan ei nod,
Yn waith ei law, 'r anfeidrol Fod;
Mwy amlwg na goleuni'r nef
Amlygrwydd ei fodoldeb ef:
Pawb ynddo'n symud, bod a byw,
Yr unig hollalluog Dduw.

II: 4   Gair mawr ein Duw sydd ym mhob tir
Yn enaid hardd i'r nefol wir;
Mae'n gannwyll yn goleuo bryd
Pob iawn ei bwyll yn hyn o fyd,
A phrif lawenydd plant y nef
Yw llawnder ei wirionedd ef;
Y pennaf o'r bendithion yw
A ddaeth o law'r trugarog Dduw.

5   Gan fod gwendidau dynol bwyll
    Dan hud a lledrith llawer twyll,
    Da trefnodd ei drugaredd ef
    Air inni'n addysg, gair o'r nef;
    Pob hardd wybodau'n hwn a gawn,
    Pob gwir ddoethineb ynddo'n llawn;
    Goleuni haul cyfiawnder yw
    Gair pur y bendigedig Dduw.

6   Y gwir yw sylfaen cywir bwyll,
    Sail pob gwybodaeth sy'n ddi-dwyll;
    Nwyf hardd a burwyd yn ei dân
    Yw bywyd pob cydwybod lân;
    Sail holl iawnderau teyrnas nef
    Yw claerder ei gadernid ef;
    Dros fyth anghyfnewidiol yw,
    Cyfunsail â'r tragwyddol Dduw.

III: 7 Gwirionedd yw'r doethineb sydd
    I'r deall yn oleuni dydd;
    Nid cywir bwyll, boed inni'n ddir,
    Nid iawnwybodaeth ond y gwir;
    Dall iawn yw dyn, O! creded ef,
    Heb olau'r gwir a ddaeth o'r nef;
    O! credwn fyth, cred gyfiawn yw,
    Nid bywyd ond gwirionedd Duw.

8   I'r Un y sy'n wirionedd oll,
    I'n gwared o'r tragywydd goll,
    I'r gwir oleuni, 'r unig Dduw,
    Boed clod yn gân pob enaid byw;
    Hyn ydyw cân holl deulu'r nef,
    Ei gariad a'i wirionedd ef;
    Yn un â llu'r gwynfydig wawl,
    I'n Tad, i'n Duw, byth bydded mawl.

Ffynhonnell
Salm 153, *Salmau yr Eglwys yn yr Anialwch*, cyfrol 1 (Merthyr Tydfil, 1812),
tt. 143–6.

125
Gwirionedd (2)

1   Hardd i'r ymbwyll yw gwirionedd,
     Enaid pob doethineb yw;
     Hwn yw seilfaen pob tangnefedd,
     Bywyd, rhinwedd o bob rhyw;
     Arno'n gadarn yn ymseilio
       Mae cyfiawnder Iôr y nef;
     Byth am hwn boed imi chwilio,
       Byth fy nghalon gydag ef.

2   Duw, dod imi nerth i ganfod
       Nodau dy wirionedd di;
     Boed, yn arwain fy nghydwybod,
       Oll yn oll i'm ymgais i;
     Cefais olwg ar ei harddwch,
       Hyfryd i'r eithafoedd yw,
     Ynddo profais wir ddedwyddwch,
       Ynddo'n bur boed imi fyw.

3   Gwyn ei fyd a gafodd brofi
       Dogned o'i felyster ef;
     Profodd eitha'r pur ddaioni,
       Profodd ymborth teulu'r nef;
     Clywodd gariad yn ei lafar,
       Gwelodd harddwch yn ei wedd,
     Aeth ar ddianc o bob galar,
       I dragywydd hyfryd wledd.

4   Rhoddwyd hwn o flaen ein llygaid,
       Yn ddi-ffael i bawb a'i cais;
     Boed yn hoffter i bob enaid
       Wrando'n ddiflin ar ei lais;
     Yn ysgrifen ddatguddiedig
       Rhoddwyd ef i dir ein gwlad;
     Moliant iddo'r bendigedig
       Nefol, doeth, trugarog Dad.

Ffynonellau
A—Salm 154, *Salmau yr Eglwys yn yr Anialwch*, cyfrol 1 (Merthyr Tydfil, 1812), tt. 146–7; B—NLW 21340A, tt. 93–4.

Amrywiadau
1.8 Byth a'm calon B. 2.3 Boed arweinydd i'm cydwybod B. 3.3 eitha pur ddaioni B. 3.8 I'r tragywydd hyfryd wledd B.

126
Gwirionedd yw golau'r nef (*1*)

Nid hudlewyrnau rhyfyg tanllyd,
 Myllder gwaelodion hunan-dwyll,
Yw'r golau pur, y llewyrch hyfryd,
 Sy'n heulo llwybrau cyfiawn bwyll;
Peth amlwg iawn yw pob gwirionedd,
 Hawdd ar bob hawdd ei weled ef;
Bydd dan ei des ein holl ymarwedd
 Yng nghanol purdeb golau'r nef.

Ffynhonnell
Salm CXLIX, NLW 10341A, t. 121.

Darlleniadau'r testun
ll. 4 heulo rhodfa. ll. 5 Goleuni cannaid y gwirionedd. ll. 7 Bydd yn.

127
Gwirionedd yw golau'r nef (*2*)

Gwirionedd Duw, hawdd iawn ei ganfod,
 Nid amlwg ond ei wyneb ef;
Ein Duw'n ei ennyn drwy'r gydwybod,
 Dawn ar bob doniau teyrnas nef;
Ac ynddo'n unig mae'n tangnefedd,
 Amdano rhown i'r nefol Fod
Ein diolch gwresog yn orfoledd;
 Amdano'n Duw byth iti'r clod.

Ffynhonnell
Salm CL, NLW 10341A, t. 121.

Darlleniadau'r testun
ll. 8 itti'n clod.

128
'*Wedi eu harwain gan amryw chwantau, yn dysgu bob amser, ac heb*
allu dyfod un amser i wybodaeth y gwirionedd' (*II Timotheus 3:6–7*)

1   Mae rhai dan amryfusedd erchyll,
      Dallineb, chwantau, bydol bwyll;
      Chwilio'n ddiorffen yn y tywyll
      A'r hyn a gânt i gyd yn dwyll.
      Gan ymbalfalu dan eu dyrnau,
          Yn fawr eu gwŷn, mwy fyth eu gwall,
      Lle cânt eu siomi'n oll o'u tybiau,
          Yn holl feddyliau'r hunan dall.

2   Chwiliant am nefol athrawiaethau
          Mewn lle ni ellir byth eu cael,
      Yn chwedlau, ffug offeiriadaethau,
          Yng nghred a gobaith dichell gwael;
      Yn llaid eu dymuniadau cnawdol,
          Am gael eu nef, lle byth nid yw,
      Gan arfoll geubwyll gwŷn daearol
          Yn lle gair gwir y cyfiawn Dduw.

3   Chwilio dros fyth, a chwilio'n ofer,
          Heb gael gwirionedd wedi'r gwaith;
      Rhag pob gwreichionyn bach o'i leufer
          Ffoi, ac i'r hen dywyllwch maith.
      Yn nyffryn angau mynnant aros,
          Ni syflant gam o'i deyrnas ef;
      Maent o'u hir ymdaith yn eiddunos
          Yn ddeillion yng ngoleuni'r nef.

4   Rhai'n rhwym yng nghadwyn ambwyll ydynt,
          Ym mreuddwyd rhyw anghenfil hir,
      Gan amryfusedd cadarn arnynt,
          Yn credu celwydd yn lle gwir:
      Barn ddall y rhain, gwrthymbwyll rhyfedd,
          Yn erbyn gwaith cyfiawnder yw;
      Cableddau'n erbyn pob gwirionedd,
          Yn erbyn holl nefoldeb Duw.

Ffynhonnell
Salm CXXIV, NLW 10341A, tt. 102–3.

Darlleniadau'r testun
2.7 blŷs ddaearol. 4.8 purdebau Duw; ddaioni Duw.

Cydwybod

129

Cydwybod

1   Boed mawr cydwybod yn ein mysg,
       Nid addysg ond cydwybod;
       Hebddi ni ellir dysg na dawn,
       O! ddyn, yn gyfiawn ynod.

2   Fal angel yng nghynteddau'r nef
       Mae'n yngan goslef cariad,
       A pherchen calon lân a glyw
       Laferydd Duw'n ei siarad.

3   Mae'n galw ar ddyn yn ddirbwyll iawn
       A'i genau'n llawn tangnefedd.
       Mae'n galw ar bawb yn daer ei chais
       I wrando llais gwirionedd.

4   Addysg iawn bwyll gan hon a gawn,
       Barn deall cyfiawn hefyd;
       O gael ei bodd mae'r enaid ir
       Yn profi gwir ddedwyddyd.

5   Mae'n dyst o'r nef, gŵyr pawb a'i clyw
       Bod cerydd Duw'n ei llafur,
       Yn barnu'r twyll yng nghalon dyn
       A'i ceidw ynglŷn â'r ddaear.

6   Sail gadarn gwir dangnefedd yw
       O'i chadw yn fyw'n ei phurdeb;
       Ei deall hi'n oleudyb iawn,
       A'i phwyll yn llawn doethineb.

7   Mae'n gyfun â'r goruchel Fod
       Yn trafod pob gwirionedd;
       Ein dychryn a'n gorfoledd yw,
       Mae gyda Duw'n ei orsedd.

Ffynhonnell
Salm XIV, NLW 10341A, tt. 12–13.

Darlleniadau'r testun
1.1 Mawr yw cydwybod. 3.3 ar bawb o'r ddaear faith. 3.4 I wrando iaith.
4.1 gwir bwyll. 5.3 Yn farn ar dwyll. 6.3 mae'n oleudyb; sy'n oleudyb.

130
Cydwybod eto

1   Cydwybod yn ei chyfiawn bwyll
    A genfydd twyll y galon;
    Gwae'r bydol-ddoeth, ni wrendy'n wâr
    Ar lafar ei chynghorion.

2   Drwy'r drygau sy'n gymysgedd maith,
    Gwêl ansawdd gwaith cyfiawnder;
    Mae'n dadlau'n gadarn dros bob iawn,
    Ac iddo'n llawn ffyddlonder.

3   Gwêl drwy ddichellion o bob rhyw
    Mai cyfiawn yw trugaredd,
    Mai'r prif gyfiawnder ym mhob gwlad
    Yw cariad a thangnefedd.

4   O'i chwilio'n llwyr nid oes a wêl
    Un cilfan dirgel ynddi;
    Yng nghanol golau'r nef y mae
    Heb ddim yn cau amdani.

5   Ei phwyll a'i barn, uniondeb yw,
    Ymdrechwn fyw'n ei deddfau,
    Bucheddu'n hardd fal hynny a wnawn,
    Diweddu'n iawn ein dyddiau.

6   Cydwybod lân mae'n wynfyd llawn
    I'r cyfiawn fo'n ei meddu;
    Mae cyfiawn hwn, pwy bynnag yw,
    Yn nawdd ei Dduw'n anheddu.

7   Am y fraint hon, ti'r un a'i medd
    Molianna'r mawredd uchod;
    Nid oes, O! Dduw, mwy'n cymell cân,
    Na meddu glân gydwybod.

Ffynhonnell
Salm XV, NLW 10341A, t. 14.
Darlleniadau'r testun
5.1 Ymrown i fyw'n. 7.3 mwy'n haeddu'r gân.

131
Cydwybod diragrith

1   Boed fal y bo 'nghydwybod i
    Mewn barn a chred amdanat ti,
    Tra bo'n ddiragrith, dilys yw,
    Rwyf dan dy nawdd yr unig Dduw.

2   Ym marn a gwaith cydwybod lon,
    Bwyf yn ddiragrith ger dy fron;
    Caf deimlo'n hyn dy ddwyfol ddawn,
    Fy mhwyll yn hardd, fy nghred yn iawn.

3   O deimlo 'nghred fal dylai fod
    Yn oll o'i ymddwyn iti'n glod,
    Yn llywio'm holl amcanion i,
    Caf deimlo'm enaid gyda thi.

4   Bydd felly'n ufudd ger dy fron
    Fy mryd am serch drwy'r fuchedd hon,
    A'm ymbwyll hardd ar nefol dir
    Yn cerdded yng ngoleuni'r gwir.

Ffynhonnell
Salm CXXX, NLW 10341A, t. 108.
Darlleniadau'r testun
3.2 Yn ei holl ymddwyn.

132
Cydwybod wir, diogel ei pherchen

1   Nid pethau'r byd sy'n rhoi dedwyddwch,
     Nid holl feddiannau'r ddaear hon,
     Ni cheir un orig yma'n heddwch
     Na dim wrth fodd yr enaid llon.
     Fe syrth bob un yn nhaith ei fywyd
     I ryw drychineb gwael ei wedd,
     Cydwybod lân yw'r unig wynfyd
     Sy 'nghyrraedd dyn tu yma'r bedd.

2   Mae'n ofer chwilio'n ffyrdd gwybodaeth
     Am ymborth i'r myfyrdod maith,
     A'r neb a'i cais mewn goruchafiaeth
     A wêl yn ofer ei holl waith.
     Pob golud bydol y mae'n darfod,
     Holl ffug-fawreddau dynol-ryw,
     Nid gwir ddedwyddyd ond cydwybod
     Fo'n gorffwys ar orchymyn Duw.

3   Fy Nuw! boed imi gadw yn agos
     I'th 'wyllys ym mhob peth a wnaf,
     A than dy nodded tra fwy'n aros
     Dy gariad yn fy nghylch a gaf.
     I'm erbyn boed y bydol-ddoethion,
     Eu trawster ni'm gorddiwes i;
     Mae'm hedd yn gadarn, mae'm holl galon,
     Mae'm enaid yn d'amgeledd di.

Ffynhonnell
Salm II, NLW 10341A, t. 2.

Darlleniadau'r testun
2.8 ar drugaredd Duw.

133
Anheddfa Duw yn y gydwybod yn unig

1 Gwyddfodle Duw! Lle'r nefoedd wen!
Nid lle'n dychymyg uwch dy ben,
Ond yn y man a'i ceisiwn ef,
Duw yno cawn, cawn yno'r nef.

2 Mae'n Tad, ein Duw, 'mhob rhan o'i waith,
Mae'n llanw'r anfeidroldeb maith;
Yn serch a phwyll, gwir nefol yw,
Pob glân gydwybod y mae'n Duw.

3 Os ymgais â'r gwirionedd pur,
Os drosto'n dioddef eitha' cur,
Os dan ei ddeddfau'r wyt yn byw,
Wyt yn ddiamau gyda Duw.

4 Yr un a'i cred, yr un a'i câr,
A phob ufudd-dod enaid gwâr,
O! ddyn, pwy bynnag y bo ef,
Mae hwnnw'n barod yn y nef.

Ffynhonnell
Salm 30, NLW 21350A, t. 28.

Darlleniadau'r testun
1.2 pell uwch benn. 2.4 y mae'n byw.

134
Rhydd i bob un ei gydwybod

I: 1   Gad fyth, O! ddyn, gad yn ddi-dwyll
Ei fraint i'r ymbwyll ddynol;
Gad i gydwybod rodio'n rhydd
Yn llwybrau ffydd grefyddol.

2   Myfyriwn barch i'r unig Dduw,
Yr unig byw dragywydd;
Aed bawb at byrth y dwyfol Dad,
Pob un â'i ganiad newydd.

3   Y dull a'r modd, boed fyth yn glau
Ym mraint serchiadau'r enaid;
Rhoed pawb o'i galon a'i holl nerth
Ei aberth yn ddiymbaid.

4   A fo gerbron y nefol Nêr,
Yn rhad, gadawer iddo
Yn llaw cydwybod ddwyn ei rodd
Y man a'r modd y mynno.

II: 5   Na foed, O! ddyn, i'th galon ddu
Orthrymu dy gymydog;
Na cherddo 'mrig dy ddeall di
Gerbron y Rhi trugarog.

6   Gad fod ei farn, gau ddeall pŵl,
Yn groes i feddwl eraill,
Ni wyddost lai nad ydyw ef
I saint y nef yn gyfaill.

7   Duw'n unig biau rhoddi barn,
Nid dyn pengadarn anghall;
Rwyt dan wendidau dynol-ryw,
Er cryfed yw dy ddeall.

8   A fo 'mhob cleuder, pwyll a serch,
          Yn annerch Duw'r trugaredd,
          Derbynnir hwn, boed iti'n ddir
          I'r nefol wir dangnefedd.

Ffynhonnell
Salm CCCCLXVI, NLW 21341A, tt. 94–5.
Darlleniadau'r testun
2.2 Yr hwn sy'n byw'n. 3.2 Fal bo. 5.3 Na rodio'n ol dy ddeall di. 8.4 I'r nefol hir.

Cyfrifoldeb unigolion

135
Gwagedd a phechod y byd

1   Pam y mae llygaid pawb yn grwn
          Ar fawredd hwn ac arall?
          Pam gan y bwystfil dan ei nod?
          Pam? Ond eu bod yn angall.

2   Ar hyn o fyd, ac er ei gwae,
          Yn gadarn mae pob calon,
          Pob enaid, heb ystyried pam,
          Yn gorllwyn cam ddibenion.

3   Pawb yn ymarfer nos a dydd
          A'r lledrad sydd o gribddail;
          Dwfn mewn bydoldeb o bob rhyw,
          Heb ddim, O! Dduw, 'n ei arail.

4   Pan ddelo barn y cyfiawn Dad
          A'i ynad bendigedig,
          Bydd plant y byd, ni ellir llai,
          Ymhlith y rhai colledig.

5 A gwelant yn rhy hwyr y pryd
   Ddychrynllyd ben eu helynt,
   A'u gwaedd arswydus ar bob llaw
   I'r creigydd syrthiaw arnynt.

6 Ymrown i fydio'n well mewn pryd,
   Gan ado'r byd llygredig;
   Drwg-dybiau'r galon o bob rhyw,
   Maent oll i Dduw'n weledig.

7 Gwyn fyd a gais, tra caffo'r awr,
   Y golud mawr ni dderfydd,
   Ei ran drwy'r tragwyddoldeb hir,
   Ym myd y gwir lawenydd.

8 Gwyn fyd y tlawd a fo'n ei fyw
   I 'wyllys Duw'n ymostwng;
   Caiff le dan Grist, yn un o'i saint,
   O'r nefol fraint yn deilwng.

Ffynhonnell
Salm CCCXLVI, NLW 21340A, tt. 54–5.

Darlleniadau'r testun
2.1 er ei wae. 3.4 eu harail.

136
Dull y Byd (*II Timotheus 3:1*)

1   Amseroedd enbyd bydol chwant
    A ddaethant yn alarus;
    Maent yn goresgyn yr holl fyd
    Ar hyn o bryd yn rymus.

2   Dyn yn rhyfygus ym mhob gwlad,
    Llawn cariad arno'i hunan,
    Ar gael yn llwyr ei ben yn rhydd
    Pob awr y bydd a'i amcan.

3   Ond gelyn pob cyfiawnder yw
    Fal hynny'n byw'n ei bechod,
    Gan orfoleddu ynddo'n dost,
    Mae'r ymffrost ar ei dafod.

4   Hud ariangarwch sydd yn awr
    Yn blino'n fawr y doethion;
    Gwan, fal yn gorwedd yn ei waed,
    Yn sarn i draed y beilchion.

5   Mae trachwant yn gormesu'n flin,
    A diflin ei greulonder;
    Ni cheir gan fawr, gwae ni'n ein plith,
    Na rhydd na rhith cyfiawnder.

6   Mae rhagrith megis yn ei fraint,
    Yng ngwisg y saint yn rhodio;
    Mae'n hyn o fyd am gael ei rhan
    Bawb ym mhob man yn twyllo.

7   Min cleddyf yn diddynu'r tir
    A welir ym mhob ardal;
    A gwaed y gwâr yn afon goch
    Sy'n gweiddi'n groch am ddial.

8   Dyn gwaedwyllt sy'n difrodi'r byd
    A'i leng i gyd yn gadarn;
    Cyfiawnder ym mhob man y bo
    Yn isel dano'n wasarn.

9   Mae cariad wedi ffoi o'r byd
       A'i le gan wŷd angerddol;
       Brad ym mhob man, Duw'r nef a'i gŵyr,
       A phawb yn llwyr annuwiol.

10   Pob dyn yn mynnu bodd ei flys,
       Mae'n 'ysbys drwy'r holl diroedd;
       Mwy cerir hwn gan ddyn yn awr
       Na'r cyfiawn mawr o'r nefoedd.

11   Er teced rhith duwioldeb rhai
       Yn cuddio bai'n eu buchedd;
       Byr yn yr hwyaf yw eu dydd,
       A thost y bydd eu diwedd.

12   Pob math o bechod yma'n dren
       Sy'n dwyn ei ben yn uchel;
       Pob drwg yn rhodio'n ellyll noeth,
       Boed inni'n ddoeth ei ochel.

13   Ond cyfiawn ydyw Iôr y nef
       A'i ddial ef yn barod;
       Fe syrth fal mynydd mawr o blwm
       I'r eitha'n drwm ei ddyrnod.

14   Ein Duw, di fyddi gyda'th saint,
       Cânt hyn yn fraint ragorol;
       O fewn i'th lys, ac yn dy hedd,
       Cânt annedd yn dragwyddol.

Ffynhonnell
Salm CCCLXXIV, NLW 21340A, tt. 88–90.
Darlleniadau'r testun
2.3 Er cael. 3.4 A'r ymffrost. 6.3 Yn hyn. 7.1 Y cleddyf. 8.1 Mae'r
gwaedwyllt yn. 10.3 cerir hyn.

137
Golwg ar y byd

1   Pa beth yw'r byd ond rhyw anialwch
        Yn llawn pechodau dan bob rhith,
    Gelynion Duw, gelynion heddwch,
        Yn gad o'n hamgylch rif y gwlith?
    Byd ar ei redfa goriwaered
        Yn brysio lwrw ei ben i lawr,
    Dan dwyll angheuol yn dallfyned
        I berfedd y trueni mawr.

2   Myrddiynau'n ddeillion ar ei lwybrau,
        Ar lwyr gyfeiliorn, yn ddi-bwyll;
    I'r llwch yn crymu dan eu llwythau
        Blys, balchder, trachwant, mawr eu twyll;
    Myrddiynau'n hyfryd ar eu hymdaith
        I ble nis gwyddant, i ba goll;
    Yn y trueni sy'n ddiobaith
        Mewn amser byr y byddant oll.

3   Mae ffordd amgenach, ond ei cherdded,
        Ni fyn, o'u bodd, y bydol ffôl;
    Na chlyw, na chlust, gan faint eu hanghred
        Ni rônt i'r gwir a'u geilw yn ôl;
    Ymrown yn ddwys dan rwymau cariad
        I'w harwain o'u cyfeiliorn pell,
    Oddi wrth y ffug sy'n llanw eu bwriad
        I'w galw yn ôl at bethau gwell.

4   Ffyrdd teyrnas nef, rhai dreiniog ydynt
        I'r meddwl fo'n cofleidio twyll,
    Y bydol-ddoeth ni welir arnynt,
        Ni ddyry glust i gyngor pwyll;
    Y chwiliwr cyfiawn am wirionedd,
        Taer am ei gael, beth bynnag yw;
    Mae'n rhodio ffyrdd blodeuog rhinwedd
        Yn heddwch a goleuni Duw.

Ffynhonnell
Salm CXXXII, NLW 10341A, tt. 109–10.

Darlleniadau'r testun
1.2 yn llawn enbydrwydd. 2.4 a phob twyll. 2.6 nis gwelant. 3.6 I'w hadfer.
4.2 coleddu twyll. 4.8 Yn hinon.

138
Ymwrthod â bydoldeb

1   Yr un fo'n rhodio, gwyn ei fyd,
       Ar gil ym mhell o ffyrdd y byd,
       Mewn digonoldeb y mae'n byw,
       Mewn heddwch yng nghynteddau Duw.

2   Bach a bach iawn yw'r pethau sydd
       I ddyn yn ddigon yn ei ddydd;
       Bach iawn yr achos iddynt hwy,
       Byr ennyd, ac nis gwelir mwy.

3   Dim ydynt ond gwaelodion twyll,
       Dim i foddloni cyfiawn bwyll;
       Dim ond ein gyrru'n wael ein gwedd,
       Ar eitha' brys i bwll y bedd.

4   Y pethau sy'n bywydu gwŷn
       A chwantau pob daearol ddyn;
       Llai 'mhell na dim yw'r lles a wnânt,
       Eu gweled braidd, ac ymaith ânt.

5   Gan ddwys ymbwyllo, trown yn ôl
       O salwedd ein hudgarwch ffôl,
       O'r ffug breuddwydion ffown ymhell
       Gan droi pob serch at bethau gwell.

6   Am bob gwageddau'n hyn o fyd
       A fu'n camarwain serch a bryd,
       Am oll a wnaethom yn ein byw,
       Cofiwn, rhaid ateb o flaen Duw.

Ffynhonnell
Salm CLIX, NLW 10341A, tt. 128–9.

Darlleniadau'r testun
2.2 yw'r hynn y sydd. 2.4 ac ni fyddant mwy.

139
Gelyniaeth rhyfyg hunan-dyb i wirionedd Duw

1   Ti'r hunan-balch a'th ryfyg mawr,
Wyt am ein sarnu'n llaid y llawr,
Gan dywallt enllib ym mhob gwlad
Ar wirioneddau'r dwyfol Dad;
Cas ar bob cas yw gennym ni
Dy grefftwriaethau ffiaidd di;
Trwm ar bob trwm i'th galon drist
Yw llwyddiant Eglwys Iesu Grist.

2   Trugaredd a chyfiawnder Duw
Ym marn y byd ynfydrwydd yw,
Ei fawredd diflanedig ef,
Ni saif o flaen mawreddau'r nef.
Mae holl serchiadau bydol bwyll
Drwy'r ddaear hon ynglŷn â thwyll,
Mae'n llorio ffyrdd dynoldeb gwan,
A drain creulonder ym mhob man.

3   Y Tad o'r nef bydd gyda ni
Fal gwelom ffyrdd dy 'wyllys di;
O'r nef disgynned yn ein plith
Dy wirioneddau fal y gwlith.
Er trochi'r galon yn y tân
Sy'n ennyn pwyll cydwybod lân
A ddioddef heb ymdeimlo'n drist
Hyd angau gydag Iesu Grist.

Ffynhonnell
Salm 29, NLW 10343A, ff. 11a–b.

140
Ansawdd anghrediniaeth

1   Eithafoedd pob ynfydrwydd yw
     Tybiadau'r dyn sy'n gwadu Duw;
     Lle mae pob peth dan amlwg nod
     Llaw dwyfol nerth anfeidrol Fod.

2   Pob gwrthrych drwy'r bodoldeb maith
     Sy'n dangos Duw'n ei ryfedd waith;
     Pob peth o'n hamgylch, yn ddi-daw,
     Sy'n gweiddi 'Gwelwch waith ei law'.

3   Nid oes ond llygredigaeth gwael,
     Gan anghredadun fyth i'w gael;
     Nid oes ond hunan poeth ei wŷn
     Yn oll a wna'r anghredgar ddyn.

4   Ei ryfyg ym mhob peth a gawn,
     Mae'n drwgweithredu'n ddiflin iawn;
     Yn rhodio ffyrdd pob amhwyll syth,
     Heb ddim sy'n dda'n ei olwg fyth.

5   Ti'r Mawr o'r nef, y Tad a'n câr,
     Wyt amlwg i bob deall gwâr;
     Dy law 'mhob peth o'n cylch a gawn,
     I bwyll pob doeth yn eglur iawn.

6   Mae tystion amlwg yn ein plith,
     Yn amlach nag amleddau'r gwlith,
     Yn profi'n llwyr i'n hymbwyll ni
     Wirionedd dy fodoldeb di.

Ffynhonnell
Salm 36, *Salmau yr Eglwys yn yr Anialwch*, cyfrol 1 (Merthyr Tydfil, 1812),
tt. 37–8.

141
Golwg ar dwyll-dduwioldeb

1 Ni welir naws duwioldeb clau
Yng ngwres anwydau cnawdol;
Nid llai'n holl bethau'r nef yn ddall
Yw'r hunan call daearol.

2 Mae deall dyn, er maint ei bwyll,
Dan ormes twyll tra chadarn;
Gan syrthio'n resyn, lawer tro,
Yn isel dano'n wasarn.

3 Lle ceir un balchder yn ein plith,
Er teced rhith duwioldeb,
Ni fydd yng nghalon front y dyn
Un gronyn o'i nefoldeb.

4 Nawdd Duw rhag trachwant mawr ei dwyll,
Cyflawnder amhwyll ydyw,
Lle gwreiddiodd ei fwystfilaidd ŵyn
Holl rinwedd dyn a dderyw.

5 Mewn dyn a rodio'n ôl ei flys
Ni erys un daioni;
Yr ellyll brwnt a'i teifl i lawr
I bwll y mawr drueni.

6 Y byd a'r cnawd rhaid eu nacáu,
Â chalon glau'n ddiymbaid;
Cyn cael gan Dduw o'i burdeb ef
Gyfrannu nef i'r enaid.

Ffynhonnell
Salm 155, *Salmau yr Eglwys yn yr Anialwch*, cyfrol 1 (Merthyr Tydfil, 1812),
tt. 147–8.

142
Balchder

1 Nid gwael ond balchder hyn o fyd,
Nid aflan ond ei uchel fryd;
Sail gadarn pechod o bob rhyw,
Ac eitha' pob ynfydrwydd yw.

2 Duw'r nef, tro'th olwg yma i lawr,
Gwêl yn ein mysg y difrod mawr,
A wnânt y beilchion yn ddi-fraw,
Heb ofni dyrnod mawr dy law.

3 Nid drwg ond balchder calon dyn,
A'i rodres mawr, a'i ffyrnig wŷn,
A'i dân, a'i gleddyf ym mhob man,
O! gwêl ei rwysg, a saf o'n rhan.

4 Y balch ni chais dy 'wyllys di,
Rhag hwn a'i ryfyg, gwared ni;
Mae'n sarnu'n dost â'i gnawdol chwant
Ar yr anwylaf o dy blant.

5 Gwae ni, mae hwn mewn llawer rhith,
A'i ddichell beunydd yn ein plith,
A'i graff ar fawredd, parch a bri,
Ar bob peth ond dy gyfraith di.

6 I'n dwyn i'r ffordd a'n dwg yn iawn
I wynfyd a llawenydd llawn,
A rhag i'n droedio llwybrau'r coll,
Duw! Bydd â'th law'n ein harwain oll.

Ffynhonnell
Salm LXXIV, NLW 21337A, t. 129.
Darlleniadau'r testun
4.1 Mewn dim ni chais. 4.4 Y rhai anwylaf. 5.4 Ym mhob peth.

143
Yn erbyn balchder a hunan-dyb rhyfygfawr

1   Na foed im chwennych parch daearol,
      Am a fo 'ngallu'm ymbwyll gwan,
    Ond ffoi o'r neilltu'n gydwybodol
      Rhag mawredd bydol ym mhob man.
    Na foed i falchder mawr ei lygredd
      Gael gafael arnaf yn fy myw,
    Ond ysbryd isel gwir dangnefedd
      Dod imi Dad, yr unig Dduw.

2   Gan chwilio'th air a'i gywir garu,
      Boed imi dreulio'r fuchedd hon;
    Ei addysg nefol sy'n difannu,
      Pob rhyfyg o'r gydwybod lon;
    Mae'n tywallt ysbryd santaidd arnaf,
      Yn gariad i bob anian byw,
    Hyn imi dod, a mwy ni cheisiaf,
      Hyn imi dod, ti'r unig Dduw.

3   Duw, boed ein cân yn fawl i'th deyrnas,
      Lle'n galwaist iddi dan dy nod;
    Am hyn i mi'n wynfydig urddas,
      Byth iti'n wresog boed y clod.
    Cân boed yn gynghan iti'n foliant
      Yn swydd holl deulu'r babell hon,
    Cân bêr yn honni'th fawr ogoniant
      Yn gân cydwybod ger dy fron.

Ffynhonnell
Salm 59, NLW 10343A, f. 23a.

Darlleniadau'r testun
1.6 lle fy nghalon. 1.8 Er clod i Ti'r goruchel Dduw. 3.1 boed fy nghân. 3.3
Am hynn i ni'n. 3.7 Can ymma'n honni'th.

144
Ymgil o'r hunan

1 Gan ffoi o ffyrdd yr hunan hydwyll,
 Rwy'n dyfod atat ti fy Nuw;
 Eithafoedd hud, cyflawnder amhwyll
 Yw hunanolder o bob rhyw;
 Byth am y byd a'i holl ymddarbod,
 A'i wŷn yn llosgi fel y tân,
 Ni fedd yr erthyl digydwybod
 Na phen di-niwl na chalon lân.

2 Yr hunan dall, mae hwn yn wastad
 Yn denu'r cariad ar ei ôl;
 Ni ad i'r deall ddianc atat
 O gaddug ei fydoldeb ffôl;
 Ni fyn drwy oll o'i ddarbod annoeth
 Ond bodd ei wyniau, blys y cnawd,
 Ac er myrddiynau twr ei gyfoeth
 Mae'r adyn gwael i'r eitha'n dlawd.

3 Nid felly'r un, i'n Duw goruchaf,
 Fo'n dilyn dy gyfiawnder di;
 Fe rusia'n ôl i'r pellter eithaf
 O gamre'n byd hunanol ni;
 Yn ffyrdd goleulawn y dwyfolion
 Y gwelir ei gerddediad ef,
 Gan deimlo cariad yn ei galon
 At wir ddaioni teyrnas nef.

4 Boed, nefol Dad, O! bydded imi,
 Tra bwyf ar daith y fuchedd hon,
 Yn ffyrdd dy gariad a'i oleuni
 Fyth rodio'n ddiwyd ger dy fron;
 A'r gwir dangnefedd yn fy nghalon,
 A'r byd ymhell o'm golwg i,
 Am holl serchiadau'n bur nefolion,
 Pâr imi'n ddoeth dy ddilyn di.

Ffynhonnell
Salm 47, *Salmau yr Eglwys yn yr Anialwch*, cyfrol 1 (Merthyr Tydfil, 1812), tt. 46–7.

145
Teyrnasoedd yr Arglwydd Dduw Hollalluog

1   Mawl iddo fyth, teyrnasu'n awr
Mae'n brenin hollalluog mawr;
Gorfoledd tragwyddoldeb yw,
Teyrnasu mae'r anfeidrol Dduw.

2   Fe ddarfu dydd ein galar trist,
Daeth nefol deyrnas Duw a'i Grist;
Eithafoedd pob cyfiawnder clau
A drig yn hon byth i barhau.

3   Chwi fydoedd oll, ymlawenhewch!
O'i flaen â chân gorfoledd, dewch!
Yn bur ddaioni, cariad byw,
Teyrnasu'n awr mae'r unig Dduw.

4   Yn llawnder ei drugaredd rhad,
Mae inni'n Dduw, dros fyth yn Dad,
Dros fyth ei orsedd yn y gwawl,
Byth ger ei fron boed iddo'n mawl.

Ffynhonnell
Salm CCCCLXIV, NLW 21341A, tt. 92–3.

Darlleniadau'r testun
3.4 Teyrnased ef yr.   4.3 A'i orsedd gadarn yn y gwawl; Drwy'r holl
fodoldeb aed ei fawl.   4.3–4 Drwy'r holl fodoldeb aed ei fawl, / Byth, iddo
byth, boed cân ein mawl; Ai orsedd gadarn yn y gwawl, / Byth drwy'r holl
fydoedd aed ei fawl.

Cyfrifoldeb Cymdeithasol

146
Y dirywiad mawr

1   Y mae dinas llygredigaeth
     Yn rheoli'r byd yn awr,
     Ac ymostwng i'w llywodraeth
       Mae pob rhan o'r ddaear fawr;
     Y gorfodrif, yn elynion,
       I'r ychydig bach y sydd
     Yn encilio'n ddwyfol ddoethion
       Allan rhag y llid a fydd.

2   Egwyddorion pob creulonder
       Yw sailfeini'r ddinas hon,
     Gwêl ei thorf, O! Dduw'r cyfiawnder,
       Mewn gwrthryfel ger dy fron;
     Cablu'th gariad a'th wirionedd
       Gan ymloi'n eu balchder brwysg;
     Modd a wedd i'th nefol fawredd
       Dod ryw ddiwedd ar eu rhwysg.

Ffynhonnell
Salm XI, NLW 21351A, t. 9.

Darlleniadau'r testun
2.7 Yng nghyfiawnder dy drugaredd.

147
Ymbil am ddiben y dadryw mawr

1 Edrych, O! Dduw, a thor i lawr
Weinyddes y ffieidd-dra mawr,
Y safnau ffined rif y gwlith
Sy'n bwrw eu gwenwyn yn ein plith.

2 Mae iaith ei chabledd ym mhob tir
Yn floeddgar iawn yn ameu'r gwir,
A'i ffug-ddoethineb, geugar ddysg,
Yn ffrwd cyfeiliorn yn ein mysg.

3 Gwêl amryfusedd yr holl fyd
Drwy fod yn gaethion dani cyd;
Gwêl ymbarhad rhyfygus hon
Ym mhob aflendid ger dy fron.

4 Gweinyddu mae, nerth braich a bryd,
Pob anghyfiawnder drwy ein byd;
Arfogi'n holl genhedloedd ni,
Yn erbyn dy dangnefedd di.

5 Mae'th blant yn gorwedd yn eu gwaed
Yn sarn gyffredin dan ei thraed;
Gwir feibion hedd, a phawb a'u câr
Ar ffo galarus rhag ei bâr.

6 Gair mawr aed allan, gair dy nerth,
Gair mawr dy farn yn daran gerth;
Bydd cân am hyn ei chyfiawn hawl,
Drwy'r nef a'r ddaear iti'n fawl.

Ffynhonnell
Salm XXX, NLW 21351A, t. 23.

Darlleniadau'r testun
1.3 Sy'n tywallt gwenwyn ym mhob rhith; yn ein plith. 1.4 Ei hanwireddau rhif y gwlith. 3.4 Ym mhob gwrthymbwyll. 4.2 drwy'r hollfyd.

148
Rhan y tlawd

1   Ti'r tlawd y sydd dan ddwrn y byd
       Yn dioddef ergyd creulon;
       Dan gur nid ydwyt o un rhyw
       Ond y mae Duw'n ei ddanfon.

2   Holl fawrion hyn o fyd a gânt
       Eu mwyniant ar y ddaear,
       A'r duwiol yma cânt bob awr
       Orthrymder mawr a galar.

3   Yn hyn o fyd eu rhan a gânt,
       Holl epil trachwant bydol;
       Mae rhan i'r tlodion gyda Duw,
       Lle byddant fyw'n dragwyddol.

4   Nac achwyn fyth, y tlawd a'r gwan,
       Mai bach y rhan a gefaist;
       Nid oedd gan Dduw ddim iti'n well,
       Y goreu 'mhell derbyniaist.

5   Mae tlodi'n gae rhag llawer drwg,
       Boed hyn yn amlwg iti;
       Mae'r goludogion, gwêl bob awr,
       Ar ffyrdd y mawr drueni.

6   Rhoi maes at faes y byddant hwy
       Bob awr yn fwy trachwantus,
       A digon byth ni allant gael
       O'r galon wael dwyllodrus.

7   Tydi sy'n awr yn dwyn y groes,
       Dan lawer gloes a thrallod;
       Wyt yn llaw Duw, mae gydag ef
       Dy le'n y nef yn barod.

8   Holl ragluniaethau'r nefol Iôn
       Er lles ei weision ydynt;
       Oll yn ddoethineb nefol Dad,
       Goreuon cariad ydynt.

9   I'r duwiol tlawd, O! creded ef,
           Mae tŷ'n y nef yn barod;
           Caiff ynddo'n llawen ben ei daith
           Mewn gwynfyd maith diddarfod.

10   Da'n oll o'i ffyrdd yw Iôr y nef,
           Boed gydag ef ein rhodiad,
           Y trefnwr doeth, boed iddo'r mawl
           Am oll o'i nefawl gariad.

Ffynhonnell
Salm CCCXVIII, NLW 21340A, tt. 17–18.

Darlleniadau'r testun
7.1 Tra'r ydwyt yma'n dwyn y groes.

149
Llef o gysgod angau (o'r cystudd mawr). Dydd ympryd rhyfel

1   O gysgod angau gwrando lef
           Hyd atad, frenin mawr y nef;
           Llef meibion hedd sy'n ceisio'n glau
           Ffoi rhag y llid sy'n mawr nesáu.

2   Gan fwrw ein golwg arnat ti,
           Mae gobaith yn ein cynnal ni;
           Gobaith y cawn ein taith ar ben
           Wrth hyfryd borth y nefoedd wen.

3   Drwy'r holl ryfeloedd sy'n ein plith,
           Drwy bob rhyw ddrygau rif y gwlith,
           Dwg ni'n dy law i ben ein taith
           Yng ngwlad yr hedd a'r gwynfyd maith.

4   Drwy'r holl dymhestloedd, tân a chledd,
           Drwy oll sy'n daer yn erbyn hedd;
           Drwy'r cwmwl lew ni welwn wawr
           Dydd dy ddyfodiad, ein Duw mawr.

5 O! dere'n fuan yn dy farn,
  Rho dan dy draed bob drwg yn sarn,
  Tor o'i holl rwysg y balchder mawr
  A'i dyrau cedyrn oll i lawr.

6 Bu'n hir ei ormes, gwae ni cyd,
  Mae'n Dad i holl bechodau'r byd,
  I'r holl greulonder chwyrn ei daith
  Sy'n daer ei fryd ar waedlyd waith.

7 Rho glust i'n cwyn, anfeidrol Dad,
  O'th flaen ymbiliwn am ryddhad,
  Dan obaith cael, pan ddêl dy ddydd,
  Ein gwared rhag y llid a fydd.

8 Drwg ar bob llaw sy'n maglu'n traed,
  A'i lif o'n cylch yn ffrydiau gwaed;
  Rho'th afael arnom ym mhob man
  O'r cystudd mawr i'n dwyn i'r lan.

Ffynhonnell
Salm CLXXXIV, NLW 21338A, tt. 54–5.

150
Adferiad heddwch (*1802*)

1 Duw, rhoddaist heddwch yn ein plith,
  Boed hyn er bendith inni;
  Boed waith dy nerth i'n dwyn yn awr
  O ffyrdd ein mawr ddrygioni.

2 Llithrasom i waedlydrwydd blin
  Gan garu trin rhyfeloedd,
  Gan godi llaw ar dir a môr
  Yn d'erbyn, Iôr y nefoedd.

3 Llifeiriant gwaed pob man o'n cylch,
  Y cledd o'n hamgylch beunydd;
  O'r ddaear hon hyd byrth y nef
  Codasom lef annedwydd.

4 Galwasom arnat yn ein gwae,
  A'n hofnau'n cau amdanom,
  Rhoist glust i'n cwyn a'n galar tost,
  Yn drugar daethost atom.

5 Er pechu'n d'erbyn ym mhob man,
  Gan ddilyn aflan fuchedd;
  Er hynny'th gariad nefol di
  A roes i ni dangnefedd.

6 Mae'n hofnau'n ffoi fal niwl ar draul
  O flaen yr haul foreol,
  Mawr yw'th dirionwch, ddwyfol Dad,
  Mawr iawn dy gariad nefol.

7 Rhoist fin y cledd o'n hôl ymhell,
  Gan roddi gwell amseroedd;
  Mawl fyth am dy drugaredd rhad,
  Mawl iti, 'n Tad o'r nefoedd.

8 Byth na foed inni lithro'n ôl
  I'n gwyniau ffôl anynad,
  Ond aros gyda thi 'mhob gwedd
  Mewn nefol hedd a chariad.

Ffynhonnell
Salm CCXIX, NLW 21338A, tt. 101–2.

Darlleniadau'r testun
2.3 Gan sarnu'th wir ar dir a môr. 2.4 Alluog Iôr y nefoedd. 5.3 nefol
gariad di.

151
Mawl i Dduw am heddwch a diwedd rhyfeloedd (*1802*)

1   Mae adar gwanwyn yn ein gwlad
      Yn seinio caniad newydd,
    Haf cyn bo hir gan Dduw a gawn
      Yn dymor llawn llawenydd.

2   Y gaeaf cadarn a fu'n hir
      Ac ym mhob tir tywyllwch;
    O flaen yr haul mae'n awr yn ffoi
      A'r hin yn troi'n dawelwch.

3   Bu drygau'n ymdymhestlu'n flin
      Gan gynnal trin rhyfeloedd;
    Duw rhoist oleuni lle bu'r nos,
      Rhoist heddwch dros ein tiroedd.

4   Yn lle'r ynfydrwydd dan bob rhith,
      Duw rhoist i'n plith gytundeb
    I ffrwyno'r gwŷn a fu mor hir
      Yn sarnu gwir ddoethineb.

5   Tirionwch bellach, yn lle bâr,
      Sy'n yngan llafar nefol,
    Boed ym mhob enaid hyn yn glau
      Ac i barhau'n dragwyddol.

Ffynhonnell
Salm CCLVI, NLW 21339A, tt. 37–8.

Darlleniadau'r testun
5.3 Boed hyn, O Dduw'n ein plith ynglau.

152
Mawl i Dduw am dorri seiliau caethiwed, drwy gynhyrfu Senedd Ynys Prydain i wahardd masnach cyrff ac eneidiau dynion duon Affrig (1)

1   Torred allan ein caniadau,
         Yn orfoledd ym mhob man;
      Ffrydied allan o'n calonnau,
         Mawl i'n Duw sy 'mhlaid y gwan;
      Boed pob anian byw'n ganiedydd
         Drwy'r bodoldeb mawr yn grwn,
      Gan bob tafod ganiad newydd,
         Dydd llawenydd ydyw hwn.

2   Brodyr a chwiorydd inni,
         Plant i'r un trugarog Dad,
      Hir y buant mewn gresyni,
         Dan orthrymder a sarhad,
      Hir yn griddfan mewn caethiwed,
         Teimlo gormail o bob rhyw;
      Hir dan draed yn flin eu tynged,
         A than draed gelynion Duw.

3   Hir yng ngwledydd poethion Affrig
         Bu'n cydfrodyr dan yr iau;
      Daeth yr amser gwynfydedig
         O law'r gelyn i'w rhyddhau.
      Duw sy'n gweithio'n Ynys Prydain,
         Drostynt o'i diriondeb rhad,
      Gwaith a'u cynnal dan ei adain
         A'u diogela'n nhir eu gwlad.

4   Senedd Prydain o'i hanwiredd
         Sydd o'r diwedd yn deffroi,
      Ac o ffyrdd ei hamryfusedd,
         At gyfiawnder y mae'n troi;
      Gyda Duw'n gweithredu'n dirion,
         Gyda Duw'n rhoi clust i'r gwan,
      Torrodd sail caethiwed creulon,
         Boed gorfoledd ym mhob man.

5   Balchder cadarn, golud bydol,
           Prif elynion Duw a dyn,
      Ymgreulonant yn angerddol,
           Duw fo'n gwared rhag eu gwŷn.
      Prydain a fu'n gadarn unwaith
           Yn eu plaid a'i chledd yn llym,
      Bellach mae'n ffieiddio'r anrhaith
           Ac yn dryllio sail eu grym.

6   Masnach dyn, ei gorff a'i enaid,
           Meibion anrhaith mwy ni chânt,
      Cyn bo hir, a'u gwyniau tanbaid,
           O bob tir diflannu wnânt.
      Dydd i agor drws y carchar,
           Dryllio'r gadwyn, torri'r iau;
      Dydd i sychu deigrau galar,
           Dydd ein Duw sy'n ymnesáu.

7   Hir amcanwyd cadw yn ddeillion
           Hiloedd Affrig ym mhob gwlad,
      Ond egorir eu golygon
           Gan eu Duw a gânt yn Dad.
      Ffoi mae'r nos, fe ddaw'r goleuni,
           A'i fendithion o bob rhith,
      Gwelir cyn bo hir yn torri
           Gwawr gwirionedd yn eu plith.

8   Cyfyd bellach haul cyfiawnder,
           Lle bu'r tywyll nos yn hir,
      Tes tangnefedd o'r uchelder
           A dywynna drwy bob tir.
      Cerddi'r gwanwyn ym mhob ardal
           Yn cyhoeddi'r hyfryd haf;
      Clod, gogoniant, mawl diatal
           Iddo fyth, y nefol Naf.

9   Gyda disglair gôr y nefoedd,
             Boed i ninnau ddwyn ein rhan;
             Cân sy'n rhedeg drwy'n holl fydoedd,
             Bloedd gorfoledd ym mhob man;
             Gwelwn ddryllio sail caethiwed,
             Awr o ollwng gwan yn rhydd;
             Mawr fu'n hiraeth am ei weled,
             Mawl i'n Duw, fe ddaeth y dydd.

Ffynhonnell
Salm CCLXXXVI, NLW 21339A, tt. 71–4.

Darlleniadau'r testun
1.5 Boed pob enaid. 5.1 Balchder creulon. 5.3 Ymynfydant. 5.4 Duw'n gwaretto. 6.2 Meibion trachwant. 8.3 Tes gwirionedd. 8.4 Yn tywynu ymhob.

153
Mawl i Dduw am dorri seiliau caethiwed . . . (2)

1   Ein Duw, pan droes ei glust yn dirion
             I wrando cwyn caethiwed blin,
             Bu'n fawr orfoledd i bob calon,
             Daeth cân llawenydd i bob min;
             Caethiwed meibion gwledydd Affrig,
             Eu griddfan dan greulondeb hir,
             Duw'r nef a'u barn, boed bendigedig,
             Mae'n awr a'i nerth ym mhlaid y gwir.

2   Dan erchyll drais anrheithwyr gwynion
             A'u llusgai'n gaeth o dir eu gwlad,
             Bu'n frodyr a'u chwiorydd duon
             Yn oedi'n drwm dan bob sarhad,
             Oddi wrth anwyliaid eu calonnau,
             I wledydd pell yn cael eu dwyn;
             I riddfan yn y tyn gadwynau,
             Heb un i wrando gair o'u cwyn.

3   Mae trachwant certh a rhyfyg balchder
         Yn hyn o fyd am gael eu nef,
      Heb gofio fyth am Dduw'r cyfiawnder,
         Na dim o'i gyfraith nefol ef;
      Eu gwynfyd mawr yw cael trueiniaid
         Ac am eu gyddfau dodi'r iau,
      Er trwm lafuriaw fal 'nifeiliaid,
         Hyn yn ddiorffen i barhau.

4   Aeth cwyn y caethion drwy'r holl fydoedd,
         Drwy oll ar glyw'r ochenaid gref;
      Aeth hyd yng ngorsedd fawr y nefoedd,
         At Dduw'n ei farn y dygwyd ef.
      Aeth allan y gorchymyn dwyfol:
         'Dibenner eu caethiwed hwy;
      Eu treiswyr bônt golledig hollol,
         Heb fyth o'm blaen eu henwi mwy.'

5   Fe glywodd Senedd Ynys Prydain
         Iôr mawr y nef yn hyn o'i farn,
      Rhoes glust i lef y caethion truain
         Dan draed gorthrymder yn un sarn;
      Gan droi o lwybrau'r anghyfiawnder,
         A Duw'n ei nerthu'n hyn o'u gwaith,
      Cadwynodd drachwant a chreulonder,
         Boed bloedd gorfoledd gan bob iaith.

6   Ardaloedd Affrig, boed caniadau
         Yn rhedeg drwy'ch terfynau chwi;
      Mawl yn llifeiriant o bob genau
         Am gyfiawn farn y nefol Ri,
      Mae Duw'n dychwelyd eich caethiwed,
         A'i fendith arnoch fel y gwlith;
      Gair mawr ei deyrnas, cewch ei glywed,
         A'i gysur nefol yn eich plith.

7 Nesáu mae'ch cyflawn waredigaeth,
  Mae'r dydd gwynfydig yn ei wawr,
  Fe gyfyd haul eich iechydwriaeth,
  Fe gyfyd a'i oleuni mawr,
  Gwybodaeth a'i ddisgleirdeb hyfryd,
  Daw'n ffrwd i lawr o byrth y nef;
  Boed fyth y gân i Bôr y Bywyd,
  Yn fawl i'w nerth a'i gariad ef.

Ffynhonnell
Salm CCLXXXVII, NLW 21339A, tt. 74–6.

Darlleniadau'r testun
3.8 Drwy bob cenhedlaeth i barhau. 4.6 Dychweler eu. 7.4 yn oleuni mawr.
7.8 i'w nerth anfeidrol ef.

154
Mawl i Dduw am dorri seiliau caethiwed . . . (3)

1 Mae Duw'n gweithredu pethau mawrion,
  A'i fraich yn gadarn yn y byd,
  Ei nerth ym mhlaid ein brodyr duon
  A fuant yn y cystudd cyd;
  Mae'n dryllio cadwyn eu caethiwed,
  Llaw gref ei nerth sy'n torri'r iau,
  Boed iddo'r gân, i'w enw yn ddyled,
  Yn glod a mawl byth i barhau.

2 Ni chaiff goludog balch annhirion,
  Y trachwant, mwy ni chaiff ei wŷn,
  Fwy chwyddo'n fras ar chwys y caethion,
  Fwy masnach corff ac enaid dyn.
  Pob perchen llong sy'n hwylio'r weilgi,
  Ymgynddeiriogant yn eu gwae;
  Un dydd a'u tyr o'u holl ddireidi,
  Gwynfydig ddydd! Yn awr y mae!

3   Mae Duw'n rhoi clust i gŵyn yr egwan,
       Duw mawr trugarog ydyw ef;
     Fe yrrodd ei orchymyn allan,
       Aeth yn orfoledd drwy'r holl nef;
     Boed cân gyfunllef daearolion
       Yn bloeddio'r newydd ym mhob man;
     Gwaredwyd Affrig a'i thrigolion,
       Mae Duw a'i nerth ym mhlaid y gwan.

4   Duw'r nef sy'n gwrando cwyn y caethion
       A gyrch ei orsedd yn ddi-daw;
     Ag arf a dyr i'r llawr y trawsion
       Wyt Ynys Prydain yn ei law;
     Rho ddiolch iddo yn ddiragrith
       Am gael dy roi gan Iôr y nef;
     Ar hyn o waith boed iti'n fendith,
       Ei gariad a'i gyfiawnder ef.

5   Tra bo perchnogion llongau'r moroedd
       Yn teimlo pwys yr ergyd mawr,
     A llef eu galar drwy'r holl diroedd,
       A'u mawredd oll yn llwch y llawr;
     Boed i bob dyn a gâr gyfiawnder,
       Yn un â'r nef ymlawenhau;
     Mae'n Duw'n darostwng gwar creulonder,
       Pob anghyfiawnder a phob gau.

6   Dydd mawr y gwir sy'n gwawrio'n amlwg,
       Cysgodau'r nos diflannant oll,
     Daw'r drygau mawr ar fyr i'r golwg,
       Barn Duw a'u gyr hyd eitha'r coll.
     Duw hollalluog sy'n teyrnasu,
       Ac o bob genau, o bob chwyth,
     Boed iddo'r moliant, iddo'r gallu,
       Clod a gogoniant iddo fyth.

Ffynhonnell
Salm CCLXXXVIII, NLW 21339A, tt. 76–8.

Darlleniadau'r testun
1.4 mewn mawr gystudd cyd. 2.5 sy'n nofio'r weilgi. 3.5 Boed can gorfoledd. 3.8 Mae Duw'n ein plith. 4.6 Am gael y fraint o lys y nef. 4.7 Hwn itti'n. 5.1 Tra bo meddianwyr. 5.8 A phob anwiredd. 6.5 Ein Duw galluog. 6.8 Boed y gogoniant.

Cysur ac anogaeth

155
Agos i ben y daith (II Corinthiaid 4:17, 5:1)

1   Mae gwallt fy mhen yn gwynnu,
        Gwywedig yw fy ngwedd;
    A thros fy iad yn tyfu
        Mae cnwd o flodau'r bedd;
    Er cyd y bu 'ngaeafnos
        Yn yr anialwch maith,
    Wyf bellach drwyddo'n agos,
    Wyf bron ar ben fy nhaith.

2   Mewn pabell wael ddaearol
        Anheddu'r wyf yn awr,
    Mewn du dywyllwch marwol
        Ym myd y cystudd mawr;
    Ond hyn o draill a dderfydd,
        Caf annedd gwell yn rhad;
    Caf yno le'n dragywydd
        Yn nhŷ fy nefol Dad.

3   Gan ymfodloni'n ufudd
        I drefnau pôr y nef,
    Bydd ysgafn yr holl gystudd
        Dan ei drugaredd ef;
    Yn iach, caf ato ddianc
        O ddrygau'r fuchedd hon,
    I'r bywydoldeb di-dranc
        I ganu ger ei fron.

4   Ar fyrder fe ddatodir
         Y tŷ daearol hwn,
         O'i ddrygau fe'm gwaredir,
         Sydd imi'n awr yn bwn;
         Gan Dduw caf drigfa newydd
         O'i fawr drugaredd ef;
         Caf yno fyw'n dragywydd,
         Yng ngwynfyd mawr y nef.

Ffynhonnell
Salm CCCLVI, NLW 21340A, t. 65.

Darlleniadau'r testun
1.1 Fy ngwallt y sŷdd yn gwynnu. 1.3 A thros fy mhen. 2.2 'Rwyf yn anneddu 'nawr. 2.8 yn nefol dŷ fy Nhâd. 3.4 Dan nawdd ei gariad ef. 4.6 O'i ddirfawr gariad ef. 4.7 Caf ynddo.

Olnod
Gadawer allan y pennill cyntaf mewn addoliad cyhoeddus.

156
Duw'n waredigaeth o bob trallod (1806)

I: 1   Galwais ar Dduw'n fy nghystudd mawr,
          Yn nhanllyd awr y trallod;
          Fe glybu'm llais, fe'm dug â'i law
          O'm poen a'm braw ddiannod.

2   Drwy ganol caddug dudew maith,
          Oedd blin fy nhaith ac erchyll,
          Dan gysgod angau'n ymyl coll,
          O'm amgylch oll yn dywyll.

3   Tymhestloedd cedyrn am fy mhen,
          Bygythion wybren lidiog;
          Y llif yn syrthio'r daran wyllt,
          Yn bwrw ei byllt adeiniog.

4   Gan hyn o fyd nid oedd un llaw
          I'm dwyn o'm braw a'm trallod;
          Er bod ar ddeall hyn o'm traill
          I lawer cyfaill tafod.

5 Ni chefais ganddynt ond y twyll,
  Hyd eitha' pwyll bydoldeb,
  Lle gwelwn genfigennus wŷn
  Dan ddichell dyn dau wyneb.

II: 6 Dyrchefais gŵyn at Iôr y nef,
  Cymerais ef yn obaith;
  Fal nos yn ffoi rhag golau'r wawr,
  Fy nhrallod mawr aeth ymaith.

7 Daeth llu'n fy mhlaid o bob cwr gwynt,
  Gelynion gynt o'ent imi,
  Yn awr i'm cylch ŷnt hawddgar iawn,
  Pob un yn llawn haelioni.

8 Diolch i'r nefol Dad am hyn,
  Derbyn, Dduw gwyn, fy moliant;
  Dod imi nerth tra pery'm chwyth
  I ganu fyth d'ogoniant.

9 Ni wanobeithiaf yn fy myw,
  O'm cylch mae Duw'n wastadol,
  Yn gyfaill im bob ennyd awr,
  Yn geidwad mawr anfeidrol.

10 Boed clod a moliant fyth i'r Tad
  Sy'n gadarn geidwad inni;
  O drysor ei drugaredd cawn
  Bob awr ein llawn ddigoni.

III: 11 I'r unig ddoeth, yr unig Dduw,
  Ein brenin yw a'n llywydd,
  O eigion calon yn ddi-dawl
  Boed clod a mawl tragywydd.

Ffynhonnell
Salm LXIX, NLW 21337A, tt. 122–3.
Darlleniadau'r testun
7.3 o'm cylch. 11.4 Boed eitha'r mawl.

157
Duw'n wared o bob trallod

1   Er amled ŷnt o'm cylch bob awr
     Y pydiau mawr afrifed,
     Ym mhob cyfynger lle bo raid
     Caf Dduw'n ddi-baid i'm gwared.

2   Arswydlawn bydiau ar bob llaw
     Yn peri braw a gofal;
     Er hynny'r wyt, fy nefol Ri,
     Byth gyda mi'n fy nghynnal.

3   Lle'r oedd o'm blaen dynghedfen hell
     Nid oeddwn bell o'i chrafanc;
     Fy Nuw a'm rhoes, mewn ennyd fach,
     Le rhagddi'n iach i ddianc.

4   Â'm ffydd yn wan, bûm lawer gwaith
     Dan amgyrch maith trallodion;
     Di'm tynnaist, Iôr, o lwnc y bedd,
     A gweiniaist hedd i'm calon.

5   O! Dduw, na'd fyth im ofni mwy,
     Rwyt ti'n gynhorthwy nerthol,
     I'm llwyr amddiffyn, yr wyt ti
     O'm amgylch i'n wastadol.

6   Boed iti'r diolch yn ddi-dawl,
     A'm cân yn fawl i'th fawredd;
     Wyt, nefol Dad, yn dyner iawn,
     Ac imi'n llawn trugaredd.

Ffynhonnell
Salm 81, *Salmau yr Eglwys yn yr Anialwch*, cyfrol 1 (Merthyr Tydfil, 1812),
tt. 77–8.

158
Cysur yn Nuw dan bob trallod

1   Dan wasg a thrallod o bob rhyw,
        Dod o flaen Duw'th flinderon;
        Ei glust yn barod yn y nef,
        A wrendy'th lef yn dirion.

2   Os tlodi sy'n dy flino'n drwm,
        A'th fyd yn llwm anniddan,
        Cei gan benadur mawr y nef
        Roi clust i lef dy gwynfan.

3   Dos at yr Un anfeidrol Naf,
        Lle'dd ydwyt glaf a chlwyfus;
        Daw e'n ddi-oed o'r nef i lawr,
        Yn feddyg mawr cariadus.

4   Lle cefaist dwyll yng nghalon dyn,
        Pob cân, pob gwŷn a gwegi,
        Y nefol Dad a ŵyr pob gwir,
        Cei hwnnw'n gywir iti.

5   Os ydwyt drwy dystiolaeth gam,
        Dan ofal am dy fywyd,
        Rho'th gŵyn o flaen un mawr a'th glyw,
        Cei yn dy Dduw gadernid.

6   Dan dlodi, clefyd, dan bob trais,
        Fe wrendy'th lais heb omedd;
        Fe wna'th drallodion cyn bo hir
        Yn achos gwir orfoledd.

7   Rho foliant iddo, rho'n ddi-daw,
        Am waith ei law fendigaid,
        Yn rhoddi, drwy rwygiadau cur;
        Goleuni pur i'th enaid.

Ffynhonnell
Salm CCVII, NLW 21338A, tt. 83–4.

Darlleniadau'r testun
1.3 Ei glust agored. 5.1 gan dystiolaeth gam. 6.3 Fe dry'th.

159
Holl drefnau Duw er daioni

1   Fy Nuw, boed imi ganu'th fawl
    Am oll o'th nefawl gariad,
Drwy ddyddiau'm oes mi'th gefais di
    Yn gadarn imi'n geidwad;
Lle mynnwn rodio llwybrau'r coll
    A gwyniau'm holl ddymuniad,
Di'm tynnaist, fal o lwnc y bedd,
    Â llaw'th drugaredd atad.

2   Dan bwys trallodion o bob rhyw
    Bu'th gariad byw amdanaf;
Drwy oll yn iach di'm dygaist i,
    Am hynny mi'th foliannaf.
Yn dyner arnaf, rhoddaist law,
    Er fy rhybuddiaw'n araf,
Er dwyn fy mhwyll i'th nefol wawl,
    Am hynny'th fawl a ganaf.

3   Oll hyd yn hyn a ddaeth i'm rhan,
    Mae'r cyfan er daioni;
Pob peth yn amlwg imi'n awr
    Yn ddawn dy fawr haelioni,
Dy 'wyllys di'n wirionedd noeth,
    Sy fyth yn doeth reoli,
Am hyn, fy Nuw, tra pery'm chwyth
    Boed imi fyth dy foli.

4   Da trefnaist oll yn hyn o fyd
    A brofais hyd yr awron,
I'm dwyn o ddrygau lawer myrdd
    I dawel ffyrdd y doethion;
I bawb a'th gais mewn hyder ffydd
    Rwyt ti'n waredydd tirion;
Boed moliant ar fy nghân bob awr,
    Am oll o'th fawr fendithion.

Ffynhonnell
Salm CCCXL, NLW 21340A, tt. 45–6.

Darlleniadau'r testun
4.1 Da gwelaf; Da cefais. 4.7 yn fy nghan bob awr.

160
Amser erlidigaeth

1   Dod olwg, Iôr, o'th nef i lawr,
     Rho glust i gŵyn ein cystudd mawr,
     Lle cawn ein herlid ym mhob tir
     Am roi'n tystiolaeth dros y gwir.

2   Llifeiriant rhagfarn boeth y sydd
     Fal môr o'n hamgylch nos a dydd,
     Rhag rhuthrau'r gelyn, rhaid i ni
     Ymgynnull dan dy adain di.

3   Mae trawster llidiog ym mhob gwlad
     Yn ceisio'n dal yn rhwydau brad,
     Ond braich ein Duw sy'n gadarn iawn
     A hon dros fyth o'n plaid a gawn.

4   Beth os enynnir er ein mwyn
     Tân erlidigaeth ar bob twyn?
     Er eitha'r dur, er gwaetha'r tân,
     Ceir llais gorfoledd yn ein cân.

5   Rho nerth i'r sawl a blannant ddysg
     Lle mawr ei brinder yn ein mysg,
     Pâr iddo gnydu'n ffrwyth di-draul
     Hyd glawr pob ardal dan yr haul.

6   Rho nerth i bawb drwy'r cystudd maith
     Ymroi'n dra gwrol at y gwaith;
     Rho serch dy gyfraith ym mhob bron,
     Rho nerth i farw yn achos hon.

Ffynhonnell
Salm 54, *Salmau yr Eglwys yn yr Anialwch*, cyfrol 1 (Merthyr Tydfil, 1812),
tt. 53–4.

161
Dwyn y groes

1   Y groes yw rhan pob dyn o'r byd,
        A roddo'i fryd yn hollol
     Ar ddilyn, tra fo yma'n byw,
        Holl ddeddfau Duw'n fucheddol.

2   Os felly groeso'r cyfryw raid,
        Boed yn ddi-baid amynedd
     I sefyll dan ei phwys i gyd,
        Heb rwgnach hyd y diwedd.

3   Rhaid dwyn y groes ym mhlaid y gwir,
        Rhaid dioddef hir drallodion,
     Cyn bo'n gyfaddas un dyn byw
        I deimlo Duw'n ei galon.

4   Rhaid i ddyn wylied, a phob awr
        Ymwadu'n fawr â'i hunan,
     Cyn wrth ei Dduw y glyno'n glau,
        Gan ymiawnhau'n ei anian.

5   Os dwyn y groes yw'm unig ran,
        Mae'r cyfan er daioni,
     Bwyf fyth mewn tangnef enaid gwâr
        Yn amyneddgar dani.

6   Ffordd fawr y nef yw ffordd y groes,
        Ffordd llawer gloes ac adfyd,
     Ond hon nid oes un ffordd yn wir
        A'm dwg i dir y bywyd.

Ffynhonnell
Salm 80, *Salmau yr Eglwys yn yr Anialwch,* cyfrol 1 (Merthyr Tydfil, 1812),
tt. 76–7.

162
Goddef dros y gwir

1 Ti sydd dan bwys y cystudd mawr,
   Yn ddirfawr dy ddioddefaint,
   Dan wg y byd am gredu'r gwir,
   Dan enllib hir ddigofaint;
   Tra'r ydwyt dros yr uchel Nêr
   Yn profi llawer amraint,
   Mawr wyt gerbron y nefol Gun
   A'th enw yn un o'i geraint.

2 Fal hyn o'th flaen aeth Iesu Grist,
   Bu'n athrist oll o'i fywyd;
   Fal hyn llafuriodd y Mab Rhad
   Yng ngwaith ei Dad yn ddiwyd;
   Fal hynny gyda'r blaenor mawr
   Bydd di bob awr ac ennyd
   A chydag ef dy ran a fydd
   Yn y tragywydd wynfyd.

3 Dros wirioneddau'n Tad o'r nef
   Da dygodd ef dystiolaeth;
   Dros hynny'n wrol ar y groes
   Dioddefodd loes marwolaeth;
   Er cael ein herlid am y gwir
   Gan eitha' dir elyniaeth,
   Yn nheyrnas nef ein rhan a gawn
   A chyfiawn oruchafiaeth.

Ffynhonnell
A—Salm 66, *Salmau yr Eglwys yn yr Anialwch*, cyfrol 1 (Merthyr Tydfil, 1812), t. 64; B—NLW 21352A, t. 63; C—NLW 21341A, t. 11.

Amrywiadau
1.1 dan wres C. 1.4 enllib dir C.

163
Profi pob peth er daioni

I: 1   Mae'n fynych gwmwl dros fy myd,
A gwawr anhyfryd iddo;
Er dyfned y tywyllwch du
Mae Duw'n fy nerthu drwyddo.

2   Mae'r nos yn ffoi, daw eto'r dydd,
A gwawl o newydd imi;
Caf weled oll yn cymell cân,
Mae'r cyfan er daioni.

3   Ar brydiau mae rhyw ofnau mawr
Yn bwrw i lawr fy nghalon;
At Dduw fy nghred yn fuan af
Ac ynddo caf gysuron.

4   Pan bo'r amheuon yn eu grym
Yn treiddio'n llym drwy'm enaid,
Af at fy Nuw'n fy ngofid certh,
Rhydd imi nerth anghenraid.

II: 5   Duw rhoist fy nhaith, bob cam o'r tir,
Drwy ganol hir flinderau,
A phrofais mai dy 'wyllys di
Drwy oll oedd imi'n orau.

6   Dy deimlo'r wy'n dy gariad mawr
O'm cylch bob awr ac ennyd;
Af dan dy nawdd, ag enaid llon,
Drwy holl helbulon bywyd.

7   Mae'n amlwg imi, 'r tirion Dad,
Mai'th gariad sy'n cyfrannu;
Rwy'n teimlo'n fywiog ddydd a nos
Wir achos dy foliannu.

Ffynhonnell
Salm 152, *Salmau yr Eglwys yn yr Anialwch*, cyfrol 1 (Merthyr Tydfil, 1812),
tt. 142–3.

164
Effeithioldeb ffydd i'n gwared rhag pob drygau

1 Ffydd ynot ti'r goruchel Dad,
  Cred yn dy gariad rhyfedd,
  A dreigla'm holl serchiadau'n iawn,
  A'u ceidw yn llawn tangnefedd.

2 Fe'm gweryd rhag dichellion twyll,
  Mae'n wawl i'm ymbwyll hefyd;
  Fe'm ceidw yn ddiwyd ar dy waith
  Drwy gydol ymdaith bywyd.

3 Mae'n arwain fy nghydwybod lon
  Yn hinon gobaith siriol;
  Rhag drygau'r byd fy ngwared mae,
  O'm cylch yn cau'n dragwyddol.

4 Mae'n llwyr efryddu'r trallod mawr
  A'm cyrch yn gawr ofnadwy;
  Cred ynot, er fy mod yn wan,
  A'm cynnail dan ei gorddwy.

5 Ym mhob anffodion, dan bob clwyf,
  Dy deimlo'r wyf yn agos;
  Ac imi'n waredigaeth rad,
  Mae'th gariad yn ymddangos.

6 Cedwaist fy nhraed rhag llithro'n gerth
  Ar lwybrau serch bydoldeb;
  Mawl boed o'm enaid iti'n glau
  Drwy ddyddiau tragwyddoldeb.

Ffynhonnell
16. Salm, NLW 21350A, tt. 15–16.
Darlleniadau'r testun
2.3 yn dy waith. 4.4 dan bob gorddwy.

165
Duw'n oleuni'n ffyrdd, a'n gwaredigaeth rhag gelyn a thrallod

1   Goleuni'm ffyrdd wyt ti fy Nuw,
         Goleuni byw drwy'm enaid;
       A chyda mi'n fy nhrallod certh
         Wyt yn dy nerth diymbaid.

2   Rhag pob gelyniaeth, pob rhyw frad
         Wyt fyth a'th lygad arnaf;
       O'm cylch y bore, felly'r hwyr,
         I'm cadw yn llwyr ddianaf.

3   Boed y dyn drwg, a bydded mil,
         Yn gynnil mewn dichellion,
       Gan Dduw'r cyfiawnder caf ryddhad
         O dwyll a brad gelynion.

4   O'm blaen tramgwyddant, syrthiant oll
         I waelod coll arswydus;
       Mae Duw'n fy ngolwg, ato'r af
         I'r eithaf yn hyderus.

5   I'm dwyn i nawdd ei babell deg
         Daw yn ddiatreg ataf,
       A than gyfiawnder mawr ei farn
         Yn gadarn ymgysgodaf.

6   Ymguddio caf yn nhŷ fy Nuw
         Rhag ystryw pob gelyniaeth;
       Tra pery'r tragwyddoldeb hir
         Caf fyw'n ei wir wasanaeth.

Ffynhonnell
Salm III, NLW 10341A, tt. 2–3.

Darlleniadau'r testun
3.2 eu dichellion

166
Golwg ar well amseroedd

1 Mae'n taith drwy'r anialwch yn awr,
A'n ffyrdd yn dra thywyll i gyd;
Mae llwyth ein dioddefaint yn fawr
Dan ergyd gelyniaeth y byd.
Er hynny, 'mhob genau mae cân,
Er gwaetha' gorthrymder a thrais;
Ni safwn yng nghanol y tân
A llawnder gorfoledd i'n llais.

2 Bu nos ein caethiwed yn hir,
Ei ddiwedd sy'n agos yn awr;
Mae pwyll yn rhagarwain y gwir
Fal seren boreudardd ei wawr.
Llwyr ddianc ar fyrder a gawn
O rwydau'r gorthrymwr yn rhydd;
Môr maith ein tangnefedd yn llawn,
A'i oes yn ddiddarfod a fydd.

3 Daw amser tangnefedd i'r saint,
A chyfnod gwynfydig y bydd;
Y cyfiawn yn uchel eu braint,
Gwirionedd yn ennill y dydd;
Hwy ganant yn uchel eu llef,
Holl enaid gorfoledd yn fyw,
Drwy oesoedd diderfyn y nef,
Ger wyneb a gorsedd eu Duw.

Ffynhonnell
Salm XXIII, NLW 10341A, tt. 20–1.

Darlleniadau'r testun
2.4 seren blaenrhediad. 2.8 Drwy gyfnod diddarfod ei ddydd. 3.2 Ag amser gwynfydig.

167
Iawn a ddaw'n iawn yn ei ddiwedd

1   Y dwyfol gwâr, ochneidio mae,
      Am fod y cyfiawn dan bob gwae,
      A'r golud balch yn hyn o fyd
      Yn cael ei rwysg anghyfiawn cyd.

2   Y drwg llwyddiannus ydynt oll,
      Aeth Duw o'u cof yn llwyr ar goll,
      Eu lleng yn gadarn ym mhob man
      Yn sarnu'n dost y duwiol gwan.

3   Mae pechaduriaid oll o'u bron
      A'r gallu ganddynt yr awr hon,
      Dydd ar bob un ar fyr a ddaw
      I gipio'r nerth yn llwyr o'i law.

4   Ar frys y mae'r blynyddau'n ffoi,
      Mae'r fantol fawr ar annel troi,
      Digofaint Duw'n arswydus iawn,
      Y drwg a'i cant yn gwpan lawn.

5   Mae dydd adferiad yn nesáu
      A dyr bob cadwyn a phob iau;
      Fe deimla'r drwg yn oer eu llef,
      Mai Duw cyfiawnder yw Duw'r nef.

6   Y da, mewn gwynfyd byddant hwy,
      Ni theimlant bwys gorthrymder mwy;
      A theyrnas nef yr hyfryd fan
      Lle cânt gan Dduw dros fyth eu rhan.

7   Mewn pryd ystyried pob dyn byw,
      Ei fuchedd dan bob rhith a rhyw;
      Beth iddo'n deilwng, beth a ddaw,
      Yn y dydd mawr y sydd gerllaw.

Ffynhonnell
Salm CCXII, NLW 21338A, tt. 91–2.

Darlleniadau'r testun
1.2 Wrth weled. 1.3 A'r Berthog balch. 4.4 mewn cwppan. 5.3 ei lef.

168
Ffyrdd Duw, ffyrdd dedwyddwch

1   Boed fyth fy nghân i'th enw yn fawl,
       Fy Nuw, fy nefawl geidwad;
    Rhag pydiau'm bywyd, ym mhob man,
       Ymnoddaf dan dy gariad;
    Mae'th ysbryd, sydd yn un â'th air,
       Yn beth a bair yn wastad
    Im fywiol deimlo, ddydd a nos,
       Fy mod yn agos atad.

2   Drwy hwn, sydd o'th oleuni'n llawn,
       Yn amlwg iawn y gwelaf
    Pwy'r mawr a'm câr, a'm bod yn byw
       Dan nawdd y Duw goruchaf;
    Mae'n agor imi ffyrdd y nef,
       Ei lewyrch ef dilynaf;
    Am hyn, fy Nêr, tra pery'm chwyth,
       Dy foliant fyth a ganaf.

3   Er profi gelyn ym mhob dyn
       Yn udo gwŷn cynddaredd,
    Ni'm troir o ffyrdd fy nefol Naf,
       Dir ynddynt caf amgeledd;
    Hyfrydwch ydynt oll o'u bron,
       I'm calon yn orfoledd;
    Caf ynddynt fod yn gadarn iawn;
       Maent imi'n llawn tangnefedd.

Ffynhonnell
Salm 156, *Salmau yr Eglwys yn yr Anialwch*, cyfrol 1 (Merthyr Tydfil, 1812),
tt. 148–9.

169
Cydradd pawb yn y bedd

1   Pam yn llawn rhyfyg y bydd dyn,
    Gwaith ardderchocaf Iôr y nef?
    Pam yn bychanu'n boeth ei wŷn
    Y dyn diolud y mae ef?
    Gall gwisgoedd aur, gall gwely pân,
    Gall coron y mawrhydi gau,
    Geill gemog wisg y fenyw lân
    Dan golyn cur ein hesmwytháu.

2   Y Brenin mawr, y caeth di-barch,
    Y balch a'r difalch, mawr a wnânt,
    Nid a'u blaenoriaeth yn yr arch,
    Pawb yr un wedd i'r llwch ydd ânt;
    Gwêl ddiwedd cedyrn hyn o fyd
    A fuant gynt a'u rhwysg yn fawr,
    Twyll oedd eu mawredd, maent i gyd
    Yn gydradd yn y bedd yn awr.

3   Fal hyn mae'r llewyrn gwag yn ffoi,
    A'i fyr dywynder derfydd oll;
    Byr iawn ei oes, i ddim yn troi,
    Fe aeth i ble? Dros fyth ar goll!
    Fal hyn, O! ddyn, cei dithau fod;
    Am hynny gad â'th falchder ffôl;
    Y bedd ar fyr yw pen dy nod,
    Ac ni ddychweli fyth yn ôl.

4   Cais ffyrdd cyfiawnder, ffyrdd y nef,
    Ffyrdd tra blodeuog ydynt oll;
    Rho glust i'r gwir a'i gyngor ef,
    Fal hynny nid âi fyth ar goll;
    I gariad hawddgar, isel fryd,
    Rho enaid mwyn, rho galon glau.
    Cei'r bedd yn borth i'r nefol fyd,
    A mawredd hwn byth i barhau.

Ffynhonnell
Salm LXXXIII, NLW 10341A, tt. 67–8.

Darlleniadau'r testun
1.7 Gall gwisgoedd gemmog benyw lân; Gall gemmog wisgoedd; Gall gemmog drwsiad. 2.3 Mae pawb yn gydradd yn yr arch. 2.4 yn un wedd. 2.7 Niwl oedd. 2.8 Gan anghof. 4.1. Cais rodio'n gyfiawn 4.4 Ag yna nid ai fyth. 4.6 Rho'th enaid gwâr.

Addoliad Undodaidd

170
Agor addoliad

1   Agor glust fy neall, Arglwydd,
       Cyffro glyw drwy'm enaid i,
     Mal y gallwyf, yn gyfarwydd,
       Wrando'th lafar nefol di;
     'R hwn nis ceir mewn corwynt uchel,
       Nac yng nghrŷn y ddaear las;
     Sain o'r nef yn fwynder tawel
       Yw llais pêr dy nefol ras.

2   Agor lygaid fy nghydwybod
       Drwy serchiadau 'nghalon i,
     Felly caf yn eglur ganfod
       Lliw pob gwir sydd ynot ti;
     Lliw cyfiawnder, lliw trugaredd,
       Rhyw dy ddeddfau di bob un;
     Harddwch, cariad a thangnefedd
       Fal maent ynot ti dy hun.

3   Ennyn serch yng ngwreiddiau 'nghalon
       Fal y carwyf rhain i gyd;
     Fal y gwnelwyf dy gynghorion
       O flaen dim a gâr y byd;
     Rho dy nerth fal bo dy 'wyllys
       Ym mhob peth a wnelwyf fi,
     Rho dy nerth, fal gallwy'n ddilys
       Rodio'th lwybrau nefol di.

Ffynhonnell
Salm 13, *Salmau yr Eglwys yn yr Anialwch,* cyfrol 1 (Merthyr Tydfil, 1812), tt. 14–15.

171
Agor addoliad (*gwasanaeth*)

1　　O flaen dy wyneb, ein Duw mawr,
Gwêl ni'n ymgynnull yma'n awr
Mewn gobaith y derbyniwn ni
Wir addysg o'th laferydd di.

2　　Dan holl wendidau'r fuchedd hon,
Tra gwaelion ydym ger dy fron;
Er hyn, ein Duw, rwyt inni'n rhad
Yn ymddwyn â thirionwch tad.

3　　Tad ydwyt inni, mawr dy glod,
Ac ynot y mae'n byw a'n bod;
Yn blant ufuddion, boed i ni
Ymddarwedd â'th ewyllys di.

4　　Boed inni garu'th air, O! Dduw,
Boed yn ei ymbwyll inni fyw;
Boed holl serchiadau dyn bob awr
Yn rhodio ffyrdd dy gyfraith fawr.

Ffynhonnell
XX, NLW 21348A, t. 19.

172
Dydd gorffwys

1 Dydd yw'r dydd hwn i 'mado'n ddoeth
O ffyrdd y byd, amryfusedd noeth,
O'r holl flysgarwch sydd ynglŷn
 daearoldeb meddwl dyn.
Dydd gorffwys yng nghynteddau'r nef
I deimlo Duw'n ei 'wyllys ef.

2 Dydd encil bydded yn ddi-dwyll
I wrando'r gwir a'i nefol bwyll;
I deimlo pa mor beraidd yw
Gwirionedd datguddiedig Duw,
A roed er cysur ymbwyll trist
I ddeall dyn gan Iesu Grist.

3 Drwy hwn ymrown holl ddynol-ryw
I chwilio'n ddwys am feddwl Duw;
Nid oes a'n dwg i deyrnas nef
Ond ffyrdd ei 'wyllys ddwyfol ef,
I'n gwared rhag anobaith trist
Ond drwy ddoethineb Iesu Grist.

4 Gair Iesu Grist i ddyn ar glyw,
Gair newydd da, pob gobaith yw;
Gair coelfain heddwch i bob gwlad
Yw gair tiriondeb y Mab Rhad,
Adlamo ei beroriaeth ef
Yn holl ganiadau câr y nef.

Ffynhonnell
Salm, NLW 21354A, t. 12.

Darlleniadau'r testun
1.2 ai hunanoldeb noeth.   3.4 nefol ef.   3.6 Ond yn noethineb Iesu Grist.
4.1 drwy'n byd ar glyw.

173
Dydd yr Arglwydd

1   Hwn yw'r dydd a roddaist Arglwydd,
          Dydd i ymgunnull ger dy fron,
          Dydd i erchi bendith hylwydd
          Gennyt ti'n y babell hon;
          Dydd i wrando gair y bywyd,
          Gair a roddaist inni'n rhad,
          Dydd rhoi'r galon, a'i dihewyd
          Oll o'th flaen, y dwyfawl Dad.

2   Yma bydd yn gyfaill inni,
          Bydd mewn cariad yn ein plith;
          O disgynned dy ddaioni
          Ar bob enaid fal y gwlith;
          Yma bydd yn agos atom,
          Yn dy nerth a'th gariad rhad,
          Bydd ar deimlad bywiol ynom,
          Inni'n Dduw, ac inni'n Dad.

3   Agor glust ym mhob cydwybod,
          Clust i wrando'th air di-dwyll;
          Agor llygad i'th adnabod
          Ymhob deall, ymhob pwyll.
          Arwain oll o'n dymuniadau
          Ar dy ddeddf a'i haddysg mad,
          Fal y glyno'n holl serchiadau
          Wrthot ti'r trugarog Dad.

4   Gwna'n oleuni'th gyfraith gyson
          Sydd ar lafar yn ein mysg;
          Dod hi'n argraff ar bob calon,
          Er cyfrannu dwyfawl ddysg;
          Dod hi'n rheol i bob deall,
          Dod hi'n athraw ym mhob gwlad,
          Er darostwng pawb yn ddiwall
          Danot ti'r anfeidrol Dad.

Ffynhonnell
Salm XCIC, NLW 21337A, tt. 166–7.
Darlleniadau'r testun
1.1 a wnaethost. 1.2 i ddyfod ger. 1.5 i chwilio. 1.7 Gan rhoi'r. 3.3 i'th
gydnabod.

174
O flaen y llithion. *Goleuni Gair Duw*

Chwiliwn air Duw, mae'n ddyled pwyll,
A'r bryd a'r galon yn ddi-dwyll;
Rhoer iddo glust a gofal clau
I'w gofio'n ddwys gan ymbarhau;
Cawn olwg dan ei addysg ef
Ar wironeddau teyrnas nef;
A'n hymdaith drwy'r goleuni llawn
Ffyrdd iechydwriaeth ynddo cawn.

Ffynhonnell
Salm XVII, NLW 10341A, t. 16.

175
Ymollwng o'r oedfa (*Judas 1:25*)

1   I'r Mawr a ddichon fyth ein gwared,
        Fyth gadw ein traed ar lwybrau'r gwir,
     Rhag cwympo'n llesg lle bôm yn cerdded
        Yn nhywyll fyrdd yr anial dir,
     Boed parch dyledus, boed ufudd-dod,
        Yn hyn o fyd fal yn y nef,
     A dwys ymgadwed pob cydwybod
        Yn ffyrdd ei gyfraith nefol ef.

2   Un yw a ddichon roddi bywyd
        I bawb a'i ceisiant ar ei law,
     A'n dwyn drwy'r tywyll garw anhyfryd
        I'r gwynfyd nefol yn ddi-fraw.
     O! rhodiwn ffyrdd ei air diffuant
        Tra pery'n taith drwy'r fuchedd hon;
     Un yw a'n gesyd mewn gogoniant
        A gwir orfoledd ger ei fron.

3   I'r unig ddoeth, y mawr anfeidrol,
            Yr unig Dduw sydd yn y nef;
        Boed pob anrhydedd yn wastadol,
            Nid mawredd ond ei fawredd ef.
        Ufudd-dod i'w orchymyn beunydd,
            Boed parod ym mhob calon glau;
        Boed iddo'n Duw, boed yn dragywydd,
            Bob clod a mawl byth i barhau.

Ffynhonnell
Salm CLXXXVIII, NLW 21338A, tt. 59–60.
Darlleniadau'r testun
1.3 cwympo'n swrth. 2.2 ai haeddant.

176
Rhagymraith y Cristion yn troi oddi wrth y byd.
Ymroddi'n aelod eglwys

1   Gan ymddarbennu byw'n fwy doeth
            A throi o'm annoeth fuchedd,
        Fy Nêr! dymunwn ymwellhau,
            Drwy rodio llwybrau rhinwedd;
        Ymdrefnu'r wyf na reto 'mryd
            Ar hyn o fyd a'i wagedd;
        Drwy bydiau'm holl amcanion i,
            Duw, dod i mi'th amgeledd.

2   Dymunwn fod ymhlith dy saint,
            Dod hyn yn fraint i'm enaid;
        Ond cael fy nghyfran gyda hwy
            Ni welwn fwy'n anghenraid;
        Gan adael pob diddanwch gau
            Sy'n llwybrau pechaduriaid,
        Bwyf yn dy nawdd, a boed i mi
            Fod gyda thi'n ddiymbaid.

3 Pâr im gasáu pob chwantau ffôl,
   Gan rodio'n ôl cyfiawnder,
   Yn dy wasanaeth sy'n ddi-dwyll
   Ac eitha' pwyll a phryder;
   Boed cariad ynof at bob dyn
   Yn diffodd gwŷn a balchder;
   Yn ffyrdd dy 'wyllys, boed i mi
   Dy ddilyn di bob amser.

4 Gan ado'r byd ymhell ar ôl
   A threfnau ffôl ei wagedd,
   Bwyf, mal a'm traed ar nefol dir,
   Yn ffyrdd y gwir dangnefedd;
   Yn arail iawnder drwy'm holl daith,
   Yn caru gwaith tangnefedd,
   Ac i'th lawenydd, nefol Naf,
   Y deuaf yn y diwedd.

Ffynhonnell
Salm 137, *Salmau yr Eglwys yn yr Anialwch*, cyfrol 1 (Merthyr Tydfil, 1812),
tt. 128–9.

177
Dial Duw ar wrthgilwyr. 'A'r union a aeth yn fras, ac a wingodd'
(Deuteronomium 32:15). Torri aelod allan o'r gynulleidfa, neu geryddu
gwrthgiliwr. Gollwng ymaith gweinidog daeargar

1 Yr hwn a gaid yn uniawn gynt
   Yn helynt hardd ei fuchedd,
   Aeth hwnnw'n fras, a'i flysgar wŷn
   Yn erbyn pob gwirionedd.

2 Gan wingo'n erbyn Iôr y nef,
   A'i adael ef o'i wrthol;
   Mae'n diystyru'r Duw a'i gwnaeth,
   A'r iechydwriaeth nefol.

3 A'i galon at bob drwg yn troi,
   Mae'n llwyr ymloi'n ei falchder,
   Ei law'n gelfyddgar ac yn faith,
   Yn gweithio gwaith creulonder.

4   Ei drawster ar y truan llwm
     I'r eitha'n drwm ddisgynnodd,
     A deddfau'r hollalluog mawr
     Yn llwch y llawr y sarnodd.

5   Ar hwn mae Barn yn tynnu'r cledd
     Yn drwm ddialedd arno,
     Cydwybod hwn a ddeffry'n fyw
     Dan deimlo'i Dduw'n ei daro.

6   O! gweled ef ei fod yn ddall
     A'i anferth wall annedwydd;
     Y byd o'i gylch a'r modd y mae
     Ar geulan gwae tragywydd.

7   Dychweled ef mewn pryd yn ôl
     O ffyrdd ei ffôl ymarwedd;
     Edifarhaed, a dilys yw,
     Caiff gan ei Dduw drugaredd.

Ffynhonnell
Salm CCCCXLVI, NLW 21341A, tt. 62–3.

Darlleniadau'r testun
4.2 a syrthiodd. 5.1 Duw'n dynoethi'r cledd. 6.3 a'r man lle mae.

178
Arall (Deuteronomium 32). Ceryddu gwrthgiliwr daeargar. Dirywiad

1   Bu gynt wirionedd yn ein plith
     Heb ragrith ar ei wyneb,
     A rhai'n ymofyn yn ein tir
     Am Dduw a'i wir ddoethineb.

2   Ond gwelir yr anwiredd mawr
     A'i rwysg yn awr yn uchel;
     Blys, gwŷn a balchder, gresyn yw,
     Yn erbyn Duw â'u rhyfel.

3   Addoli'r byd maent ym mhob man,
     Eu hamcan a'u dihewyd
     Yw cael, gan ymgrafangu'n dynn,
     Eu nef yn hyn o fywyd.

4   'Ymgyrchu'r wyf', medd y Duw gwyn,
         'Yn erbyn a'm gadawant,
         Gan hogi'n llym fy nisglair gledd,
         A bwyd i'r bedd y byddant.

5   'Ni chair fy llaw'n eu harbed mwy,
         Syrth arnynt hwy fy nial;
         Diflannu'n ddim o'm blaen a wnânt,
         A neb ni chânt i'm atal.'

6   Fal hyn y bygwth y Duw mawr,
         O'i flaen i'r llawr ymgrymwn;
         Nac oedwn hyd y bo'n rhy hwyr
         Ond ato'n llwyr dychwelwn.

7   Trown ato, trown oddi wrth y drwg,
         A'n golwg ar gyfiawnder;
         Fe'n derbyn yn faddeugar iawn,
         Fal Tad yn llawn tirionder.

8   Os troi ni wnawn o ffyrdd y byd
         I lwybrau bywyd newydd,
         Pan fo'n rhy hwyr cawn weled oll
         Pa faint ein coll tragywydd.

Ffynhonnell
Salm CCCCXLVII, NLW 21341A, tt. 63–4.

Darlleniadau'r testun
1.3 rhai'n ymddarbod. 2.2 Ai ben. 2.4 mewn rhyfel. 4.2 am dirmygant.
6.1 y llefair. 7.4 Mae'n Dâd yn. 8.1 oddiwrth y byd. 8.3 Mewn amser byrr
ni fyddwn oll. 8.4 Ym mhydew'r coll; yng ngwaelod.

179
Digon yw Duw yn erbyn pob gelyniaeth (*Cwrdd Blynyddol*)

1   Boed ein gelynion mewn rhifedi
               Myrddiynau'n fwy na gwlith y wawr,
           Cawn nerth o'r nef ddigonedd inni
               Yn erbyn eu ffyrnigrwydd mawr.
           Ni waeth pa rif y llu gwrthwyneb
               A fo'n ein herbyn braich a bryd,
           Milwriwn dros y gwir ddoethineb,
               Fe lwydd ei achos drwy'r holl fyd.

2   O'n plaid mae Duw, Duw inni'n ddigon,
               Dim yn ei erbyn yw pob gwŷn,
           Yn ddim diweddant pob dichellion,
               Hunangar bwyll daearol ddyn;
           Gan fod yn ffyddlon i'r gwirionedd,
               Yn erbyn llid bydoldeb gau,
           Try pob dioddefaint yn orfoledd,
               I feibion Duw, byth i barhau.

Ffynhonnell
Salm 58, NLW 10343A, f. 22b.

Darlleniadau'r testun
2.8 Yn wynfyd pur.

180
Golwg ar ddydd gwirionedd. Cyfarfod blynyddol

1   Dydd sy'n ymddangos yn ei wawr
       Adferiad y gwirionedd mawr;
       Dydd yn gwasgaru caddug twyll,
       Goleuni'r nef i ddynol bwyll.

2   Yn llewyrch hwn llwyr amlwg yw,
       Nid oes ond un anfeidrol Dduw;
       Tad mawr cariadlawn yn y nef
       I'r doethion a'i canlynant ef.

3   Rhydd inni'r fraint ei alw yn Dad,
       Mae'n drenllif ei drugaredd rhad;
       Pob da, pob iawn dros fyth a dardd
       O'i gariad a'i lywodraeth hardd.

4   Ar holl iawnderau'r nefol Ri
       Boed gwresog ein serchiadau ni;
       Drwy anfeidroldeb taith ei wawl
       Treigledig fyth boed cân ei fawl.

Ffynhonnell
Salm 51, *Salmau yr Eglwys yn yr Anialwch*, cyfrol 1 (Merthyr Tydfil, 1812),
tt. 50–1.

181
Yng nghwrdd blynyddol y Dwyfundodiaid

1   Tra bôm yn tystio'n erbyn trais
      Gan ymgais â daioni
    Mae dilyn brisg Tywysog Hedd
      Yn wir orfoledd inni:
    Yn geraint awn at ddynol-ryw
    Yn dystion cywir dros ein Duw.

2   Dros Iesu Grist rhown i'r holl fyd
      Wybodau'r bywyd nefol;
    Cyhoeddwn i bob enaid byw
      Fawreddau'r Duw tragwyddol.
    Yr unig Dduw a'i undod ef
    Yw sail cyfiawnder teyrnas nef.

3   Daeth Iesu Grist a chydag ef
      Oleuni'r nef i'n tywys
    I bwyll cyfiawnder lle cawn fyw
      Dan ddeddfau Duw a'i 'wyllys:
    Awn a chyhoeddwn ym mhob iaith
    Y newydd da drwy'r ddaear faith.

4   Nid gwir ond gair ei addysg ef,
      Barn teyrnas nef ei lafar;
    Tangnefedd pur, brawdoldeb llon
      I ddynion yr holl ddaear.
    Cyflawnder gobaith dynol-ryw
    Yn gadarn yn nhrugaredd Duw.

5   Caner dros fyth ei foliant ef,
      Corau'r oll nef a'i canant;
    Bid mawl tragywydd o bob min
      I frenin y gogoniant;
    Gorfoledd tragwyddoldeb yw
    Gogoniant y goruchel Dduw.

Ffynhonnell
Salm XLIX, NLW 10341A, t. 39.
Darlleniadau'r testun
5.1 Can dros.

182
Cyfarfod blynyddol – misol – cymundeb – &c.

1   Gan ymwroli'n y gwirionedd
        Ac arno'n ddwys yn rhoddi'n bryd,
      Er llid gelynion ein tangnefedd
        Ni saif o'n blaen holl rwysg y byd;
      Y gwir a'n cynnail ym mhob caled,
        Yng nghanol pob cyfrysedd certh,
      Pob man, pob awr i'n cyflawn wared,
        Mae'r hollalluog yn ei nerth.

2   Boed ynddo'n cred, a'r pyd a dderfydd,
        Ofnau fal niwl diflannant oll;
      Llu'r drwg o flaen y gwir tragywydd
        Ânt, cyn bo hir dros fyth ar goll.
      Fal môr amdanom a'i holl donnau,
        Mae ymchwydd y bydoldeb ffôl;
      Awel o'r nef, gair Duw o'i enau,
        O lwybrau'n pwyll a'i gyr yn ôl.

3   Dan holl gysgodau'r angau erchyll
        Mae plant y gwir yn fynych iawn,
      Ond gyda Duw maent yno'n sefyll
        Yn arfog â phob nefol ddawn;
      Ar graig ni syrth mewn gwir oleuni,
        Tywyllwch nos ni welant fwy,
      Yn nhragwyddoldeb gwir ddaioni
        Yn nheyrnas nef byth byddant hwy.

Ffynhonnell
Salm XCVII, NLW 10341A, t. 78.
Darlleniadau'r testun
3.7 pob daioni.

183
Dioddef dros y gwir. Cymanfa'r Dwyfundodiaid

1   Ti sydd dan wres y cystudd mawr
     Yn ddirfawr dy ddioddefaint,
     Dan wg y byd am gredu'r gwir,
     Dan enllib dir digofaint;
     Tra'r ydwyt dros yr uchel Nêr
     Yn profi llawer amraint,
     Mawr wyt gerbron y nefol Gun,
     A'th enw yn un o'i geraint.

2   Fal hyn o'th flaen aeth Iesu Grist,
     Bu'n athrist oll o'i fywyd;
     Er hyn llafuriodd y Mab Rhad
     Yng ngwaith ei Dad yn ddiwyd;
     Fal hynny gyda'r blaenor mawr,
     Bydd di bob awr ac ennyd,
     A chydag ef dy ran a fydd
     Yn y tragywydd wynfyd.

3   Dros wirioneddau'n Tad o'r nef,
     Da dygodd ef dystiolaeth;
     Dros hynny'n wrol ar y groes
     Dioddefodd loes marwolaeth;
     Er cael ein herlid am y gwir,
     Gan eitha' dir elyniaeth,
     Yn nheyrnas nef ein rhan a gawn
     A'i chyfiawn oruchafiaeth.

Ffynhonnell
Salm CCCC, NLW 21341A, t. 11.

Darlleniadau'r testun
1.4 enllib hir ddigofaint.

184
Gwynfydigrwydd serchiadau crefyddol (Gwledd cariad)

1   Gan sylwi'r anghyfiawnder sydd,
Pob creulonderau'n rhodio'n rhydd,
Balchderau bywyd yn ein plith,
Amleddau'r wawr yn rhif ei gwlith;
Da iawn fy mod, nawdd cadarn yw,
Lle'r ydwyf yng nghynteddau Duw,
Gwir foethau'r gwynfyd yw fy ngwledd,
Cyflawnder a nefoldeb hedd.

2   Cyflawnder hedd! Gair hyfryd yw,
Dawn pennaf y cariadlawn Dduw;
Yn hinon hardd ei awyr ef
Wyf yn nhawelwch teyrnas nef,
Ac yn mwynhau gwynfydig fraint
Cyfundeb nefol teulu'r saint;
Daear a nef i'n henaid llon
Yn ymnewyddu ger fy mron.

Ffynhonnell
Salm CLXII, NLW 10341A, t. 131.
Darlleniadau'r testun
2.7 golwg llonn.

185
Addoliad Cymdeithas Beiblau

1   Mae dydd ar ddyfod, y mae'n awr
     Ei seren yn darogan gwawr;
     Prif liwiau'r gwir ar fyr a fydd
     Mor amlwg â goleuni'r dydd.

2   Derfydd amheuon ymbwyll trist,
     Teimlir y gwir yn Iesu Grist;
     Gwelir mai prin ei rodiad ef,
     Yw unig lwybrau teyrnas nef.

3   Gwelir ein byd yn hardd ei wedd
     Yng ngwisg iawnderau teyrnas hedd;
     Ffrwd gwirioneddau'r dwyfol Dad
     Yn llif ar lif o wlad i wlad.

4   O! deued, wynfydedig awr,
     I 'wyllys nefol y Duw mawr,
     I ddeddfau'r hollalluog Ri
     Lwyr ynnill ein holl daear ni.

5   Tyr allan yr arwyrain fawr
     Yn ail-ganiadau sêr y wawr,
     Holl arwest nefol dynol-ryw
     Yn floedd gorfoledd meibion Duw.

Ffynhonnell
Salm 53, NLW 10343A, f. 20b.
Darlleniadau'r testun
3.3 Ffrwd cyfiawnderau'r. 4.1 O dawed, gwynfydig.

186
Yng nghwrdd Cymdeithas Beiblau

1   Gwirionedd ar ei daith yn awr
Sy'n rhedeg dros y ddaear fawr;
Aed ar ei ôl holl deulu'r saint
A'u mawl i'r wynfydedig fraint;
Goleuni'n llwybrau dynol-ryw,
Gwawr dydd ein gwaredigaeth yw,
Ac addas ar bob addas bod
I'n Duw'r gogoniant a'r holl glod.

2   Angel goleuni gwelir ef
Ar adain fal i lawr o'r nef;
Cenhadwr hedd i ddynol-ryw,
Rhagweinydd ein gorfoledd yw;
Gan hedeg drwy'r uchelder maith,
Newyddion da rhydd i bob iaith;
Llaferydd Duw'n goruchel Dad
Yn iaith tangnefedd i bob gwlad.

3   Am hyn, O! wynfydedig awr,
Boed uchel ein gorfoledd mawr;
Ti'r unig hollalluog Fod,
Ti'n Tad a'n Duw sy'n haeddu'r clod.
Boed iti'r gân, boed mawl i ti,
Yn llanw ein holl drigfannau ni,
Ac aed gan holl efnynnau'r gwawl,
Drwy'th dragwyddoldeb iti'n fawl.

Ffynhonnell
Salm 42, NLW 21350A, t. 38.
Darlleniadau'r testun
2.1 gweler ef.

187
Cân Simeon.
Ar sefydliad Cymdeithas y Dwyfundodiaid yn y Gelli-gron (*1802*)

1   Gad imi'n awr, O! f'Arglwydd hael,
     Ymadael mewn tangnefedd;
     Gwrandewaist gŵyn fy nghalon gaeth,
     Yn helaeth dy drugaredd.

2   Rhoist had gwirionedd yn ein tir,
     Bu'n llef yn hir amdano;
     Boed mawr ei lwyddiant yn ein plith,
     Boed fawr dy fendith arno.

3   Hardd olwg rhoist, o nefol Dad,
     Ar waith dy fad ragluniaeth,
     Yn lliwiau'r nef rhoist ger ein bron
     Dy dirion iechydwriaeth.

4   Mae dydd dy gariad yn ei wawr,
     Dydd haf dy fawr ddaioni;
     Cwyd haul cyfiawnder ar ein tir
     Yn des y gwir oleuni.

5   Ffordd flodau dy dangnefedd di
     Fydd bellach inni'n 'ysbys;
     Cawn rodio'n hon, boed iti'r mawl,
     Yn ôl dy nefawl 'wyllys.

6   Cawn gân gorfoledd drwy'r holl fyd,
     Yn llafar, hyfryd inni;
     Boed y gogoniant, yr holl glod,
     Ar gân ddiddarfod iti.

Ffynhonnell
Salm CCCCLXVII, NLW 21341A, tt. 95–6.
Darlleniadau'r testun
1.1 Rhoist immi'n. 2.3 ei gynnyrch. 2.4 Boed law.

188
Hollymleoldeb Duw. Agor Tŷ Cwrdd, neu gorffoli cymdeithas grefyddol

1   Anheddwr tragwyddoldeb,
            Y mawr anfeidrol Dad
            Sy'n llenwi'r holl fodoldeb
            Â thrugareddau'n rhad,
            Rwyt ti 'mhob man, a'th orsedd,
            Yn amlwg yn dy waith,
            Ymdemlu mae dy fawredd
            Drwy'r holl ehangder maith.

2   Ni thrigi'n fod neilltuol
            Dan ryw feidroldeb gwael;
            Nid tŷ gwaith dwylo dynol
            Yw'r man lle mae dy gael;
            Er hynny'n hawdd dy ganfod,
            Wyt fyth yn agos iawn,
            Yn nheimlad pob cydwybod,
            Yng ngair dy ddwyfol ddawn.

3   Duw, ynot mae'r holl fydoedd,
            Bodolion o bob rhyw,
            Yn drefnus yn eu lleoedd,
            Yn symud, bod a byw;
            Drwy oll, gan oll, yn hywydd,
            Boed iti'th gyfiawn hawl;
            Ufudd-dod yn dragywydd,
            Gogoniant, clod a mawl.

Ffynhonnell
Salm 157, *Salmau yr Eglwys yn yr Anialwch*, cyfrol 1 (Merthyr Tydfil, 1812),
tt. 149–50.

189

Hollymleoldeb Duw – Agor Tŷ Cwrdd,
a choffâd blynyddawl neu achlysurol – Corffoli Eglwys

1   Duw'r anfeidroldeb, gwêl y man
Lle saif o'th flaen yr enaid gwan,
Lle'n gweli'n ymfrawdoli'n awr
Er gwrando dy wirionedd mawr;
Lle bach a wnaethom, fal a'n gwedd,
I ti'n Tad mawr, yn aberth hedd.

2   Nid dan derfynau'n muriau ni
Mae trigfa'th anfeidroldeb di;
Rwyt ti'n ymdemlu'n oll o'th waith
Drwy gyrrau'r holl ehangder maith;
Nef inni fyth! Boed hyn ein cân,
Mae'th annedd ym mhob calon lân.

3   Gwaith dwylaw dyn yw'r babell hon,
Gwael iawn, am hynny, ger dy fron;
Er hyn, O! Dad, mae'n gobaith ni
Cael yma dy gymdeithas di,
A'th gael, yng ngair dy ddwyfol ddawn
I'r un a'th gais yn agos iawn.

4   O'r babell hon drwy gyrrau'n tir
Aed allan sain dy nefol wir;
Cân iechydwriaeth, yn dy wawl,
Boed yma'n bêr, ac iti'n fawl;
Yn gân o'r nef i'r galon drist,
Llais mab dy gariad, Iesu Grist.

5   Pob ymgais wan o'n heiddo ni
Fo'n ôl dy 'wyllys nefol di,
Dir ym mhob peth ei llwyddiant llawn,
Mae'th fraich yn gyfnerth i bob iawn,
A ffynnu dan dy nawdd a wna
Bob amcan fo'n dymuno'n dda.

6   Dy fawl yn gân gorfoledd maith,
           Boed ar bob tafod, gan bob iaith;
           Yng nghân dy foliant boed ynglŷn
           Holl nerth, holl gais, holl galon dyn;
           Ein Tad, ein Duw, 'r anfeidrol Fod,
           Byth yn ddi-dranc boed iti'r clod.

Ffynhonnell
Salm 159, *Salmau yr Eglwys yn yr Anialwch*, cyfrol 1 (Merthyr Tydfil, 1812), tt. 151–2.

190
Agor Tŷ Cwrdd, a golychwyd Beirdd Ynys Prydain (Actau 7:48)

1   Nid mewn tŷ gwael, gwaith dwylo dynol,
           Y trig yr anweledig Dduw;
           Nid ym mychander temlau bydol
           Y mae'r anfeidrol mawr yn byw;
           Ein Duw sy'n llanw yr holl fodoldeb,
           Rhy fach i'w gynnwys yw'r holl nef;
           Un yw'n anheddu tragwyddoldeb,
           Tragywydd boed ei foliant ef.

2   Pa ddyn erioed ni chwiliodd allan?
           Pwy 'mhlith angylion penna'r nef?
           Pell iawn uwchlaw pob meidrol amcan,
           Y mawr goruchel ydyw ef.
           Ni all un llygad cnawd ei weled,
           Fyth edrych arnaw ef a byw;
           Na deall angel fyth amgyffred
           Bodoldeb yr anfeidrol Dduw.

3   Er hyn i gyd ym mhob cydwybod
           Fo'n aros yn ei 'wyllys ef,
           Hawdd cael ei deimlaw a'i adnabod,
           Yn brawf ar wynfyd mawr y nef.
           O! rhodiwn yn ei bur oleuni,
           Tra pery'n taith drwy'r fuchedd hon,
           Ac yn ei deyrnas dilys inni
           Cawn fyw'n dragywydd ger ei fron.

Ffynhonnell
Salm CCLXXVIII, NLW 21339A, tt. 62–3.

Darlleniadau'r testun
1.7 Mae e'n anneddu. 2.3 Ymhell. 2.4 y mae ef. 3.2 Fo'n ufudd dan ei wyllys ef; Fo'n aros yn ei gariad ef.

191
Blynyddgof rhyddhad y Dwyfundodiaid
o Gaethiwed cydwybod y Gwrthundodiaid

1   Mae crefydd fydol yn bur dwyll,
       A'i sail ar amhwyll geufarn;
       Yn erbyn Duw mae'n hogi'r cledd
       Dan amryfusedd cadarn.

2   Dan hon yn sarn, amseroedd hir
       Bu'r nefol wir yn gorwedd,
       A than ei harfau dynol-ryw
       Yn erbyn Duw'r tangnefedd.

3   Yn ei gydwybod ni châi neb
       Gerbron ei hwyneb sefyll;
       Y byd, o'i herwydd, ym mhob gau
       Dan gysgod angau'n dywyll.

4   Nid rhydd o'i bodd i enaid byw
       I enau Duw lefaru;
       Sôn am wirionedd, neb ni châi,
       Nag am a fai'n ei garu.

5   Fe ddarfu'r trais, mae'n traed yn rhydd,
       Ar gynnydd mae'r goleuni;
       Yn awr mae Duw'n dadweinio'r cledd
       Yn fawr orfoledd inni.

6   Ein Duw'n ei nerth, fe ddaeth y dydd,
       A gwenydd bloedd gogoniant,
       Ymunwn â chaniadau'r nef
       Yn fywlef yn ei foliant!

Ffynhonnell
Salm XXXV, NLW 10341A, tt. 27–8.

Darlleniadau'r testun
1.2 yw amhwyll. 3.1 Ar ei gydwybod. 3.2 O flaen ei hwyneb. 5.4 Er mawr.

192
Efelychiad o John Disney

1   Cais ddeffroi, f'enaid, gwêl y llu,
Gelynion tanbaid ar bob tu;
O gysgu'n hwy, boed iti'n ddir,
Colledig fyddi cyn bo hir.

2   Myrddiynau pechod ym mhob man,
Gwybydd beth wyd, a pha mor wan;
Diddanwch bydol, mawr ei dwyll,
Yn bwrw ei lwch yn llygaid pwyll.

3   Gwêl ystryw balchder mawr ei wŷn,
Tra chyfrwys yw'n bachellu dyn;
Er dadlau trachwant croch ei lef
Na ddyro glust i'w ddichell ef.

4   Gwylia'n ofalus ar dy fryd,
Rhag arfoll serch ar bethau'r byd;
Eithafoedd twyll i gyd o'u bron
Yn darfod gyda'r fuchedd hon.

5   Gelynion yn ein cylch a gawn
Yn maglu'n ffyrdd ble benna'r awn;
Pechodau'n frwysg, a'u lleng ynglŷn,
A holl drafodau meddwl dyn.

6   Am waredigaeth rhagddynt oll,
Am nerth a'm ceidw o lwybrau coll,
Awn at ein Duw, y Tad o'r nef
A'i dyrydd i'w ffyddloniaid ef.

Ffynhonnell
Salm CXXXVII, NLW 10341A, tt. 114–15.
Darlleniadau'r testun
5.2 Yn rhwydo'n ffyrdd.

Mydryddu Adnodau o'r Ysgrythur

193
Amos 9:11; Sechareia 2:10

1   Boed, Eglwys Duw, boed cân gorfoledd
    O fewn i'th furiau gwynion di;
    Y nefol mawr, mae ar ei orsedd,
    Yr unig Dduw'n goruchaf Ri.
    Trigfannu'n ei gyfiawnder ynod,
    Yn wir benadur y mae ef,
    A'th fraint yn fawr, wyt yn ei wyddfod,
    Yng ngwynfydigrwydd teyrnas nef.

2   Er bod dy gaerau'n adfeiliedig
    Gan ymgyrch difrod gelyn certh,
    Ailgodi maent dan law clodedig
    Dy brif adeilydd mawr ei nerth.
    Mae moliant heddwch dy gynteddau
    A holl ganiadau'r ddaear hon,
    A'th ogoneddus uchelderau
    I Dduw'n aneddfa ger dy fron.

3   Gwêl wawr yn torri, dydd gwirionedd,
    Gan aurgoroni'r bryniau draw;
    Dydd i ti'n ddydd a dydd gorfoledd,
    Dydd gwynfyd ac, ar fyr y daw;
    Dydd geni nef a daear newydd,
    Dim dagrau mwyach, neb yn drist,
    Dydd y tangnefedd sy'n dragywydd,
    Dydd hinon teyrnas Duw a'i Grist.

Ffynhonnell
Salm CXIV, NLW 10341A, t. 94.

Darlleniadau'r testun
1.1 boed yn orfoledd. 3.7 Dydd heb ei ail, dydd byw'n dragywydd.

194
Deuteronomium 29:29

1   Pell uwchlaw deall meidrol yw
     Dirgelion y goruchel Dduw;
     Dysg y byd hwn i gyd yn dwyll
     Yn nwylaw gweinion dynol bwyll,
     Lle ni all angel penna'r nef
     Amgyffred ei fodoldeb ef.

2   Pam y mae amryfusedd dyn
     Gan ymryfygu'n fawr ei wŷn,
     Yn bwrw y gwêl ei olwg ef
     Drwy holl ddirgelion teyrnas nef,
     Y gwêl ei ddeall, gwanna' yw,
     Eithafoedd ymbwyll meddwl Duw.

3   Mae pob gwirionedd sydd ynglŷn
     Â llawnder iechydwriaeth dyn
     Yn ddatguddiedig yn ein mysg,
     Llafar ein Duw'n gweinyddu dysg,
     Goleuni pur o'r nef gerbron
     Holl genedlaethau'r ddaear hon.

4   Dyma'r wybodaeth sy'n ddi-dwyll,
     Rheol cydwybod athraw pwyll,
     Deddfau'r gwir Dduw'n llawn golau'r dydd,
     Holl angenrheidiau purdeb ffydd,
     O'u deall ac o'u cadw yn iawn
     Bodd ein Tad mawr dros fyth a gawn.

Ffynhonnell
Salm CXXVIII, NLW 10341A, t. 106.

Darlleniadau'r testun
2.2 boeth ei wyn. 2.3 traidd ei olwg ef. 2.4 Holl drefnau doethion teyrnas
nef. 2.5 pa beth yw.

195
Salm 23

1   Mae'r Bugail Da 'r hyd ambor cain
     Yn arwain ei ddiadell,
     A rhag y blaidd eu cadw ynghyd
     O fewn ei hyfryd babell.

2   Fy Nuw fal hyn a'm arwain i
     O'i fawr ddaioni dwyfol
     I frastir pwyll, i ddoldir hedd,
     I wir amgeledd nefol.

3   Prif lwybrau pwyll, iawn ffyrdd fy nghred
     Mae yn agored imi;
     Mae 'ngherdded ar flodeuog dir
     Ac yn y gwir oleuni.

4   Drwy'r tywyll du, pei 'nhaith yn bo[d]
     Yn nyffryn cysgod angau;
     Myrddiynau pyd o'm cylch yn gr[wn],
     Mi rodiwn yn ddiofnau.

5   Rhyfedd, tra rhyfedd, y Duw mau,
     Yw'r rhagluniaethau cannaid,
     Mae'n beunydd yn arlwyo gwledd
     A mwyniant hedd i'm enaid.

6   Am hynny fy Nuw, boed iti'r clod,
     Diddarfod iti'r moliant,
     A holl egnïau calon lân
     Byth iti'n gân gogoniant.

Ffynhonnell
Salm 3, NLW 10343A, ff. 1b–2a.

Darlleniadau'r testun
3.1 a ffyrdd fy nghred.   4.4 Mi fyddwn.

196
O Salm 127:1

1   Lle na bo Duw'n warcheidwad arnom
        Aflwyddiant ym mhob peth a gawn;
        Ymrown i'n gorchwyl fal y mynnom,
        Bydd yr holl waith yn ofer iawn;
        Tŷ ar y tywod yw'r adeilad
        A godir gan ein rhyfyg mawr;
        Y llif a'i tyr, a gwynt anynad
        A'i chwâl yn un â llwch y llawr.

2   Rhy ddall yw dyn, rhy wan ei ymbwyll,
        I ddeall trefnau'r Tad o'r nef,
        Y Tâd a'n câr, ymrown yn ddidwyll,
        I orffwys ar ei gariad ef;
        Er dwyn i ben daearol amcan,
        Dim yw galluoedd dynol-ryw;
        Gwêl, ddyn, dy wall a gad y cyfan
        I 'wyllys a doethineb Duw.

Ffynhonnell
Salm XXVI, NLW 21351A, t. 20.

197
Job 38

1 Dywed, O! ddyn, ble'r oeddit ti
 Cyn geni nef a daear,
Cyn torri'r wawr a glywai'r sêr
 Yn canu'n bêr eu llafar?

2 Cyn bloedd gorfoledd meibion Duw
 I'r bod a'r byw'n enynnu,
Pob ymod yn ei briod waith
 Ar gyrch ei daith yn gwenu.

3 Y pryd nad oedd o ddynol-ryw
 Un enaid byw'n ei hanfod,
Ble'r oeddit, bridd ein daear ni?
 Pa beth wyt ti'n ei wybod?

4 Dim yw'th wybodaeth! Dos yn awr
 I lwch y llawr i 'mguddio;
Pell uwchlaw'th bwyll yw'r nefol Iôn,
 Gad ei ddirgelion iddo.

5 Yn arfaeth Duw'n goruchel Dad
 Ym mynwes cariad nefol,
Un oeddit ymhlith egin tardd
 Bodoldeb hardd anfeidrol.

6 Yn un o deulu tirion Dad,
 Duw mawr ei gariad inni,
Duw sy'n ei drefnau'n rhyfedd iawn,
 I'r eitha'n llawn daioni.

7 Mae'n ei weithredoedd, ger ein bron,
 Gwir ddoethion a'i canfyddant;
Byw ynddo'r ydym, byw a bod,
 Byth iddo'n clod a'n moliant.

Ffynhonnell
LXXIX. Salm, NLW 21348A, tt. 65–6.

Darlleniadau'r testun
1.3 Cyn torriad gwawr. 3.2 mewn hanfod.

Angladdau

198
Angladd (*Datguddiad 14:13*)

1   A fônt yn marw yn Iesu Grist,
Byth mwy ni welant yr awr drist;
Gorffwys o'u llafur y maent hwy
A blinder cnawd ni phrofant fwy.

2   Buont yn ddiwyd yn eu byw
Yn weithredydd dan eu Duw;
Dan wres y dydd a llawer dir
Yn ymlafurio dros y gwir.

3   Codant ar fyr o lwch y bedd,
Duw a'u cyferfydd yn llawn hedd;
Duw mawr eu cred yn Dad a ddaw
A'u gobrau nefol yn ei law.

4   Y cyfiawn gwâr, atgyfyd ef
I fyw dros fyth yn nheyrnas nef,
Ac yn ei ganlyn gwêl ei waith
Yn harddu'r tragwyddoldeb maith.

Ffynhonnell
Salm CVII, NLW 10341A, tt. 86–7.
Darlleniadau'r testun
2.4 mhlaid y gwir.

199
Salm Angladd

1   Holl gylch ein bywyd, pa beth yw
      Ond gwaegylch trallod o bob rhyw?
      Ffordd erwin iawn, a'r pydiau'n faith
      A phwll y bedd yw pen y daith.

2   Mae gwendid a dallineb dyn
      A'r bywyd hwn bob awr ynglŷn;
      Gwageddau'r byd a'i ceidw ymhell
      O'r cyflwr sy fyrddiynau'n well.

3   Moliannwn gariad y Duw mawr
      Am iddo ragluniaethu'r awr
      A'n dwg yn iach o'r fuchedd hon
      I fywyd nefol ger ei fron.

4   Ond cofiwn ac ystyriwn hyn,
      A bydded inni'n feddwl syn;
      A gaffont ran o'r cyfryw fraint,
      Rhaid bod eu henwau 'mhlith y saint.

5   O byddwn ddoeth a gwyliwn oll
      Rhag bod ein taith ar lwybrau coll;
      Rhag bod bydoldeb croch ei lef
      Yn denu'n traed o ffyrdd y nef.

6   Gwyn fyth ei fyd a fo mewn hedd
      Yn barod erbyn awr y bedd;
      Awr ddedwydd ei dderbyniad ef,
      I'w swydd a'i fraint yn nheyrnas nef.

Ffynhonnell
Salm X, NLW 10341A, t. 9.

Darlleniadau'r testun
3.3 o'r ddaear hon. 4.4 Rhaid cael. 6.4 A'r awr ai dwg i deyrnas nef.

200
Angladd: Y Farn Ddiweddaf

1   Dyn, cryned ef! Nid pell yw'r awr
    A'i dwg o flaen yr ynad mawr;
    A'i dwg i ateb o flaen Duw
    Am a wnaeth yma tra fu'n byw;
    Awr agor ei gydwybod ef
    Ger bron cyfiawnder brawdle'r nef.

2   Pwy'r dyn a saif, o'r ddaear hon,
    Ein barnwr cyfiawn ger dy fron?
    Pwy, on'd a roes yn ddoeth ei fryd
    Ar fyw'n dy ddeddfau'n hyn o fyd?
    Saif ef yn ddyn o'n daear ni
    Gerbron dy frawdle gyfiawn di.

3   Saif ef yn uchel iawn ei fraint,
    Fe'th glyw'n ei enwi'n un o'th saint;
    Saif hwnnw'n ei gydwybod lân
    Pan welo'r bydoedd oll ar dân;
    Saif, ac fe gân ei enaid llon
    Yn llawn gorfoledd ger dy fron.

Ffynhonnell
Salm XXXVII, NLW 10341A, t. 29.
Darlleniadau'r testun
1.5 Awr dangos. 2.2 O'r barnwr.

201
Angladd (Job 17:13)

    Cyweirio gwely'n y tywyllwch
    A wneir i ninnau cyn bo hir,
    Cawn orwedd ynddo mewn llonyddwch
    Dan amgudd y dywarchen ir,
    Dan ofal Duw nes delo'r awr
    A'n cwyd i'r tragwyddoldeb mawr.

Ffynhonnell
Salm CLVI, NLW 10341A, t. 127.
Darlleniadau'r testun
1.4 Dan fantell.

202
Angladd (1)

1   A rodio'n ffyrdd ufudd-dod llon,
       Mewn hedd â Duw drwy'r fuchedd hon,
       Doeth ydyw ef, a dilys yw
       Yn un o deulu meibion Duw.

2   Dydd mawr ar fyr ei weled cawn,
       Dydd yw a ddyd bob peth yn iawn;
       Dydd yn iachâd i'r galon drist,
       Ym mraint marwolaeth Iesu Grist.

3   Iach o bob haint yn hardd ei gwedd/wedd,
       Daw'n chwaer/brawd yn ôl o bwll y bedd;
       Daw'n ceraint oll, cawn gyda nhwy
       Fyw'n ddedwydd heb ymadael mwy.

4   Mawr gysur i bob calon drist
       Yw adgyfodiad Iesu Grist.
       Ym mraint ei fuddugoliaeth ef
       Mae rhan i'r saint yn nheyrnas nef.

5   Angau, byth mwy ni'n drygir ni
       Gan flaen dy golyn marwol di;
       Dan faner wen Tywysog Hedd
       Buddugol ydym ar y bedd.

Ffynhonnell
Salm 4, NLW 10343A, ff. 2a–b.

Darlleniadau'r testun
1.2 Dan ddeddfau Duw. 2.2 Dydd mawr.

203
Angladd (2)

1   Ni welwn roddi chwaer/brawd yn awr,
Tra mynno Duw yn llwch y llawr;
Hyn yw'r dynghedfen ym mhob tir,
I blant y ddaear cyn bo hir.

2   Mae dydd i bawb yn agos iawn
Wynebu Duw'n ei farn a gawn;
Dydd dwyn cydwybod y bydd ef,
Dan farn cyfiawnder teyrnas nef.

3   Pwy'n y dydd hwn, O'r cyfiawn Dduw,
A saif o'th flaen [?y] ddynol-ryw?
Pwy ond a geir yn rhodio'n llon
Mewn gwir ufudd-dod ger dy fron.

4   Y dyn goleugar, sylwer ef,
Fo'n chwilio'n ddoeth am ffyrdd y nef;
Hardd ei weithredoedd o bob rhyw,
Yn garwr dyn, yn garwr Duw.

5   Y dyn gwir ddoeth fo'n iawn ei bwyll,
Yn filwr dewr yn erbyn twyll;
Saif hwn yn gadarn megis cawr,
Yn nydd yr atgyfodiad mawr.

Ffynhonnell
Salm 5, NLW 10343A, f. 2b.

Darlleniadau'r testun
1.2 Hyd amser Duw.   4.2 chwilio'n ddwys.   5.1 fo'n hardd ei bwyll.

204
Angladd ac atgyfodiad Iesu Grist

1   Cododd Iesu Grist o'r bedd,
Gwir fab Duw, Tywysog Hedd,
Canwn ein gorfoledd mawr,
Dim yw'r bedd! Dim angau'n awr.
Caner i bob ymbwyll trist
Buddugoliaeth Iesu Grist.

2   Bu nos hir, a gwae ni cyd,
Ei dywyllwch dros y byd;
Agor bedd yn wrthrych certh,
Angau'n frenin mawr ei nerth;
Darfu'n awr eu hofni'n drist,
Darfu'n lân drwy Iesu Grist.

3   Gwelwn y cymylau oll
Ar eu taith i waelod coll,
Nos yn troi'n oleuni byw,
Haul difachlud wyneb Duw;
Disglair byrth y nefoedd wen
Inni'n agor lled y pen.

4   Allan aed y newydd mad
Buddugoliaeth y Mab Rhad,
Tawed ofnau dynol-ryw,
Mewn gwell byd cawn eto fyw:
Lle mae diwedd bod yn drist,
Gyda'n blaenor Iesu Grist.

Ffynhonnell
Salm 49, NLW 10343A, ff. 18b–19a.

Darlleniadau'r testun
3.2 i berfedd coll; Yn diflannu'n llwyr ar goll. 4.4 I well byd cawn godi'n
fyw.

205

Gwynfyd y cyfiawn a fônt farw yn yr Arglwydd (angladd)

1   Yr un a roer yn llwch y llawr,
Hyd ddydd yr atgyfodiad mawr,
Os mawr yn dduwiol y bu ef
Mae'n gorffwys fal ym mhorth y nef;
Er cyd ei ymdaith dan ei bwn
Drwy holl dymhestloedd y byd hwn,
Rhydd o bob trallod, o bob haint,
Mae Duw'n ei rifo'n un o'i saint.

2   Uniawnder ei weithredoedd ef
Yn ysbryd ufudd plant y nef,
Dros fyth a'i dilyn ar ei daith
Drwy gylch ei wynfydigrwydd maith;
Drwy lawnder pob llawenydd clau
Byd sy'n dragywydd i barhau;
Dan gariad pur, gwir gadarn yw,
Tadoldeb yr anfeidrol Dduw.

Ffynhonnell
Salm 74, *Salmau yr Eglwys yn yr Anialwch*, cyfrol 1 (Merthyr Tydfil, 1812),
tt. 71–2.

206
*Cyflwr yr annuwiolion wedi marw – Angladd, neu glyw am farwolaeth
dyn drwg, megis brenin drwg neu'r cyfryw*

1   Lle galwo Duw'n ei gyfiawn wg,
     O'i flaen i farn yr adyn drwg;
     I dderbyn tâl am oll o'i waith,
     Drwy gydol ei ddaearol daith;
     Ystyriwn bawb pa beth a fydd
     O'r modd y treuliodd hwn ei ddydd.

2   Awr ddiwedd hwn, dychrynllyd yw,
     Yn arswyd i bob enaid byw;
     Gorfodau blin ei gyflwr ef
     Dan gosb cyfiawnder mawr y nef.
     Nid â tu mewn i'r nefol fur
     Ond a fo'n lân, i'r eitha'n bur.

3   Cânt, bechaduriaid o bob rhyw,
     Eu gyrru 'mhell o deyrnas Duw,
     A'u cadw, yn wrthodedig lu,
     Dan rwymau'n y tywyllwch du;
     Dan ofnau barn, yn flin eu llef,
     I'r eitha' 'mhell o deyrnas nef.

Ffynhonnell
Salm 76, *Salmau yr Eglwys yn yr Anialwch*, cyfrol 1 (Merthyr Tydfil, 1812),
tt. 72–3.

207
Diwedd da'r dyn cyfiawn

Pwy'r un a saif, y cyfiawn Dduw,
O flaen dy wyneb di a byw,
Pan losgo'r byd, pan syrth ar goll,
Holl fawredd dyn a'i wynfyd oll?
Saif iawn ei daith drwy'r fuchedd hon,
Saif ef yn gadarn ger dy fron,
Saif gyda thi'n y gwynfyd clau
Yn enaid byw byth i barhau.

Ffynhonnell
Salm XXI, NLW 10341A, t. 19.

Darlleniadau'r testun
1.6 Ai droed yn gadarn.

208
Claddedigaeth y marw

1 Mae miloedd 'r hyd y ddaear fawr
Yn gadael hyn o fyd bob awr;
I hwn neu arall, hyn ei ran,
Bob ergyd amrant, yn rhyw fan;
Yn heddwch Duw os marw y mae,
Mae'n dianc o bob cur a gwae,
Ac oll o'i waith a'i canlyn ef
Yn hawl ei fraint yn nheyrnas nef.

2 Gwyn fyth eu byd! Gwir cadarn yw,
Y rhai sy'n marw yng nghariad Duw;
Myned y maent i'r hyfryd wledd
Sy'n nhir y byw tu draw i'r bedd;
Gwyn fyd y cyfiawn, yno cânt
Iawn dâl gan Dduw am oll a wnânt;
Gwyn fyth eu byd! Ni phrofant hwy
Na dolur na marwolaeth mwy.

3 Tost fydd y galon dan ei phwn
Pan goller ceraint o'r byd hwn,
Ond gobaith cryf a llygad ffydd
Sy'n dangos inni'r hyfryd ddydd;
Ein ceraint cawn ar adfer oll,
Cawn, a byth mwy, nid ânt ar goll,
A gan lwyr angof pob awr drist,
Yn nidranc deyrnas Duw a'i Grist.

Ffynhonnell
Salm 78, *Salmau yr Eglwys yn yr Anialwch*, cyfrol 1 (Merthyr Tydfil, 1812),
tt. 74–5.

209
Ymadawiad y cyfiawn. Ar farwolaeth Dr Joseph Priestley
a Gilbert Wakefield . . . Marwolaeth y cyfiawn erlidiedig

1 Brawd a brofodd hir flinderau
  Sydd yn awr mewn bywyd gwell;
 O ddyffrynnoedd cysgod angau
  Mae dros fyth yn ddigon pell.
 Un oedd ef, a'i enw yn hynod,
  O ffyddloniaid Iôr y nef;
 'Nawr ar ddianc o bob trallod
  Yn y gwynfyd y mae ef.

2 Hwn yw'r cyfiawn a ddirmygwyd,
  Bu dan watwar yn ein plith;
 Iddo'n anair fe lyfelwyd
  Anwireddau rif y gwlith;
 Enllib iddo'n eitha' chwerwedd,
  Ym mhob genau'n groch ei lef,
 Dyn ni haeddai rith anrhydedd
  Fal o'i gof y bernid ef.

3 Llafur hwn a fu'n ddiystyr
  Gan a garant fodd y byd;
 Camddarluniwyd gan erlidwyr
  Ei gynghorion ef i gyd;
 Cafodd ef yn dost ei sarnu
  Am dystiolaeth dros y gwir;
 Hyn gan Dduw a gaiff ei farnu
  Yn dra chyfiawn cyn bo hir.

4 Un buddugawl mewn tangnefedd
  Ar bob gelyn yw e'n awr,
 Un yn seinio cân gorfoledd,
  Un o feibion y Duw mawr;
 Un o'r nefol etifeddion,
  Derchafedig iawn ei fraint,
 Un o deulu'r gwaredigion,
  Un â'i ran ymhlith y saint.

Ffynhonnell
A—Salm 69, *Salmau yr Eglwys yn yr Anialwch*, cyfrol 1 (Merthyr Tydfil, 1812), tt. 67–8. 11; B—NLW 21341A, tt. 14–15.

Amrywiad
2.8 Fal o'i bwyll ai barnwyd ef B.

Diwethafiaeth

210
Y byd hwn, a'r byd a ddaw

1   Mawr iawn yw'n serch, gan ddigio'n Duw,
Ar dda daearol o bob rhyw,
Gan ddisgwyl cael y nef yn grwn
Yng ngwael feddiannau'r bywyd hwn;
O lwybrau'n hud boed inni droi,
Ac i ddymuno'n well ymroi,
A boed ein dwys ymbiliau ni,
'Deued, O! Dduw, dy deyrnas di.'

2   Lle mae teyrnasoedd hyn o fyd
Yn cael y llawr o'n blaen i gyd;
Llaw Duw a'i ddial arnynt oll
I'w bwrw yn llwyr i berfedd coll;
Galarwn am eu syrthiad hwy
Am na fydd sôn amdanynt mwy;
Heb gredu mai gwirionedd yw,
Rhaid hyn cyn delo dydd ein Duw.

3   Rhaid iddynt gwympo i gyd o'u bron,
Rhaid siglo drwyddi'r ddaear hon,
Cyn torrir balchder dyn i lawr,
Ei waedgar wŷn a'i drachwant mawr;
Rhaid i dymhestloedd mawr eu nerth
Ysgubo'r byd a'i rwygo'n gerth;
Rhaid i ddydd mawr fal ffwrn o dân
Oddi wrth bob drwg ei buro'n lân.

4   Y tystion cywir dros y gwir,
Rhaid iddynt ddioddef ym mhob tir,
Am eu tystiolaeth, am eu barn,
Dan draed y byd cânt fod yn sarn.
Da gwelant hyn, mai'r cyfran yw
A drefnwyd iddynt gan eu Duw,
Am hyn ni fyddant fawr yn drist,
Cânt iawn yn nheyrnas Duw a'i Grist.

5   Rhaid goddef gwarth yn hyn o fyd,
Ymwrthod rhaid ag ef i gyd,
I'r neb a fynno ei enw yn un
O deilwng blant y nefol Gun,
Bod ym mhob gwir yn dynn o'i blaid,
Dioddef hyd angau lle bo raid,
Duw'r gwir a'i dywed, cofiant ef,
Teg fydd eu rhan yn nheyrnas nef.

6   Beth yw'r byd hwn a'i fawredd ffôl,
A'r ynfyd redwr ar ei ôl?
Beth ond rhyw ledrith oll yn dwyll,
Heb gam o'i ffyrdd yn rhodfa pwyll.
Ffown oll oddi wrtho, ffown yn glau,
Ymbwylla er ei fawr gasáu;
Cawn eitha'n bodd, na fyddwn drist,
Ym myd gwynfydig Duw a'i Grist.

7   Er dwyn y groes i'r eitha'n bwn,
Dros wir ein Duw'n y bywyd hwn;
Ni phery'n hir, nesáu mae'r awr,
A'n gweryd oll o'n cystudd mawr;
Ni fydd un galar nac un gloes,
Na byth ymhellach dwyn y groes,
Na chalon drom, na golwg drist,
Yn nheyrnas hardd ein Duw a'i Grist.

Ffynhonnell
Salm CCCIII, NLW 21339A, tt. 93–5.

Darlleniadau'r testun
1.7 Boed hyn. 4.1 Y cywir dystion. 5.3 ei fod yn un. 5.6 Hyd angau dioddef. 6.5 yn frau. 6.6 A doeth ymbwyllwn ei gashau. 7.8 Yn nheyrnas nefol Duw.

211
Gwely claf

1   Daw'r amser cyn bo hir,
      Fy nghred ddiysgog yw,
    Caf deimlo 'nhraed ar nefol dir,
      Fy lle dros fyth i fyw;
    Mewn gwynfyd pur, byth ei barhad,
    Yn nawdd tragywydd tirion Dad.

2   Cerdd arwest bêr ei llef
      A'm geilw i'r man lle mae,
    I rodio pêr gynteddau'r nef
      Ar ddianc o bob gwae:
    Deued ar frys yr hyfryd awr,
    Cyflawnder fy ngorfoledd mawr!

3   O'r ddaear hon ymhell,
      O'i phechod a'i holl gur,
    I fyd y sydd fyrddiynau'n well,
      Byd y cyfiawnder pur;
    Pob glân gydwybod yno a fydd
    Mewn gwir oleuni'n rhodio'n rhydd.

4   Gan ddioddef llawer gwae
      Drwy ddyddiau'r fuchedd hon,
    Fy mhriddlyd gorff adfeilio mae,
      Bedd parod ger fy mron.
    Mae drwyddo'm ffordd i'r byd lle mae,
    Llwyr waredigaeth o bob gwae.

5   Yn un o'r peraidd gôr
      Sy'n dy foliannu'n llon
    Caf le dros fyth, drugarog Iôr,
      I ganu ger dy fron.
    Duw mawr fy nghred a'm gobaith i,
    Cymer fi'n dirion atat ti.

Ffynhonnell
III. 3. Salm, NLW 21354A, t. 3.

Darlleniadau'r testun
4.3 Fy nghorff adfeilio mae. 5.3 fy nhirion Iôr.

212
Gadael y byd er bod gyda Duw

1   Mae holl fyfyrdod calon dyn
A'r bywyd hwn bob awr ynglŷn,
I feddwl gwan ei drachwant ef,
Cael pethau'r byd yw cael y nef;
Duw, dod i mi dy nefol bwyll
I'm gwared rhag y cyfryw dwyll.

2   Yn lle goludoedd hyn o fyd,
Sy'n llygru pob daearol fryd,
Boed oll a gaf drwy'm einioes i
Yn rhoddion dy ddoethineb di;
I'r eitha'n rhywiog yn eu tardd
O drefnau dy ragluniaeth hardd.

3   O! pâr i 'nghalon droi bob awr
At ddeddfau dy gyfiawnder mawr;
Boed cariad gwresog dan fy mron
At bob dyn byw drwy'r ddaear hon.
Digonedd golud boed i mi
Fyw'n unig yn dy 'wyllys di.

Ffynhonnell
Salm 77, *Salmau yr Eglwys yn yr Anialwch*, cyfrol 1 (Merthyr Tydfil, 1812),
tt. 73–4.

213
Gaugrefydd. Yr Anghrist

1   Mae twyll-wybodaeth yn ein tir
Yn fawr ei ormes ar bob gwir;
Yr hunan-dyb a'r hunan-gais
Yn dwyn cyfiawnder dan bob trais;
Rhagrith a balchder yn eu grym
Ym mhlaid y rhain a'u harfau'n llym,
A thrachwant yntau'n gawr o'n rhan
A'i olud bydawl ym mhob man.

2   Gwêl blant y byd, O'n dwyfawl Ri!
Am lwyr orchfygu'th deyrnas di;
Gwrthrymant hon yn fawr eu gwŷn,
A holl ddichellion calon dyn,
A chyda'r rhain yn gyfnerth rhad
Eglwysi'r gwrth-Grist ym mhob gwlad,
Saf di'n Duw mawr, saf ymhob rhaid,
A'th fraich yn gadarn fyth o'n plaid.

3   Rho di dy law i'n harwain oll
O ffyrdd y byd, o lwybrau'r coll,
Rhag llithro'n ôl, O! saf o'n rhan
Yn gyfnerth i bob enaid gwan.
Rho serch di-baid a meddwl dwys
I chwilio'th air sy'n fawr ei bwys,
Fal, dan dy nawdd, y caffom ni
Ran deiliaid yn dy deyrnas di.

Ffynhonnell
Salm LXIV, NLW 21337A, t. 115.
Darlleniadau'r testun
2.3 Gwrthladdant. 2.6 Eglwysi'r anghrist. 3.6 I wrando'th.

214
Cwymp y gwrth-Grist

1 Duw'r tragwyddoldeb mawr wyt ti,
Ein gobaith a'n cadernid ni;
Rhyfeddol ydwyt ym mhob man,
Tu hwnt i gyrch ein deall gwan.
Rwyt ti yr awr dymhestlog hon
Yn gwysio balchder ger dy fron.

2 O flaen dy farn mae'r bwystfil mawr
A'i gymhlaid certh yn syrthio i lawr,
A rhincian dannedd maent i gyd
Y trawsion mawr, gorthrymwyr byd.
A mawr yw llid y balchder gau
Fod dydd ei dranc yn agosáu.

3 Mae rhyfyg a chreulonder maith
Yn tramwy'r byd ar waedgar daith,
A thithau'n deffro'n Dad o'n plaid,
I atal rhwysg eu hanferth haid,
O ruthrau'r terfysg boed i ni
Ffoi fyth am rysgwydd atat ti.

4 Daeth awr dy ddial ar bob drwg,
Awr teimlo pwys dy ddirfawr wg;
Mae'r nos yn ffoi, mae'n doriad gwawr,
Dydd disglair dy wirionedd mawr,
Â'i lawn oleuni'n haf i gyd,
Yn haul cyfiawnder i'r holl fyd.

5 Pob gelyn syrthied ger dy fron,
Dy deyrnas nefol, deued hon,
Dy hedd, a'i gartref ymhob bryd
A'th air yn gyfraith i'r holl fyd,
A'th gariad rhyngom ym mhob rhith,
Yn wynfyd nefawl yn ein plith.

6   Gogoneddwers
           I'r mawr tragwyddol Iôr y nef,
           Rhown fawl ar gân a pheraidd lef,
           I'n llwyr amddiffyn lle bo rhaid;
           Mae nerth ei fraich bob awr o'n plaid,
           Datseinier clod yn iaith pob gwlad
           I'r Duw di-dranc, ein tirion Dad.

Ffynhonnell
Salm LXVI, NLW 21337A, tt. 117–18.

Darlleniadau'r testun
1.4 un deall; pob deall.   1.5 A thi'n yr awr.   3.2 Yn cylchu'r byd a'u
gwaedgar waith.   3.4 yr anferth haid.

215
Teyrnas Anghrist yn y byd hwn yn wrthwyneb i deyrnas Duw
(Lefiticus 25)

I: 1   Digyfrwng waith y nefol Gun
           Sy'n hawl gyffredin i bob un,
           Ond gresyn yw, ni chaiff y gwan
           Ei gyfiawn ddogned yn un man.
           Mae'r cybydd yn crafangu'n dynn
           Am fwy na'i ran, a'r traws a'i myn
           Heb gred yn Nuw, lle dywed ef
           Ni chydfydd hyn â theyrnas nef.

2   Fe roddes Duw'r tra chyfiawn Dad
           Ryw dyddyn bach i bawb yn rhad;
           O'r drin yn ddiwyd câi bob dyn
           Ei lawn ddigonedd yn ddi-bryn;
           Gorchymyn oedd ar bawb o'r saint,
           Fod hyn yn wir anedig fraint
           I ddyn dros fyth a'i epil ef
           I'w ddal dan frenin mawr y nef.

3 Ond bydol drachwant brwnt ei gais
   Yn arfog â dichellion trais
   A ddygodd ran ei wirion frawd,
   A'i dododd hyd yr eitha'n dlawd;
   Heb le dan gylch y nefoedd wen
   Lle gallai roddi pwys ei ben;
   Dim yn y byd i'w gynnal ef
   Ond llaw trugaredd Iôr y nef.

4 Mae'r difrod anferth yn parhau,
   Mae'n sail arswydus i bob gau;
   Am olud hydwyll y byd hwn,
   A'r drygau sydd amdano'n grwn,
   Am rwysg ei falchder ym mhob rhith,
   Mae gwŷn angerddol yn ein plith,
   Gan werthu am ei rodres ef
   Ein braint dros fyth yn nheyrnas nef.

5 Mae anrhaith dyn, galarus yw!
   Fal hyn yn difeddiannu Duw;
   Bydoldeb ym mhob gwlad a gawn
   Dan amryfusedd cadarn iawn;
   Mae celwydd am y byd yn grwn,
   Lle credir a mawrygir hwn,
   Heb feddwl fod ei ddifrod ef
   Yn erbyn deddfau teyrnas nef.

II: 6 Mae trwm riddfannau dynol-ryw
   Yn esgyn at y cyfiawn Dduw,
   Myrddiynau maith drwy'r ddaear hon
   A'u gwaed yn gweiddi ger ei fron;
   O! deued yn ei farn i lawr
   I ddifa'r anghyfiawnder mawr,
   I ddwyn y byd a'i bobloedd ef
   Yn un dros fyth â theyrnas nef.

7   Y deyrnas hon dros fyth a gawn,
Oll yn dangnefedd, oll yn iawn,
Ei brenin yn drugarog Dad
A ran yn deg, a rhannu'n rhad;
Holl achwyniadau dynol-ryw
Maent ger ei fron, maent yn ei glyw;
Dan iawnder ei lywodraeth ef
Ar angof ânt yn nheyrnas nef.

8   Y deyrnas hon, cyfiawnder yw,
Pur wynfydigrwydd cariad byw,
A thrwyddi wir dangnefedd oll,
Gwir olud nid â fyth ar goll;
A'i hetifeddion mawr eu braint
Yw gwynwaredig deulu'r saint:
Clyw'r unig mawr ein hymbil ni,
Deued, O! Dduw, dy deyrnas di.

Ffynhonnell
Salm CCCCXXVII, NLW 21341A, tt. 42–3.
Darlleniadau'r testun
1.2 Sy'n hawl i bawb, rhydd i bob un. 1.6 na'i hawl. 2.8 Dan gyfiawn.
5.7 Heb weled. 8.3 Mae drwyddi'n.

216
Duw'n dadymchwel teyrnas y gwrth-Grist

1   Gwelwn fal y mae dialon
     Yn fflangellu dynol-ryw,
Duw sy'n cosbi'r anneddfolion,
     Braich ei lid arswydus yw;
Bu'r ffyddloniaid yn cynghori,
     Yn rhybuddio'r annoeth fyd,
Ond i glust y mawr ddrygioni
     Ofer oedd eu gwaith i gyd.

2   Gwelwn ddiben amryfusedd,
     Dan y farn y maent yn awr;
Tâl a ddaeth yn drwm o'r diwedd,
     Am yr holl ddireidi mawr;
Bydol-fawredd sy'n ochneidio
     Ac yn teimlo galar trwch;
Mae teyrnasoedd yn adfeilio,
     Maent yn syrthio'n ddim i'r llwch.

3   Bu'r creuloniaid yn gormesu,
           Cynnal difrod o bob rhith;
        Ganddynt ni châi Duw deyrnasu
           Nac ymddangos yn ein plith;
        Eto'n enwi'n dra chableddus,
           Iôr y nef yn un o'u rhan,
        Bwrient arno'n waith echrydus,
           Oll o'u drygau ym mhob man.

4   Pwy a saif o flaen y barnwr?
           Pwy sy'n gadarn ger ei fron?
        Nid y balch a fu'n orthrymwr
           Yn anrheithio'r ddaear hon;
        Nid y rhai sy'n rhoi'n ddiatal
           Pob cyfiawnder dan eu traed;
        Maent yn awr, gan Dduw'n ei ddial,
           Oll yn gorwedd yn eu gwaed.

5   Ymddihatrwn o'n drygioni
           Ac i'r gwaith ymrown yn glau;
        Drwg i'r gwaelod, llawnoed inni,
           Mewn gwirionedd ymwellhau;
        Dial sydd o'n cylch yn agos,
           Gan felltennu'n dân o'r nef,
        Duw'r cyfiawnder sy'n ymddangos
           Yn ei farn ddychrynllyd ef.

6   Am gymeryd ato'r deyrnas,
           Gan ymwisgo'n oll o'i nerth;
        Er diddymu'r hyll gymdeithas
           A fu'n rhwygo'r byd yn gerth;
        Cyfiawn yw caniadau moliant,
           Bydded hyn ein gwaith yn awr;
        Clod a gallu, pob gogoniant,
           Byth i'r un afeidrol mawr.

Ffynhonnell
Salm CCCCXIV, NLW 21341A, tt. 27–8.

Darlleniadau'r testun
1.7 y mawr ddireidi. 2.4 holl ddrygioni. 5.3 Drwg ein buchedd. 5.6 ffrwd o'r nef.

217

Mesur newydd.

Gorfoledd y saint am gwymp cedyrn y ddaear (Datguddiad)

1   Yr un a fu'n rhyfygus
Am eistedd yng ngorseddfainc Duw,
    A gafodd gwymp arswydus,
Do! torrwyd ef o dir y byw;
    Ti'r hollalluog lywydd,
Ein Tad, ein Duw trugarog ni;
    Boed mawl i ti'n dragywydd;
A doed ar fyr dy deyrnas di.

2   Mae'r cedyrn yn ymgreinio
Dan gleddyf llym dy ddial mawr;
    Trwy'r bydoedd yn datseinio
Mae llef eu gwae'n ymchwyddo'n fawr;
    Dinistrio'r byd y buant,
Yn boeth eu gwŷn am dywallt gwaed,
    Gwirionedd Duw'r gogoniant,
A'i enw yn wasarn dan eu traed.

3   Mae barn y rhain yn agos,
Syrth oll o'u rhwysg i lwch y llawr;
    Mae dydd ein Duw'n ymddangos,
Mae'n barod yn ei nefol wawr.
    Er maint ydd ymgreulonant
Y mawr dymhestloedd yn ein gwlad,
    Yn hinon ymddiweddant,
Yn haf tragywydd ei barhad.

4   Duw'r nefoedd ymdeyrnasaist ti,
         Gan orfod ar bob gelyn certh;
         I'th orsedd fawr esgynnaist,
         Ymwisgaist â'th anfeidrol nerth;
         Melltennu drwy'r holl fydoedd
         Mae bloedd gorfoledd yn ddi-dawl;
         Eneidio'th holl weithredoedd,
         I fyw dros fyth, mae cân dy fawl.

Ffynhonnell
Salm CCCCXLVIII, NLW 21341A, tt. 64–5.

Olnod
Pennill 1: Yn 1810 difuddiwyd y pab o'i holl awdurdod a rhwysg daearol.
Pennill 2: Yn 550 ai derchafwyd ef i orsedd ddaearol, sef ai gwnaethpwyd
yn Dywysog neu'n frenin yn gystal ag yn ben yr Eglwys. Pen y 1260 flwydd
y tynnwyd i lawr o'i holl rwysg ai awdurdod.

218
Golwg ar Ddydd Barn

I: 1   O! pam mae'r drwg yn hyn o fyd
Yn cael ei rwysg llwyddiannus cyd?
Pam mae'r duwiolion ym mhob oes
Hyd yma'n gorfod dwyn y groes?

2   O! gweded ryw archangel pam
Mae meibion Duw'n cael eitha'r cam?
A phawb sy 'mhell o lwybrau'r gwir
Yn meddu'r deyrnas ym mhob tir?

3   Mae crafanc trais, mae trachwant gwael
Drwy'r byd yn achub ac yn cael,
A balchder ffrom yn sarnu'r gwan
A'r gwâr diniwed ym mhob man.

4   Medd llais o'r nef, 'Mae dydd gerllaw,
A Duw'n ei farn ar bawb a ddaw;
Dydd goleu mawr a ddengys pam
Bu'r seintiau cyd yn goddef cam.'

II: 5   Nes, nes yr awr, pob enaid byw
A saif gerbron gorseddfainc Duw,
Lle gelwir pawb, gan holi'n faith,
I gyfrif manol am eu gwaith.

6   Bydd yno'r lleng a gawsant gyd
Oll wrth ei bodd yn hyn o fyd
Yn gwrando'r utgorn croch ei lais
Yn bloeddio diwedd ar eu trais.

7   Ac yno'r beilchion oll a gawn
Yn crymu pennau'n isel iawn,
Gwaelaf o'r gwael, er cyrch eu bryd,
Trwy ddydd eu rhwysg yn hyn o fyd.

8   Chwi, gyfoethogion uchel gais,
Fu'n cynnull aur yn llwybrau trais;
Beth, medd y farn r'ych ger ei bron,
Yw gwerth eich golud yr awr hon?

9   Chwi drawsion byd, a fuoch oll
Yn diwyd rodio priffyrdd coll,
Eich dal mae barn, fe ddaeth yr awr
I lwyr ddiweddu'ch rhyfyg mawr.

10   Gwyn fyd y cyfiawn, cânt bob un
Fod ar ddeheulaw'r nefawl Gun;
Ar ddianc oll o grafanc trais
A chân gorfoledd fydd eu llais.

III: 11   Er cael eu herlid yma'n hir
Gan drais a balchder ym mhob tir,
Eu rhan hwy bellach, yn ddi-lyth,
Yw'r gwynfyd mawr a bery fyth.

12   Gelynion Duw diflannant oll,
Eu bwrw a gânt i eitha'r coll,
Heb obaith iddynt yn un man,
Tost a dychrynllyd fydd eu rhan.

13   Yn y dydd hwnnw dilys yw,
Ceir gweled ffyrdd rhagluniaeth Duw;
Bydd amlwg oll, a thyna'r awr
A ddengys ei gyfiawnder mawr.

14   Awr Duw'n ei farn, pan ddyfydd hon,
Pwy saif yn gadarn ger ei bron?
Y cyfiawn-ddoeth a'i galon lân,
Saif ef lle'dd elo'r byd ar dân.

Ffynhonnell
Salm XCIII, NLW 21337A, tt. 158–60.

Darlleniadau'r testun
2.1 Mae'r enaid blin yn gofyn pam. 6.3 Yn clywed. 8.2 aur 'r hyd llwybrau.
13.4 Y dengys.

219
Dydd y Farn. Cynghog Luther

1 Trwy'r bydoedd oll, pa lef y sydd?
Ai corn y dydd diwethaf?
Llais nerthol dychryn utgorn barn,
Dwrn orn yn gadarn arnaf.
Rhingyll y nef, y meirw a'i clyw,
Yn dyfyn pawb o ddynol-ryw
At orsedd Duw goruchaf.

2 O! pwy a'u rhif, y dyrfa fawr
O'u beddau'n awr cyfodant?
Holl epil dyn, anfeidrol grwn
I'r bywyd hwn dychwelant,
A'u cydwybodau'n awr yn fyw,
Gwelant a theimlant pa beth yw
Cyfiawnder Duw'r gogoniant.

3 Llu'r annuwiolion, doco nhwy!
A fu, byth mwy ni welant;
Ym mhob drygioni rhodio'n rhydd,
Fal gynt yn nydd eu llwyddiant.
Wrth fodd eu gwŷn, yn mynnu byw,
Gwrthryfel tanbaid o bob rhyw
Yn erbyn Duw'n ddiseibiant.

4 Gwaredig wendorf, yn ddi-fraw,
Sydd ar ddeheulaw'r ynad;
Buont yn wrol dros eu Duw,
Tra thaer am fyw'n ei gariad.
Rhan gyda rhain, er dwyn y groes,
Drwy'r bywyd hwn er maint y loes,
I'm einioes yw 'nymuniad.

Ffynhonnell
15. Salm, NLW 21350A, tt. 14–15.

Darlleniadau'r testun
1.2 Ai bloedd. 1.3 corn dydd barn. 1.8 Ger bron y Duw. 2.3 fal yr un crwnn. 4.1 Buddugol wendorf, un, ddi fraw.

220
Dydd Barn

1   Daw Duw'n ei farn, daw cyn bo hir,
       Ceir ym mhob tir ei weled;
      Cawn bawb ein dyfyn ger ei fron
       Llu'r ddaear hon, dychryned.

2   Rhown glust i gorn yr angel mawr,
       O'r nef i lawr mae'n dyfod;
      Rhingyll i'n dyfyn ydyw hwn,
       Gan ofni byddwn barod.

3   Chwilia'th gydwybod, ddyn di-bwyll,
       Dinoetha'r twyll sydd ynddi;
      Cei deimlo Duw cyn nemor iawn
       Yn farnwr cyfiawn arni.

4   Bu'n hir ein gwrthgil i bob drwg,
       Heb olwg ar ddychwelyd;
      Cawn ein gorddiwes gan farn drom,
       Syrth arnom ei llawn ergyd.

5   Syrth di'r pechadur o flaen Duw,
       Syrth heddiw'n ddyn edifar,
      A'i farn a dry'n drugaredd rhad,
       Cyfiawnder tad maddeugar.

6   Ti'r un sy'n gyfiawn yn dy farn,
       Duw cadarn hollalluog;
      Yn ôl a wedd i'th burdeb di,
       O! bydd i ni'n drugarog.

Ffynhonnell
Salm CLV, NLW 10341A, t. 126.

Darlleniadau'r testun
1.3 Rhaid i bawb sefyll. 2.2 O'r nef yn awr. 5.4 Cai ef yn Dad maddeugar.

221
Ymbil ar Dduw am brysuro barn y butain fawr

1   Mewn lle llwyr ddyrys y mae'n taith,
Diffeithwch anwybodaeth maith;
Dangos, O! Dad, dy ffyrdd i ni,
A'n iawn arweiniant atat ti.

2   Ymbiliwn arnat roi dy law
I'n dwyn drwy'r tywyll yn ddi-fraw,
I symud y cymylau sydd
Yn caead rhôm a golau'r dydd.

3   O! dyro glust, prysura'r awr,
I ddwyn i'th farn y butain fawr
Sy'n troi'n holl fyd annedwydd ni
Yn erbyn dy wirionedd di.

4   Mae'r hen waedfiles anferth hon,
Ar gof diddarfod ger dy fron,
Er cyd y buom dani'n sarn,
Mae'n barod iddi'th gyfiawn farn.

5   Y dydd, O! deled, boed i ni
Gael ynddo'th iechydwriaeth di,
Ac yna'n Tad, i'r hyfryd wledd,
Gael dyfod atat ti mewn hedd.

6   Am oll o'th farn ryfeddol di
Sy'n awr o flaen ein llygaid ni,
Trwy'r holl fodoldeb yn ddi-dawl,
Aed, â llef uchel, cân dy fawl.

Ffynhonnell
Salm CXIV, NLW 21337A, tt. 189–90.
Darlleniadau'r testun
1.3 o ddaw. 2.3 symmud yr holl rwystrau. 4.1 hen fwystfiles.

222
Dal y bwystfil a'i fwrw i'r pydew diwaelod

1   Y bwystfil oedd mor boeth ei fryd
       Am feddu'r byd a'i orfod,
       Mae ef yn cael ei fwrw'n awr
       I'r pydew mawr diwaelod.

2   Mae'n cael ei ddal yn rhwyd ei ddrwg,
       Mae'n rhythu golwg echrys,
       Lle cais dynghedu pob dyn byw
       Yn erbyn Duw a'i 'wyllys.

3   Byr yw ei amser, hyn fe wêl,
          Mae drwy bob cêl yn dangos,
       Ei lid yn ymffyrnigo'n fawr
          Am fod ei awr mor agos.

4   Y mawr sydd yn y nef a'i barn,
          Syrth cosb yn gadarn arno;
       Digofaint Duw'n ffiolaid lawn
          Sy'n ddarpar cyfiawn iddo.

5   Am hyn, boed cân a'i llawen lef
          Drwy gyrrau'r nef a'r ddaear,
       Mae'n barod! Clust pob gwir a'i clyw,
          Gorfoledd yw ei llafar.

6   Hyd eitha'r nefoedd rhed y gân
          Gan seinio glân orfoledd
       Yn foliant i'r doethineb mawr
          Sy'n trefnu'n awr mor rhyfedd.

7   Mawl iti'n Duw! Mawl iti'n Tad,
          Wyt imi'n rhad waredydd;
       Gorchfygaist, Iôr, ein gelyn du
          A'i waedgar lu'n dragywydd.

8   Chwi'r nefoedd oll, ymlawenhewch,
          Â'ch canau, dewch, blant dynion;
       Ymrowch i foli'r nefawl Iôr,
          Yn un â'r côr angylion.

9 Daeth dydd ein Duw a phwys ei farn
  Ar elyn cadarn atgas,
  I'n rhoi o'n holl ofidiau'n rhydd,
  Nesáu mae dydd ei deyrnas.

10 Mwy ni cheir gelyn yn ein mysg,
  Neu un a ddysg anwiredd,
  Na neb ond ef yn athraw'n awr,
  Tywysog mawr tangnefedd.

11 Y pydew mawr a'i draflwnc hyll
  Yn olwg erchyll egyr;
  Ac iddo gwelir bwrw i lawr
  Cyhuddwr mawr ein brodyr.

12 Am Farn mor gyfiawn lle'dd oedd rhaid,
  Fal hyn ym mhlaid gwirionedd;
  Boed fyth pob mawl i'r dwyfawl Dad,
  Ac i'r Mab Rhad anrhydedd.

Ffynhonnell
Salm CXV, NLW 21337A, tt. 190–2.

Darlleniadau'r testun
1.3 ei farnu'n awr. 4.1 Yr un sydd. 10.2 Na diriwr dysg.

223
Barn Duw ar y bwystfil

1 Ti sy'n trigfannu'n eitha'r gwawl,
  Mae'th blant yn wresog yn dy fawl;
  Rho glust o'r nef i'r mawr a'r mân
  Sy nawr i ti'n dyrchafu'r gân.

2 Y bwystfil anferth sy mewn braw,
  Dychryna'n erchyll dan dy law;
  Ac yn ffyrnigo'n fawr y mae
  Dan bwys tywalltiad ffiol gwae.

3 Rwyt ti'n ei ragod ym mhob man,
  Y pwll diwaelod yw ei ran;
  Mae'n gweled hyn, a sicred yw,
  Gan chwydu cabledd o bob rhyw.

4   Lle gwelo'th blant yn fach eu rhif,
      O'i safn yn fôr mae'n bwrw ei lif;
      Dan obaith y'u diffethir oll
      Gan fawdd rhyferthwy 'ngwaelod coll.

5   Ei amser, gwêl, nid yw ond byr,
      Mai ti'n dy nerth o'i rwysg a'i tyr;
      Yn ferw o lid, yng ngwŷn ei wae,
      Am ein difetha'n llwyr y mae.

6   Rho inni le rhag hwn i droi,
      Ac i ryw gilfach, rhagddo ffoi;
      Mewn rhyw le didrain dyro nawdd
      Rhag llif ei enau'n erchyll fawdd.

7   Tra bo'r anialwch inni'n rhan
      A niwl amdanom ym mhob man,
      Rho'th air i'n mysg yn olau'r nef
      A nerth i aros ynddo ef.

8   Gorfoledd sy'n dyrchafu llef
      Yn y byd hwn ac yn y nef,
      Am farn dra chyfiawn sydd yn awr
      Yn syrthio ar y bwystfil mawr.

9   Am hyn o'th farn boed iti'r clod,
      Barn yw sy'n amlwg dan bob nod;
      Nesáu mae'th deyrnas, nefol Dad,
      A dydd dy iechydwriaeth rhad.

Ffynhonnell
Salm CXIII, NLW 21337A, tt. 187–9.
Darlleniadau'r testun
4.1 Lle gwêl dy. 8.4 Yn disgyn.

224
Gwynfydigrwydd ufuddion Duw, a diwedd truenus yr anufuddion

1 Fe welir hanes Duw'n ei waith
Drwy natur faith o gylchon,
A chyfraith ei dadoldeb ef
Sy'n olau'r nef i'r doethion;
Mae argraff bys ei Frenin mawr
Gan ddyn ar glawr ei galon.
Boed moliant am yr addysg rad
A geir o'i mad gynghorion.

2 A garo'r gyfraith hon yn glau
Gan ymiawnhau'n ei fuchedd,
A'i dwyn ar ymbwyll yn ddi-baid
I'r enaid yn wirionedd;
Hedd fydd ei nos, ac ym mhob gwawr
Fe ddychwel awr tangnefedd;
A'i desog ddyddiau, gwyn ei fyd,
Yn dawel hyd eu diwedd.

3 Ni chrŷn y coed a fônt ym mhlan
Mewn tir ar lan afonydd;
Llawn ffrwyth y byddant, hardd eu pryd,
Da deiliant 'r hyd eu dolydd;
Ail iddynt yw'r dwyfolion mad,
Gwlith nefol rad a'u cynnydd,
Yn wynfydigion, dilys yw,
Y byddant fyw'n dragywydd.

4 Difancoll us o flaen y gwynt
Yw helynt yr annuwiol;
Ânt oll yn ddim, fal tarth a draul
Dan wres yr haul foreol;
Ond cynnail Duw'n haelionus Dad
Bob enaid mad cyneddfol,
Lle'n nheyrnas nef, gwynfydig fan,
Y bydd eu rhan dragwyddol.

Ffynhonnell
Salm 62, *Salmau yr Eglwys yn yr Anialwch*, cyfrol 1 (Merthyr Tydfil, 1812),
tt. 60–1.

225
Gwynfyd yr heddgar cyfiawn

1   Chwi feibion heddwch, meibion Duw,
      Er dwyn pob rhyw drallodion,
    O law'ch Tad mawr nid ewch ar goll,
      Fe weryd oll o'i weision.

2   Gwaed ni charasoch yn eich oes,
      Na ffyrnig foes creulonder;
    Llaw ni roddasoch yn eich taith
      Ar anferth waith gorthrymder.

3   Ni chaid o'ch genau yn un wedd
      Ond llafar hedd i'r dynion,
    Am hyn dros fyth eich Duw 'mhob rhaid
      A saif o'ch plaid yn dirion.

4   Lle bo llofruddion mawr y byd
      Yn syrthio i gyd yn rhyfel,
    Cewch dŵr ymguddio, cewch yn hawdd,
      Cewch Dduw a'i nawdd yn ddiogel.

5   Lle syrthio'r cledd ar fawr a mân,
      Lle ceir ar dân dinasoedd,
    Cewch Dduw'n waredwr ym mhob man,
      Duw'n gryf o ran ei bobloedd.

6   Am hyn nac ofnwch dân a chledd
      Am garu'r hedd a'i ddilyn;
    Duw'r nef o'ch cylch a'i nerth bob awr
      A fydd i'ch mawr amddiffyn.

Ffynhonnell
Salm CLXVII, NLW 21338A, tt. 30–1.

226
Dydd Duw yn ei wawr

1 Mae'n ymdaith wedi bod yn hir,
Yn nhywyll dir caethiwed;
A'r byd yng ngrym ei falchder syth,
I'n herbyn fyth yn myned;
Er c'uwch ei ben yw'r drwg yn awr,
A'i drais yn fawr afrifed,
Duw'r hwn a'i gwêl, i'r llawr a'i tyr,
Daw ef ar fyr i'n gwared.

2 Y byd lle'r ydym ynddo'n awr,
A'i ddrygau mawr a dderfydd;
A garant hwn diflannant oll
Yn ddim i'r coll tragywydd;
Gan Dduw'n ei bryd i bawb a'i câr
Mae nef a daear newydd,
Byth yn ddiymbaid yno cawn
Fywydu'n llawn llawenydd.

3 Mae'r drwg ar gyrraedd pen ei daith
Dyfnderau maith y fagddu,
Rhwysg anghyfiawnder ymhob tir,
A gaiff ei wir ddiweddu;
Daw'r hyfryd ddydd, tra dilys yw,
Ymddengys Duw'n ei allu,
A'i saint bob un, byth yn y nef
Cânt gydag ef deyrnasu.

5 Rhown allan ein caniadau'n bêr
Yn llawnder ein llawenydd,
Dydd Duw sydd yn ei wawr yn hardd
A'i olau'n dardd ysblennydd.
Yn fawl i ti'n trugarog Dad,
Mae gennym ganiad newydd,
Boed oll yn ein bodoldeb ni
Yn fawl i ti'n dragywydd.

Ffynhonnell
Salm CCCXXXVII, NLW 21340A, tt. 41–2.

227
Cadernid gobaith y sawl a gredant addewidion Duw.
Cwyno gwendidau natur

1   Er bod blinderau'r fuchedd hon
      Yn drymion i'n gwendidau,
    Drwy gydol hir ein dyrys daith
      Yn peri maith ofidiau;
    Fe dderfydd oll, gerllaw y mae
    Y dydd a'n gweryd o bob gwae.

2   Gwendidau'n deall, maent yn fawr
      A'u teimlo'n awr yr ydym;
    Dan Dduw a'i gyfnerth, doed a ddêl,
      Mae ffyrdd i'w gochel gennym,
    Cawn addysg bur o'i lafar ef
    Yn holl ddoethineb mawr y nef.

3   Mae drygau'n fynych iawn ynglŷn
      Ag ymbwyll dyn daearol,
    Yn arwain chwantau plant y byd
      O lwybrau'r bywyd nefol;
    Duw, dyro bwyll a bair i ni
    Weithredu'n ôl d'ewyllys di.

4   Cawn farw o'n holl wendidau, cawn,
      Hyn inni'n llawn gorfoledd;
    Doeth iawn yw trefnau'n Tad o'r nef,
      A'i gariad ef yn rhyfedd;
    Drwy'r bedd ein dwyn o'r fuchedd hon
    I fyw'n dragywydd ger ei fron.

Ffynhonnell
XC. Salm, NLW 21348A, tt. 73–4.

Darlleniadau'r testun
1.4 Yn achos 2.3 a'i addysg.

228
Hiraeth am weled Dydd Duw.
Y mae'r Ysbryd a'r Briodasferch yn dywedyd tyred;
a'r hwn sydd yn clywed dyweded tyred

1   Och! am ddydd purdeb y gwirionedd,
      Diddymiad holl weddillion twyll;
    Dydd rhoi cyfiawnder ar ei orsedd,
      Pob peth dan egwyddorion pwyll;
    Drwg ar ei ddifant yn dragywydd,
      Sail ei fodoldeb gydag ef,
    Un, fal ein Duw, pob peth o'r newydd,
      Undeb diadran teyrnas nef.

2   Galar mewn bod byth mwy ni welir,
      Dagrau ni fydd na thrallod mwy;
    Poen colyn angau mwy ni theimlir,
      Ar goll tragywydd byddant hwy;
    Cân o bob enaid, cân gorfoledd,
      Gan fywydolion ym mhob iaith;
    Dim ond gwaith cariad, llais tangnefedd,
      Anfarwol eu nefoldeb maith.

3   Mae'n dorri gwawr, mae'r dydd yn dyfod,
      Mewn cywair holl delynau'r nef;
    Myrddiynau cân y saint yn barod
      I arfoll haul ei hinon ef;
    O deued yn ei lawn ogoniant,
      Y dydd a'n gweryd o bob gau;
    Dydd teyrnas nef i'w llawn ardduniant,
      Dydd meibion Duw byth i barhau.

Ffynhonnell
Salm CXXIII, NLW 10341A, t. 101.

Darlleniadau'r testun
1.5 Drwg ar lwyr. 1.6 Hâd pob dioddefaint. 1.8 Undeb diymran. 2.1 bod
mwy fyth. 2.3 Poen saeth. 2.8 Yn llanw yr hollfodoldeb. 3.5 Dyfrysied.
3.7 ai gwir ardduniant; iw holl ardduniant.

229
Teyrnas nef yn agosáu (Nahum 1:15)

1   Daw dydd caniadau'n gwaredigaeth,
        Mae'r dydd gwynfydig hwn gerllaw,
        Mae ar adenydd iechydwriaeth
        Yn brysio dros y bryniau draw;
        Cenhadwr hedd yn hardd ei gerdded
        Gan hau bendithion rif y gwlith,
        Nesáu mae'r awr y cawn ei glywed
        A'i lafar nefol yn ein plith.

2   O! boed i'r hyfryd wawr ymddangos,
        Duw gwrando'n hymbiliadau ni.
        Yr ydym wrth dy byrth yn aros,
        Gan gredu'th addewidion di;
        Gan ddisgwyl am dy nefol deyrnas,
        Lle gwelir diwedd ar bob gau;
        O! deued yn ei chyflawn urddas,
        Cawn ynddi fyth ymlawenhau.

3   Gwir deyrnas cariad a thangnefedd
        Yw'r deyrnas wynfydedig hon;
        Eithafoedd harddwch a gwirionedd,
        Yn wir nefoldeb oll o'i bron;
        Ni welir dynol hunanoldeb
        O fewn i'w chaerau disglair hi;
        Bydd hon hyd eitha' tragwyddoldeb
        Yn annedd dy gyfiawnder di.

4   Amdani fyth boed iti'r moliant,
        O burdeb calon ym mhob iaith;
        O! deued, yn ei llawn ogoniant,
        I lywio'r hollfodoldeb maith;
        Ei gwir oleuni'n ein calonnau,
        Yn fywyd nefol inni dod;
        Drwy anfeidroldeb ei thrigfannau,
        Ein Tad, ein Duw, boed iti'r clod.

Ffynhonnell
Salm 160, *Salmau yr Eglwys yn yr Anialwch*, cyfrol 1 (Merthyr Tydfil, 1812),
tt. 153–4.

230
Golwg ar ddydd ein gwaredigaeth

1   Er bod ufuddion y Duw mawr
Dan farn y byd yn llaid y llawr,
Pob iawn ei gred yn adyn gwan,
Dan erlidigaeth ym mhob man.
Er llawer camwedd, llawer cur,
Goddefwn mewn amynedd pur,
Gan adael oll, gwir ymbwyll yw,
I 'wyllys a doethineb Duw.

2   Ar ddyfod y mae amser gwell,
Ein gwaredigaeth nid yw 'mhell;
Cod, ddyn, i fynydd lygad llon,
Mae'r nef yn gloywi ger dy fron;
Gwêl dorri gwawr ei godiad ef,
Haul dydd cyfiawnder teyrnas nef;
Gwêl ynddo, gwêl wynfydig fraint,
Ddydd iechydwriaeth yr holl saint.

Laus Deo. Alban Elfed 1820.

Ffynhonnell
Salm CXLVIII, NLW 10341A, t. 120.
Darlleniadau'r testun
1.2 Dan sodlau'r byd. 1.4 Ar dafod enllib. 1.5 Er llawer trais a llawer. 1.7
pwyll cyfiawn yw.

231
Gwawr dydd y nef yn torri

1   Mae'r nos ar ddarfod, gwelwn wawr
Dydd teyrnas nef yn torri'n awr,
Ffoi mae pob cwmwl, gado'n tir,
Haul hardd a gyfyd cyn bo hir.

2   Ffy'r gaeaf ymaith, adeg fwyn
A wisg ei harddwch am bob llwyn;
Dydd haf dros fyth a'i nefol des,
Cawn fyw'n dragywydd yn ei wres.

3   Mae fal o bell, yr adar mân
Drwy'r dolydd yn derchafu cân,
Mae cyfnod glwys yn ymnesáu,
Dydd meibion Duw byth i barhau.

4   Boed holl ganiadau'r ddaear hon
Yn llais gorfoledd enaid llon;
Yn un ein cân â theulu'r nef,
I'n Duw rhown glod, moliannwn ef.

Ffynhonnell
II, NLW 21348A, t. 2.
Darlleniadau'r testun
2.2 A dywallt harddwch ar bob llwyn.

232
Golwg ar adnewyddiad pob peth

1 Mae'r nos ymhell ar lwybrau coll,
    Er dued oll o'i oriau,
    Ymagosáu mae dydd yn bêr,
    Yn wir gyflawnder golau.

2 Hir fal yng ngharchar y bu'n byd,
    Anhyfryd ei freuddwydion;
    Dydd hau, mae amser gwell yn awr,
    A'i hyfryd [?wawr] yn hinon.

3 Ar adwedd mae gwirionedd Duw,
    A serchog yw ei wyneb;
    Ei wenau yn dangnefedd gwâr
    A'i lafar yn ddoethineb.

4 Y gwir di-dwyllo gawn o'i fin
    Yn ei gysefin burdeb;
    A'i glywed cawn dros fyth ar goedd
    Drwy oesoedd tragwyddoldeb.

5 Drwg yn ein mysg sy'n ymleihau,
    A'i holl effeithiau aflan;
    Cenhedloedd ein holl ddaear ni
    O'i rasusau'n torri allan.

6 Dyma waith Duw, boed iddo'n mawl,
    Ei gariad nefawl molwn,
    Deffroer y gân, dros [?fyth] i fyw,
    Enw yr un Duw clodforwn.

Ffynhonnell
Salm I, NLW 21357A, t. 1.
Darlleniadau'r testun
2.1 Hir dan gwsg angau.

Gorsedd Beirdd Ynys Prydain

233
*Cân gorfoledd sêr y bore 'pan gydganodd sêr y bore ac y gorfoleddodd
holl feibion Duw', Job 38:7. Gorsedd Beirdd Ynys Prydain (1)*

1   Pwy'r anchwiliadwy mawr [?wyt] ti,
      Peiriedydd ein bodolder ni?
      Gair dy wynfydedig enw sydd
      Yn troi'r tywyllwch mawr yn ddydd.
      Ti'r hardd oleuni sydd ar da'n,
      Yn dardd disymwth ym mhob man;
      Yn un â'r llef sy'n peri'n bod,
      I'th nefawl nerth, boed fyth ein clod.

2   Ti'r hyfryd lais, rhyw nefawl gân
      Sy'n gytardd â'r goleuni glân,
      A'n bod a'n bywydoldeb ni
      Yn gyfoed â'th laferydd di;
      Wyt lef rhyw nerth rhyfeddol iawn,
      Rhyw Fod o bob daioni'n llawn;
      Boed ef i'n deall dan ryw nod,
      Ei enw yn Dduw, byth iddo'r clod.

3   Duw nefol gân, gwynfydig lef,
      Nid peraidd ond ei lafar ef,
      Gan dreiddio'r ceugant mawr ar glyw,
      Try'r marwol ddim yn sylwedd byw;
      Bywyd ein bywyd, boed i ni
      Gael adnabyddiaeth arnat ti;
      Ti'r nerthol, anweledig Fod,
      Tra pery byth, boed iti'r clod.

Ffynhonnell
Salm CCCV, NLW 21340A, t. 1.

Darlleniadau'r testun
1.1 anweledig. 1.2 Peiriadur. 1.3 Dwys gwynfydedig Ddwyf y sydd. 1.6 O
dardd. 2.1 Ti'r oslef hyfryd, nefawl gân. 2.8 Nêr enwer ef, byth iddo'r clod;
Dwyf enwer ef. 3.1 Dwyf nefol. 3.2 Nid hyfryd. 3.5 Ein hunig fywyd.

234
Cân gorfoledd sêr y bore . . . (2)

1   Ti'r hardd oleuni sydd yn awr
Ar ymdardd o'r uchelder mawr,
Beth wyt? A phwy'th enynnodd di
Yn unoed ein bodolder ni?
Wyt iddo'n wisg, wynfydig wawl!
Boed yn dy leufer iddo'n mawl.
Ti'r nerthol fendigedig Fod,
Goleuni byw, boed iti'r clod.

2   Beth ydwyt ti'r tra pheraidd lef?
Beth ond ei enw a'i hanes ef,
Beth ond ei nerth a'i gariad mawr
Sy'n harddfywydu'r dim yn awr;
Ti sy'n hau gwynfyd ymhob man,
Pa enw a'th wedd i'n deall gwan?
Ti'r bendigedig nefol Fod,
Beth bynnag wyt, boed iti'r clod.

3   Aeth allan dy laferydd di
Ac ynddo'n bod a'n bywyd ni;
Yn un â'th oslef y bu'n tardd
Ar gyfnaid i'n bodoldeb hardd.
Ti sydd a'th wisg yn hyfryd wawl,
Pa enw a'th wedd er cael ein mawl?
Iawn ar bob iawn, o'r nefol Fod
Yw'th enwi'n Dduw, byth iti'r clod.

Ffynhonnell
Salm CCCVI, NLW 21340A, t. 2.

Darlleniadau'r testun
1.4 Ag ynod. 3.5 a'th orsedd yn y gwawl. 3.7 Ti'n bywyd mawr, ti'r nefol
Fôd. 3.8 Anfeidrol nerth! boed itti'r clod.

235
Gorsedd Beirdd Ynys Prydain. Cân gorfoledd sêr y bore . . . (3)

1 Ti'r oslef nerthol, beth wyt ti?
 O'th beraidd lais ein ganed ni,
 Dwyf y lleferydd mawr y sydd,
 Yn llafar tardd goleuni'r dydd;
 Yn drylif dry'r ehangder maith,
 Peroriaeth nefol yw dy iaith,
 Ti sydd o'r dim yn peri'n bod,
 Pob anian byw, rhoed iti'r clod.

2 Lle buom yn y gwacter mawr
 Yn ddim disylwedd hyd yn awr;
 Dim, hyd y dôn, y rhoddaist ti,
 Er tragwyddoldeb oeddem ni:
 Gwynfydig dôn, dy gael ar glyw,
 Ein bywyd, ein bodoldeb yw;
 Enw yr un mawr anfeidrol Fod
 I'th nefawl nerth boed fyth ein clod.

3 Beth wyt ti'r gwynfydedig wawl,
 Mor deilwng o bob clod a mawl?
 Gwisg y mawr nerthol ydwyt ti,
 Rhad roddwr ein bodoldeb ni;
 Ymddengys ynot inni'n awr
 Wynepryd y doethineb mawr;
 Ffriw'r un a'n geilw'n byw a'n bod,
 Dwyf, nefol Dad, byth iddo'n clod.

4 A'th enw a'th nerth a'th wawl yn un,
 Gwynfydig Ddwyf bydd inni'n gun;
 Wyt ffynnon ein hanfodiad ni,
 Mae'n holl fodoldeb ynot ti;
 Gan ymfywhau'n dy leufer hardd,
 Gan floeddio'n gwynfyd yn ein tardd.
 I'th enw a'th nerth, y nefawl Fod,
 Hyd fyth tragywydd y bo'n clod.

Ffynhonnell
Salm CCCVII, NLW 21340A, tt. 3–4.

Darlleniadau'r testun
1.4 Yn peri. 2.6 Ein tardd i'n bod a'n bywyd yw. 4.1 A'th enw a'th air.

236
Mawl cariad yr unig wir foliant.
Addoliad Gorsedd Beirdd Ynys Prydain

1   Ym mha ryw iaith, ym mha ryw eiriau
    Y canwn fawl y nefawl Nêr?
    Clod cyfiawn am ei drugareddau,
    Myrddiynau'n fwy na rhif y sêr?
    Nid dyn a'u gŵyr, ond mae'n hyfrydwch
    I bob addolwr sy'n ddi-dwyll,
    Ymdrechu dangos diolchgarwch
    Hyd eitha' gallu dynol bwyll.

2   Am hyn i ti'r un mawr digymar
    Amcanwn fawl, myfyriwn glod;
    Tra'n meddu pwyll cydwybod lafar,
    Mae'th gariad yn arfaethu'n bod;
    Y cariad sy'n dy ragluniaethau,
    A'i ryfeddodau drwy'th holl waith;
    Boed yn awenu'n holl ganiadau
    Cylch trefnau'th dragwyddoldeb maith.

Ffynhonnell
Salm 60, NLW 21350A, t. 49.
Darlleniadau'r testun
2.1 Gan hynn i.

237
Gorsedd Beirdd Ynys Prydain. Cân gorfoledd meibion Duw (Job 38:7)

1   Ti'r nerth anfeidrol sydd yn awr
    O'n hamgylch yn oleuni mawr;
    Bod hollalluog ydwyt ti,
    Ceinmyged mawr ein moliant ni,
    Dy enw'n beraidd iawn ei sain,
    Cyfundardd â'r goleuni cain,
    A roes i'r dim sylweddol Fod,
    Iawn iti'r nerth, byth iti'r clod.

2 Dy enw ar yngan ac ar glyw,
   Yn hwn ein bod, yn hwn yn byw;
   Cyfynlef â'th laferydd di
   Clyw fawrlef ein gorfoledd ni.
   Dy lais drwy'r eang mawr ar da'n
   Sy'n ennyn bywyd ym mhob man,
   I'th enw, y gogoneddus Fod,
   Boed fyth y gân ac iti'n glod.

3 Lle ganed ein bodolder ni
   Â sain dy lafar nerthol di,
   Rhoist olau'n ffrwd o'r nef i lawr,
   Disgleirdeb dy wirionedd mawr.
   Rhoist inni ganu ger dy fron
   I drefnau'r greadigaeth hon,
   Ti'r nerthol doeth a'i rhoes mewn Bod,
   Iawn iti'n mawl, byth iti'n clod.

4 Nerth, cariad pur, doethineb maith,
   Maent mewn cyfundod drwy'th holl waith;
   Pob peth, mae'n amlwg iawn i ni
   Sy'n gwreiddio'n gadarn ynot ti.
   Drwy'r nefoedd oll ni welir sail
   I lunio cred fod iti'th ail,
   Mawr ar bob mawr, anfeidrol Fod,
   Ein cân dros fyth boed iti'n glod.

5 Pob peth yn hardd o'n cylch a gawn,
   Dy gariad ymhob peth yn llawn,
   Pob peth yn rhyfedd yn dy waith,
   Dy ragoroldeb drwyddo'n faith;
   Ni welir dim o dan dy law
   Nad yw'n ddaioni drwyddo draw;
   Pob peth yn hardd yn dwyn dy nod,
   I'r eitha'n ddoeth, byth iti'n glod.

Ffynhonnell
Salm CCCVIII, NLW 21340A, tt. 4–5.

Darlleniadau'r testun
2.4 Bu gorlef; Bu banllais. 4.2 Mae'nt oll yn gyfun. 4.5 Drwy'r bydoedd.
4.6 itti'r ail. 5.4 Yn ragoroldeb.

238
Gorsedd Beirdd Ynys Prydain. Golychwyd – ymollwng

1   Ti'r un a roes y dim di-nod
O'th gariad mawr mewn byw a bod,
A denaist y goleuni cu
Drwy berfedd y tywyllwch du;
N'ad inni, drwy wendidau ffôl,
I'r tywyll mawr fyth syrthio'n ôl,
Ond byw'n ufuddion dan dy nod
Byth yn dy wawl, byth iti'n glod.

2   Gan weled maint ar hyn o bryd
Y dadryw mawr sydd yn y byd,
Rhag ymgyrch y ffieidd-dra certh
Ymbiliwn arnat am dy nerth;
Bydd inni, bydd, lle'n gweli'n wan,
Yn amddiffynnydd ym mhob man,
I'n cadw yn gadarn dan dy nod,
Byth iti'n blant, byth iti'n glod.

3   Rhoist inni bwyll, rhoist iddo'n ddysg
Air mawr dy deyrnas yn ein mysg;
Rhoist o'th drugaredd, nefol Dad,
Ar glyw dy 'wyllys yn ein gwlad;
Do, rhoddaist, o'th gariadfawr ddawn,
O'n blaen d'oleuni'n ddisglair iawn;
Boed ynddo'n ffyrdd tra pery'n bod
Yn rhodiad hardd, byth iti'n glod.

4   Gan chwilio'n ffyrdd, a ffoi mewn pryd
O lygredigaeth mawr y byd;
Ym mhob gwirionedd boed i ni
Fyth ymfucheddu'n un â thi;
Gan ufuddhau 'mhob peth a wnawn,
I bob tangnefedd, i bob iawn;
A'n hymddwyn oll, tra pery'n bod,
I ti'n ogoniant, i ti'n glod.

Ffynhonnell
Salm CCCXII, NLW 21340A, tt. 9–10.

239

Gorsedd Beirdd Ynys Prydain. Golychwyd Beirdd Ynys Prydain (1)

1   Ein Duw, y Tad, Iôn da wyt ti
        Ac inni fyth yn gannerth;
    O! derbyn, dan liw gwyn y gwawl,
        Barodfawl ein cân brydferth.

2   Yn wyneb haul, gan weini pwyll,
        A didwyll feddwl dedwydd,
    Boed moliant hardd y bardd o'i ben
        Yn llawen iti'n llywydd.

3   Mae'n awr i'n hawen dien dardd
        Adweddiad hardd i'w dyddiau;
    Yn ei hin bêr a'i lleufer llawn
        Aeddfeded iawn ddefodau.

4   Fal prif dderwyddon, doethion dysg,
        Rhown addysg pob rhinweddau;
    Drwy'n gwlad o'i bron, i hon boed hedd,
        Iawn dudwedd ein hen deidiau.

5   Boed o iawn bwyll i'n byd yn ben,
        Hen awen i'w hoen newydd;
    Aed dros ein tir yn gywir gân,
        Llif eirian ei lleferydd.

6   Rhoed bardd, heb dawl, yn fuddiawl faeth,
        Wybodaeth i bob adyn;
    Boed a'i holl ynni'n gweini gwawl
        Dy wirfawl yn ddiderfyn.

Ffynhonnell
Salm CCCXIII, NLW 21340A, t. 11.

Darlleniadau'r testun
1.3 O derbyn yn lliw. 5.2 iw chyfnywydd. 5.3 ar gywir.

240
Gorsedd Beirdd Ynys Prydain. *Golychwyd Beirdd Ynys Prydain* (2)

1   Boed, Iôr y byd, i gyd ein gwaith
       Dyfalu'n faith dy foliant,
    A'i ynni'n fawr, pob un yn fardd,
       I ganu'th hardd ogoniant.

2   Mil rhif y gwlith, pob rhith, pob rhyw
       I ddynion yw dy ddoniau;
    Boed yn dy wawl, i'th fawl, iaith fad,
       Y ganiad o bob genau.

3   Ar gadlas werdd y lwysgerdd lân
       A nwyfus gân tangnefedd
    A'i genau gwiw, ac yn ei gwaith,
       Gorwyniaith pob gwirionedd.

4   Er addysg, hedd a mwynedd maws
       Yn hynaws yn ein heniaith,
    Y gân a gaid yn gweini gwawl
       A gwrawl ei theg araith.

5   Daeth ball ar hon a doethion dysg,
       Hen addysg brin ddinodded!
    Bu'n hir dan len ei hawen hi,
       A'i thewi dan gaethiwed.

6   Rhoist hon yn rhydd i'n dydd yn deg,
       Ail adeg iddi'n flodau,
    A'i dawn yn glaer ar don ein gwlad,
       Y ganiad yn ei genau.

7   Di-feth it, Iôr, boed fyth i ti,
       Ac ynni dwyfawl geiniad;
    Y mawlair gwiw am olau'r gân
       A dydd ei glân adweddiad.

8   Pob gwir, pob iawn boed llawn a llwyr,
       Ein synnwyr yn ei seiniaw,
    Rho'r nefawl Nêr, er lleufer llên,
       Haul awen i'n goleuaw.

9   Ein Brenin mad a'n Tad wyt ti,
       Duw Iôr, wyt inni'n dirion;
       Dy nawdd drwy'r byd i gyd hwy gânt
       A deithiant ffyrdd y doethion.

Ffynhonnell
Salm CCCXIV, NLW 21340A, tt. 12–13.

Geirfa

adweddiad adferiad
anghredgar anghrediniol, di-gred
ambor porfa
ambwyll diffyg pwyll, direswm
amdarianu amddiffyn
amgeledd ymgeledd, gofal, nawdd
amgudd gorchudd
amgyrch ymosodiad
amledd, amleddau helaethrwydd,
　cyflawnder
anair gwarth, drygair
arail gwarchod, amddiffyn
ardduniant anrhydedd, urddas
arfod (cyfnod o) amser
arfoll cofleidio, croesawu
arwest cân i'w chanu,
　cerddoriaeth
arwyrain cân o foliant, molawd
aswyn erfyniad am nawdd
aswyngerdd ?cerdd yn erfyn am
　nawdd (Duw)
bâr llid, digofaint
barnllwytho ?llwytho'n drwm
bawdd boddiad, llif
ble benna ble bynnag
bloeddfawr stwrllyd, swnllyd
bodoldeb, bodolder bodolaeth
boreudardd yn perthyn i'r bore
brwysg meddw
buddio bod yn fanteisiol
bydio byw
bydoldeb gormod serch ar y byd
　hwn, trachwant
byllt (llu. *bollt, bollten*) mellt
bywydolion bodau meidrol, pobl
bywydu bywhau, bywiogi
cad byddin, torf
cadlas llannerch, llecyn deiliog

cysgodol
camddarlunio disgrifio'n anghywir
canfodedig gweledig
cannerth cymorth, cynhorthwy
ceinmyged pwnc, testun
certh dychrynllyd, arswydus
ceugant gwagle, gofod diderfyn
coelfain newydd da
craff gafael, meddiant
crefftgrefyddau crefydd ac arni ôl
　ymyrraeth dyn, crefydd a lygrwyd
　gan ddyn
crefftwriaeth creadigaeth dyn yn
　hytrach na chreadigaeth Duw
cun brenin, arglwydd
c'uwch cyfuwch
cydfydd (3 un. pres. myn. *cydfod*)
　cytuno, cydsynio, bod yn gyson â
cyfaddurn bydysawd
cyfamred cwmpasiad, amgylchiad;
　S. *ambit*
cyflwyr cyflawn
cyfnaid yn llamu ar yr un pryd
cyfnywydd anian, natur
cyfrwym unedig, cysylltiedig
cyfrysedd ymryson, cynnen
cyfundeb undeb, cyfathrach,
　cymdeithas
cyfunllef cytûn o ran sain, cydseiniol
cyfymbwyll rheswm, ymresymiad
cyfynlef ?yn un llef â
cyfystrin gwrthdaro, cynnen,
　brwydr
cynghan mewn cytgord
cynghog ?cadwyn o benillion
cylchon cylch, ardal
cylchwy rhod (planed, &c.)
cymhlaid o'r un blaid, cynghrair

cymhleidioldeb o'r un blaid;
S. *allegiance*
cymrawdoldeb brawdoliaeth
cymwyll rheswm
cynnail (3 un. pres. myn. *cynnal*)
rhoi cynhaliaeth i, cefnogi
cynyddfawr cynhyrchiol,
ffrwythlon
chwyddfeddyliau ?meddyliau
trahaus, ffroenuchel
chwyddgar (pobl) ffroenuchel
dadryw dirywiad
dadymchwel dymchwelyd, bwrw
i lawr
daearoldeb serch at y bywyd
daearol (o'i gyferbynnu â'r
ysbrydol), bydolrwydd
darbod darpariaeth
darllad bendithio, anrhegu
darwain cludo, dwyn
deryw (3 un. pres. myn. *darfod*)
dod i ben
diadwedd annychwel, heb obaith
dychwelyd
diannod disyfyd, di-rwystr
didwn cyfan gwbl
diddynu amddifadu o ddynoliaeth
dien cynhenid
difannu diflannu, cilio ymaith
dihewyd awyddfryd, dyhead
diodor di-dor, di-rwystr
dir sicr, anocheladwy
dirbwyll tra rhesymol, synhwyrol
diseibiant heb seibiant
diymbaid di-baid, diflino,
parhaus
diymod diysgog, safadwy
dogned dogn, mesur
dyfrys brys mawr, cyflymdra
mawr
dyfyn gwysio, gorchymyn
dyrydd (3 un. pres. myn. *dyroddi*)
rhoi

efnyn y dim lleiaf, mymryn, gronyn
efryddu analluogi, cloffi, anafu
eiddunos ?chwannog am rywbeth
eirian hardd, teg, disglair
eo'n eofn, di-ofn, di-fraw
ffriw wyneb, gwedd
ffrost sŵn, stŵr
geulu llu twyllodrus, cyfeiliornus
gobrwyaw gwobrwyo
goddaith tân mawr, coelcerth
gorfodau pethau sy'n orfodol
gorfodrif rhagoriaeth mewn nifer,
mwyafrif
gorllwyn aros, disgwyl
gormail trais, gormes, gorthrwm
gorwyniaith iaith loyw, hyfryd
gresyni trueni, cyflwr truenus
gwaedlydrwydd y cyflwr o fod yn
waedlyd
gwaredydd un sy'n gwaredu,
achubwr, iachawdwr
gwasarn sarn, rhywbeth y sengir
arno
gwawl goleuni, disgleirdeb; hefyd fel
ansoddair: golau, disglair
gwenydd llawenydd, hyfrydwch
gwrawl gwrol, rhinweddol
gwrthfynnu herio, gwrthwynebu
gwrthgil ymadawiad â'r ffydd neu'r
broffes grefyddol
gwrthol, o'm gwrthol y tu ôl i mi
gwrthrymu gwrthwynebu,
gwrthsefyll
gwrthrywio dirywio, tyfu'n atgas
gwŷd pechod, drygioni
gwyddfodle y man lle y mae Duw yn
bresennol, trigfan Duw;
presenoldeb Duw
gwŷn poen, gofid, dolur; pechod
gwynwaredig ?gwaredol, achubol
gwythlonedd llid, digofaint
hanfodiad hanfod, bodolaeth
hanfodoldeb hanfod, bodolaeth,

sylwedd
harddfywydu cynysgaeddu â
bywyd hardd
heilio tywallt, arllwys
hinon tywydd teg, hindda
hollfodoldeb y cyfanfyd, y
bydysawd
hollymleoldeb hollbresenoldeb;
S. *omnipresence*
honnaid hysbys, clodfawr
hudgarwch twyll, ystryw
hudlewyrn, hudlewyrnau golau
lledrithiol, twyll oleuni
hydwyll hawdd ei dwyllo
hywydd hyddysg
iad rhan uchaf y pen, corun
Laus Deo Clod i Dduw
lyfelu anelu
llewyrn tân llwynog, jac y lantar
llithredd, llithreddau cwymp, bai,
tramgwydd
llwrw, llwrw ei ben yn
bendramwnwgl, wysg ei ben
llyfru nodi mewn llyfr, cofnodi
mau yn perthyn i mi, yn eiddo i
mi
maws hyfryd, dymunol
orn cerydd; gwaradwydd, ofn
peiriadur achosydd,
gweithredydd
peiriedydd achosydd,
gweithredydd
pelydren llafn neu golofn o olau
pôr brenin, arglwydd, pennaeth
pyd perygl, enbydrwydd
rhadweithio bendithio, cysegru,
sancteiddio
rhagod atal, rhwystro,
gwrthsefyll
rhagymraith ?cyfiawnder neu
hawl sylfaenol
rhaidwybodau gwybodaeth
angenrheidiol, sicr

rhanc rheng
rheo mynd ar ei union
rhingyll swyddog sy'n gyfrifol am
gadw trefn
rhôm rhyngom
rhusio rhuthro
rhysgwydd nawdd, cymorth (gweler
GPC d.g. *resgyw*)
salwedd cyflwr gwael, truenusrwydd
sarn rhywbeth a sethrir dan draed;
yn ffig. dinistr, distryw
sofl, soflydd bonion a adewir mewn
cae ar ôl medi'r cnwd
sylfaenbwyll rheswm sylfaenol,
sylfaen resymegol; ystyr sylfaenol
tadoldeb y cyflwr neu'r ffaith o fod
yn dad (hefyd am Dduw yn ei
berthynas â'r ddynolryw)
tafod ?cydnabod
Tephiloth salmau neu emynau
Dafydd
traill taith, hynt
tren, yn dren yn ffyrnig, yn rymus
trenllif ffrydlif, cenlli, rhyferthwy
tryffin pur; coeth
trylif, yn drylif yn llifeiriol, yn
ffrydiol
ym mhlan wedi ei blannu
ymbaid seibiant
ymdarddu deillio
ymdemlu trigo (mewn teml)
ymddarbennu penderfynu, bod yn
benderfynol, ymdynghedu
ymddarweddu byrlymu
ymgyflwyn ?eich cysegru eich hun i,
eich cyflwyno eich hun i
ymlif llif, lli
ymloi ymdrybaeddu
ymod, ymodiad symudiad
ymsang troedio
ymwarhau ymwareiddio, ymdawelu
ynni, ynïau grym, nerth

Mynegai i'r llinellau cyntaf